神國日本荒謬的決戰生活

神国日本のトンデモ決戦生活

一切都是為了勝利！
文宣與雜誌如何為戰爭服務？
大東亞戰爭下日本的真實生活

目次

中文版序

在各位閱讀書中「大東亞戰爭」期間大眾出版品的相關介紹之前，我首先對其前提，即戰爭爆發前「日本主義」意識形態的歷史，做個粗略的概觀吧。

走向「大東亞戰爭」的「銃後」意識形態

一九三一年「滿洲事變」爆發後不久，日本國內的在鄉軍人會、職業右翼團體、神道家，及右翼大學教授等，一舉噴發出謳歌「日本主義」的言論。其後，中華民國向國際聯盟申訴，主張「滿洲國」建國宣言（一九三二年）的無正當性，一九三三年大日本帝國便退出國際聯盟。而日本國內，彷彿難以忍受在國際社會中被孤立，日本主義、愛國主義（天皇制民族主義）的洪流開始淹沒出版界與大眾媒體。

雖然日本共產黨遭到「治安維持法」的嚴苛打壓而失去合法性，但此時依然存在，在勞工運動上也有一定的影響力。而馬克思主義系的思想家、經濟學者，也還能在雜誌上表達意見。

然而，一九三五年發生了「天皇機關說事件」。憲法學者美濃部達吉對明治憲法提出詮釋，認為「國家是統治權的主體，天皇只是國家的機關之一」。貴族院議員與在野右翼團體稱之為「天皇機關說」，以「不敬的」、「難道把天皇當成機關車、機關槍一樣嗎？」這類毫無邏輯的理由群起攻訐。

在鄉軍人會與軍方內部也呼應這個撻伐運動，就連個人主義、自由主義也視為是反國體而加以否定的「國體明徵運動」逐漸蔓延。對此運動不能毫無回應的政府，於是發佈兩次「國體明徵」聲明，公開否定天皇機關說。與此同時，文部省以教化國民為目的，編纂了《國體的本義》小手冊，依據建國神話，將日本史視為「顯現肇國精神」的過程，並強烈批評西洋近代思想違背了日本國體（一九三七年）。在此，可以說與「教育勅語」相互搭配，確立了官方版天皇制民族主義的體系。

「日本主義」大洪水時代

就在這個時期，標榜「日本主義」的愛國書洪流襲捲了日本出版界。「一九三三年以降，主張日本精神論與日本主義的圖書與論說，呈現了激增的趨勢，至一九三四年，報紙的『納本書目欄』，『甚至每天一定都會看到兩、三本《日本精神云云》的新書』。」（赤澤史朗，《近代日本的思想動員與宗教統制》，校倉書房，一九八五年，頁二一四）。

事實上，若試著從當時的《出版年鑑》（東京堂版）裡的日本哲學、國家・國體論、政治等領域，挑出日本主義・日本精神論的書籍，便會看到一九三一年＝十八冊、一九三二年＝四十一冊、一九三三年＝五十四冊、一九三四年＝五十六冊，其數量不斷激增。而根據另一本《出版年鑑》（東京書籍商組合版），則可統計出一九三二年＝一百二十二冊、一九三三年＝九十六冊（筆者調查）。

這些愛國書籍都像《日本精神的哲學》、《日本讀本》、《日本精神論》、《日本精神史》、《日本精神的研究》、《真正的日本精神》等，以日本精神相關內容居首，進而如《啟明神國日本》、《日本的大使命》、《昭和日本的使命》、《光來自日本》、《日本主義的論理》、《日本的決意》、《大日本的建設》等，總會冠上「日本」的同類書籍大洪流，數量不勝枚舉。

總力戰體制下成為神靈附體的國家哲學

此一「日本精神」出版風潮出現後，才僅僅數年，便因為大日本帝國挑起北京盧溝橋的軍事衝突（一九三七年七月），導致中日戰爭全面爆發。接著在一九三七年九月，近衛內閣開始推行「國民精神動員運動」。這場運動的規模在日本史上前所未見，是一場為了建立總力戰體制而展開的官製運動，在國民日常生活的一切領域——思想、政治、經濟等方面，以日本民族主義為基礎施行了各種改造。誠如「國民精神總動員」此一名稱所顯示，這場運動，動員了所有「日本式物件」＝日本文化傳統的諸要素，除了藉此證明日本民族的優越性之外，也以實現「八紘一宇」這個神武天皇以來的理想為名義，將「東亞盟主」日本帝國主義的侵略戰爭加以正當化。在這場運動前後，日本的「文化」、「歷史（敘述）」的含意，產生了很大的變化，一切都變得具有某種意識形態的意義——為了支持天皇制，並且遂行戰爭。

在這個時期，曾經主張「反對帝國主義戰爭！」的日本共產黨與左翼運動，早已受創毀滅。勞工運動也演變為服務國策的行動（成立「產業報國會」，一九四〇年），所有的政黨都遭解散，並成立了「大政翼贊會」（一九四〇年）。在對階級鬥爭的壓制，與國內政治支配體制的法西斯式重組後，大日本帝國於一九四一年十二月，發動了「大東亞戰爭」，開始對全亞洲展開帝國主義式的侵略。

這時，報社及發行書籍、雜誌的出版社都屈服於以「出版法」、「報紙法」、「國家總動員法」等為後盾的情報局、特別高等警察（「特高」）之言論統制，所有的媒體都投入了為戰爭服務的行列。

然而，這種戰爭翼贊式的意識形態，不僅由國家權力所強加而流傳散布，出版社的編輯、作家、漫畫家等言論界人士，也都積極協力帝國主義戰爭。他們共同耕耘了民眾的精神土壤，使其具備皇國臣民之素養，積極地接受並參與總力戰。

七十年前的「日本主義」意識形態，始於「神靈附體」，終於「神靈附體」。起初是一群時代錯誤之人的妄言，後來在「大東亞戰爭」即將戰敗時，已經提升為國家神學的教義。甚至還產生了「日本不敗」的信念式信念，最後導致大日本帝國的毀滅。

本書根據以上所述為立足點，即當時日本「銃後」意識形態形成的歷史，很鑽牛角尖地觀察「大東亞戰爭」前後的雜誌、廣告、宣傳等，試圖向讀者＝受眾訴說或強加的（符合大日本帝國臣民的）感情生活、諸意識形態之樣貌。

數年前，我從報紙文章上得知，在部分臺灣年輕人之間有個風潮，就是把大日本帝國殖民地時代的臺灣，描寫為「可能存在過的另一個未來」，並將此當作一種娛樂。蒸汽龐克（Steampunk）與大日本帝國趣味的結合，是二〇〇〇年代時日本次文化界曾經出現的一種類型，而它也出現在臺灣，讓我很感興趣。報導此風潮的產經新聞，是日本立場最右的媒體，該篇文章將此潮流放入「親日」、「反中」的脈絡中詮釋。

這可謂「大日本帝國趣味」的類型，其產生的背景似乎與相對大陸而確立臺灣獨自認同的政治動向相通。也許是帶著對現實政治的諷刺與揶揄，透過創造「可能存在過的另一個未來」來享受的「趣味」。那可能是次文化脈絡裡複雜的民族主義表現吧。

大約在二〇一〇年首度撰寫此書之時，我有一種感覺，認為從歷史的垃圾桶裡挖掘戰爭時期政治宣傳式的出版物，或許可以預想「可能即將到來的未來」之惡托邦。在最初的合同出版社版本的前言文末，我寫了這段話：

> 對於深信「為了贏得戰爭」而奉獻生命的無名庶民們的樣貌，這類陳腔濫調的美談，我全然割捨。然後從當時以大眾為對象的出版物、印刷品裡，嚴選蒐集「大東亞戰爭」下總動員體制所製造出來的無聊東西、就算知道也沒用的東西，以及對人類命運來說毫無意義之物。我認為這麼做的話，可以帶著現實感，將這個承擔神靈附體決戰的戰時大日本帝國的樣貌——或許會出現在我們近未來的暗黑鄉想像圖——刻畫出來。

然而，在二〇一八年的日本，「或許會出現在近未來的暗黑鄉」這種視角，似乎已經變成完全是狀況外的未來預想了。

在二〇一二年成立的安倍政權之下，以日本民族的優越性＝「日本好棒」為核心的現代版「日本主義」意識形態，透過電視等大眾媒體廣為流通，書店充斥著赤裸裸種族主義的「歧視書籍」。對於讓兒童背誦「教育勅語」並齊唱軍歌的「森友學園」，政權中樞給予他們許多方便，而那些毫不諱言地聲稱「日本透過大東亞戰爭解放亞洲」、「從軍慰安婦是賣春婦」的人物，正擔任著執政黨的國會議員……。

在此意義上，我不禁覺得，現實社會的進展比我想像的還要惡托邦。因此不得不說，次文化式的大日本帝國觀察，已經逐漸「跟不上時代」了。只是單純挖掘過去的遺物而當作娛樂性的消費，難免就會切斷這個遺物所背負的歷史事實之重量。其結果便會導致對統合、支配民眾的工具——民族主義的無感，我很擔憂這種演變。

正因為如此，我認為必須很誠懇地繼承本書後記所引用的，也就是戶坂潤對「日本意識形態」根本性批判的做法。

感謝閱讀繁體字版的讀者朋友們，也衷心期望這本書有助於理解潛伏於現代日本底流的思想。

早川忠典

二〇一八年六月於東京

推薦序

林文凱（中央研究院臺灣史研究所副研究員）

相較於其他的社會，臺灣這個位在多重帝國邊緣，經歷了日本帝國與戰後國民黨威權統治，晚近好不容易才完成民主轉型的社會，其涵納的多重族群成員各自與共同經歷的歷史複雜性，以及因之而來的歷史記憶爭戰，顯然是更為嚴重難解的。也因此，在臺灣這個初生的民主社會，就梳理歷史記憶，以達成社會和解、捍衛民主生活方式，並讓社會持續健康發展來說，歷史教育所應擔負的社會責任顯然是更為重要且艱鉅的。

而就歷史教育來說，臺灣社會除了學校教育課程面臨的教科書與史觀編寫爭議尚未完全解決之外，實際上還面臨著世代認同差異與其他社會教育配合的問題。筆者這學期在臺大兼任講授了一門有關日治時期臺灣史的課程，期末時收到一位學生的電郵，信中分享了她對於臺灣不同世代歷史記憶、感受與認識差異的觀察與反思。信的內容很長，值得分享的看法很多，這裡只簡單引述其開頭的幾句話：

> 我覺得我們這一輩的問題可能是，儘管通過義務教育，習得關於日治與威權時期的基本認識，但是我們缺乏一些更身體感、更生活感的經驗——到底暴力和不自由是什麼樣子？
>
> 因為我們自己沒有真正遭遇到殖民和威權統治，所以雖然我們在正式教育中，學會怎樣評價和看待過去，可是，那畢竟不是真正從自己的生活經驗中，反身性思考得來的。

這些反省深刻點出了臺灣的歷史教育所面臨的困境。雖然學校教育在整體轉型後，已經改為傳授符合民主社會所需的歷史意識與內容；但對於臺灣年輕一代來說，單僅透過制式的義務教育，並不足以讓學生深刻認識歷史，並培養對民主價值的切身感受；遑論將這些價值內化在自己的主體性中，並足以在臺灣社會再次遭受內部與外部的國家與社會威權暴力時，為捍衛好不容易得來的民主生活方式挺身而出。換言之，我們需要其他歷史教育與學習的配合，來讓年輕世代切身認識歷史並培育新時代的史觀。

另一方面，對於經歷過威權時代學校教育，但卻因族群與生命經歷對於歷史有著歧異看法，也就是最需要族群和解的中年與老一輩台灣人來說，期望其能解放過去相互排斥對立的歷史記憶，共同面對臺灣的歷史轉型，並一起合作迎向臺灣未來的發展，或許學校教育以外的歷史記憶與知識的學習與分享，又是更為重要的吧。

而從解嚴以來，承擔起社會歷史教育任務的臺灣出版界，雖然已跳脫戰後單一中國民族主義史觀，大量出版了相對彰顯臺灣本土史觀的歷史書籍，但不可諱言的，我們有時候又太過僅關照臺灣社會自身，對於整個東亞與世界社會的歷史理解太少。然對於十九世紀中葉以來與整體東亞社會，共同經歷第二波全球化與西方帝國主義(與模仿西方的日本帝國主義)深刻衝擊與形塑的臺灣社會來說，如果不從更廣大的東亞史與世界史的視角來考察起，我們又如何能真正理解臺灣社會的過去。更進一步來說，在面對過去深受西方與日本帝國主義壓迫，但晚近卻日益走向戰前日本帝國主義的新中國霸權時，我們又如何能有足夠的集體智慧巧妙應對這樣的威脅，經營適切的兩岸與國際關係，以維繫臺灣的經濟發展與民主政體與文化呢？

從這個視角來說，我們不僅需要更多說出臺灣不同族群歷史記憶的臺灣史書寫，也需要更多的東亞與世界史的出版品。晚近臺灣史學界與出版界的一個出版熱點，乃是在日治時代臺灣社會文化史這個領域，希望能夠還原過去在中國民族主義史觀下，被意識形態化的殖民地臺灣史，在如過去一樣但更深刻地批判日本帝國主義與殖民主義的同時，也讓我們理解那段時期臺灣的殖民近代化性發展，並豐富與複雜化我們對於那個時代的理解。然而，臺灣學界與出版界對於同時期日本社會的關照仍相對不足，以致我們不免忽略了臺灣殖民體制與日本對其本土國民統治體制的密切關聯，甚至忘記了日本人不全是殖民者或者是國家暴力的發動者，他們同時也是日本戰前總動員統治體制下國家暴力的被支配者。

最近，臺灣文學史研究新銳鳳氣至純平與許倍榕翻譯的《神國日本荒謬的決戰生活》(早川忠典著)一書，則可以補足臺灣社會對於戰前日本統治體制的歷史認識，很值得推介閱讀。此書收集了豐富的雜誌、廣告與傳單上的圖片，並透過文字的解說，梳理了這些圖片的社會生產脈絡及其與國家文化統制間的關聯，詳細描繪與再現了大東亞戰爭前後日本本土社會的文化樣態。透過此書，讀者可深刻認識到戰前日本帝國不僅對朝鮮與臺灣等殖民地人員發動以「皇民化」政策為名的廣泛思想戰，實際上也對其人民進行了同樣激烈的意識形態控制，意圖統一所有人民的「意識、感性、道德與思想」，以確立總力戰爭下所需的國民精神總動員。

對於不耐煩於文字細瑣閱讀，習於視覺性閱讀的新世代讀者，或者對全然陌生於這一段日本歷史的新舊世代讀者來說，這樣一本輔以大量視覺圖片的歷史書，毋寧是非常好的入門讀物。這樣一本以日常生活為主體的歷史書，透過一張張圖片與當時的口號文字，引領讀者進入戰爭時期的種種公共與私人生活空間，親身體會神入當時人的感受想法，並透過作者的文字解說，了解這些戰爭言說背後國家總動員體制文化統制的強大威力。而正是這些戰爭宣傳與愛國主義狂熱，讓一代日本人以抵抗英美帝國主義，保衛日本、解放大東亞，確立東亞與世界和平為名的侵略戰爭，並造成數百萬日本人的死傷與更多無數東亞被侵略國家軍民的苦難。

這本書的寫作是日本戰後對於戰前侵略史反省的一部分，但如同作者在書中後記所說，這本書的寫作動機係在對應一九九〇年代中期以來日本右派政治與文化人士的歷史修正主義運動，希望透過對於日本戰前軍國主義歷史的反省書寫，深化戰後以來一直沒有深入推動的侵略戰爭反思，更要避免日本軍國主義精神的復甦。雖然我同意許多現代版「日本意識形態」的復活，與戰後缺乏正面徹底的戰前意識形態反思有關，但我對戰後七十年日本的民主體制與文化稍有信心，並不認為作者強烈批判的自民黨安倍政權追求日本成為正常國家的政策，將會導致日本軍國主義的復甦。[1]

值得注意的是，本書作者也因採用文化研究的書寫方式，並將討論焦點集中於戰前太平洋戰爭期的十餘年間，因此並沒有深刻討論一九二〇年代剛經歷過所謂大正民主的日本，為何會逐步走向戰爭？另一方面，或許為對抗日本出版界晚近的歷史修正主義書寫，當作者透過一個個歷史圖說描繪日本國家對國民的洗腦與宣傳時，不免因過於激切批判，而僅以嘲諷不屑語氣描繪日本國民對於天皇與國家的愚蠢奉公，不免忽略了解釋日本的天皇體制與民族主義的長時段歷史，以及國民何以全然深陷如此的愛國主義狂熱之中？

當讀者們在閱讀這本精彩的入門書之後，若有興趣更全面了解日本戰前歷史，或者探究前述兩個重要問題，建議讀者可以閱讀日本東京大學教授加藤陽子的一系列通俗或者專業日本史作品，譬如同樣為本書出版公司遠足文化所出版發行的《日本人為何選擇了戰爭》(二〇一六)與《昭和天皇與戰爭世紀》(二〇一八)兩本中譯歷史書。

最後，當本書作者與加藤陽子等日本史家，擔心人們遺忘歷史而戰爭可能再來，因此透過歷史書寫，希望日本年輕一代認識銘記戰前的歷史教訓時，相較於民主轉型七十餘年的日本，經歷民主轉型不久且社會內外面臨更多挑戰的臺灣，或許更應透過多元的歷史書寫與出版，來深化整體社會的歷史教育，並避免威權體制的復辟。[2]同時對臺灣史的歷史教育與出版來說，本書這種配合視覺圖文的寫作，或許也是一個可以借鑑的書寫方式，讓讀者們在接觸其他複雜的歷史解釋之前，能夠試著先以更直觀與切身的方式體會過去的歷史，並認識來自殖民與威權體制下的國家暴力與文化統制。

譯者序

有重量的輕快

鳳氣至純平（中央研究院臺灣史研究所博士後研究員）

「笑中帶淚／怒」的寫作風格

本書譯自早川忠典先生《神國日本のトンデモ決戰生活》，二〇一〇年由合同出版刊行（後文簡稱「合同版」），二〇一四年由筑摩書房刊出修訂後的「文庫本」（即小型袖珍本，後文統稱「文庫版」）。一般而言，在日本有一定程度的銷售量的書才會重新出版文庫版，可見本書相當暢銷。

誠如合同版的副標題「廣告單與雜誌如何為戰爭服務？」及作者在序言以幽默口吻的說明，本書「嚴選蒐集」戰爭時期雜誌、廣告單所製造的「無聊東西、就算知道也沒用的東西，以及對人類命運來說毫無意義之物」，藉此揭露「神靈附體」的大日本帝國之樣貌。

在翻譯本書的過程中，有時很快樂很享受，有時又感到很沉重。快樂享受，是因為作者的文字並不艱澀，舉重若輕，以滑稽略帶諷刺的文字討論極為嚴肅的話題，淺顯易懂、甚至運用豐富的「梗」、日本鄉民的用語等，有幾次還忍不住大笑，只是譯者與合譯者為了原汁原味呈現這些詞彙的語氣、語感、「笑點」及文字的節奏感，必須絞盡腦汁尋找適當的譯詞。儘管是滑稽的文字，但不表示內容不嚴肅。翻譯過程中之所以感到沉重，是因為可以感受到隱藏於輕快、戲謔文字裡的，是作者對歷史的批判與憤怒。讓人不禁產生「笑著笑著就哭了」的心情。

書中作者尤其竭力批評的是，被視為理所當然，且支撐、正當化帝國侵略意識形態的「日本傳統」，以及過度美化的「日本人美德」。例如，本書介紹戰爭時期的電車禮儀，提及車廂內的髒亂，顛覆諸多日本人（臺灣人也是？）深信的「日本人愛乾淨、守秩序」的形象等。相信此書對日本人和臺灣人而言，都會是個看清日本另一個「真面目」的機會。（笑）

本書續集的《「愛國」的技法——神國日本的愛的形狀》（青弓社，二〇一四年）、《「日本好棒」的惡托邦——戰時下自我吹噓的系譜》（青弓社，二〇一六年）也都採用同樣的手法，如第三本書名中的「日本好棒」（日本スゴイ），近年日本電視充斥著「日本好棒」系列的節目，即透過日本人及外國人讚頌日本的文化、科技、歷史來彰顯日本有「多麼棒」（部分節目也在臺灣的日本節目電視台播放）。作者以其一貫的滑稽、調侃風格，從「紙屑」裡挖掘戰前日本的「日本好棒」言論，並以古今對比的方式諷刺戰前日本，同時也批評當今日本這種「日本好棒」的風潮。

作者另一批著作雖採取同樣手法，蒐集所謂「無聊東西、就算知道也沒用的東西，以及對人類命運來說毫無意義」的雜誌文章、廣告等，但其討論、批判的對象則是日本的戰後，特別是核電政策和右派勢力，如《核電烏托邦日本》（合同出版，二〇一七年）、《憎惡的廣告——右派言論雜誌「愛國」、「嫌中・嫌韓」的系譜》（與能川元一合著，合同出版，二〇一五年）。此外，作者所編著，甫出版的《幻影的「日本式家庭」》（青弓社，二〇一八年），則爬梳近代以來日本「傳統家庭」的「捏造、創造」過程，批評以執政黨自民黨為首的右派勢力，藉由修憲「將男女角色固定化，並將家庭定位為國家基礎單位」。[1]

在一場訪問中，作者被問及為何撰寫這些書籍，他如此回答：

> 我想說的是，我們實在是不知羞恥。我們過去忽略了很多可恥的事情。無論是戰爭或核電，日本社會中充滿醜陋的東西，我們卻仍不厭其煩地強調「日本好國」，難道要繼續這樣下去嗎？不會感到羞恥嗎？[2]

引文很清楚顯示，作者對於即將重蹈覆轍，不，更精準地說，戰後七十年來對過去毫無反省、未曾改變過的日本表達憤怒。

殖民地臺灣的荒謬決戰生活

基於這些認識，我認為此書在臺灣出版別具意義。首先可以指出，書中所羅列的文章、廣告等，當時處於日本殖民地的臺灣人，很有可能共時性地接觸相同的事物。換言之，身為被殖民者的臺灣人也曾被迫過著這種「荒謬的決戰生活」。實際上，除了這些日本內地刊行的報章雜誌之外，殖民統治下的臺灣，也出現不少類似的刊物、標語。在此從一九四〇年代刊行的兩種官方御用雜誌《旬刊臺新》[3]與《新建設》[4]挑選廣告標語與讀者分享。

生活也是戰鬥（松井和服店）

以儲蓄打倒美英鬼吧！（臺北信用組合）

守護銃後健康第一，腳氣、疲勞都服用片劑bandman（臺北南門藥局）

護國挺身到贏得勝利，開鑿開到華盛頓吧！！（八洲鑿泉會社）

敵人在眼前，現在就要增產進擊（藤井和服店）

毛髮都變成鬥志而奉公／將靈魂注入於毛髮而突擊吧！（臺北州下理髮組合聯合會）

防備新的敵人，我們奮不顧身增產吧！（臺灣菓子工業組合・臺灣菓子配給組合）

全力守護這個國家、天空（藥用CLUB牙膏）

以特攻隊精神死守職場吧！（金辰商事株式會社）

誠如本書中介紹的一些與時局無關，甚至被視為「奢侈品」的商品、店家，如和服店、菓子店等，在戰爭時期以無厘頭的廣告來彰顯其對總動員體制的貢獻，而臺灣的出版品裡，也出現了如上列鑿井公司、理髮組合等令人噴飯的標語。其中不乏臺灣獨特出版品的廣告，如植松安撰寫的《神國日本》（神の國日本）。作者植松安（一八八五—一九四六）畢業於東京帝國大學文學部國文科，他在一九二九年來臺，擔任臺北帝國大學文政學部教授，日本戰敗後的一九四六年，他在遣返往日本的「引揚船」上過世。出版單位「皇道精神研究普及會」位於臺南，從名稱可知其與日本內地的擁護天皇右翼團體有所關連，不難想像書的內容和政治傾向。顯然，臺灣總督府將日本內地實行的政治宣傳模式直接套用於殖民地上。

《新建設》一九四五年三至四月號的卷頭語，開宗明義表達戰鬥到底的決心：「敵人是否襲擊臺灣？只有羅斯福知道。對這種不得而知的事情感到煩惱的笨蛋，全日本一個也沒有。比起擔心敵人是否來襲，最重要、最關鍵的優先問題，是做好無論如何都要贏得這場戰爭的必勝準備。」在此借用本書作者的口吻吐嘈一下，最笨的人應該是連敵人是否來襲都不清楚，或者是就算知道也沒膽子告訴讀者的撰文者吧。在刊登這篇專談精神論，毫無邏輯的卷頭語之後，《新建設》就此停刊，不到半年後的一九四五年八月十五日，日本向聯合國「無條件投降」，從此失去了統治半世紀的殖民地臺灣。對這些戰爭時期的各種「荒謬」行徑，當時的臺灣人到底如何對應？這問題可能因人而異，一言難盡，目前已經有不少研究著作，以及當事人的回憶錄、日記等問世，在此暫不贅言。

作者在〈中文版序〉裡指出，在臺灣曾出現將歷史當作娛樂而消費的風潮，他對此相當委婉地表示擔憂，並且提醒切斷「歷史事實之重量」，將導致對統合工具「民族主義」無感的危險性。由於歷史經歷與現實環境的不同，或許臺灣人與日本人對「民族主義」的看法、想像有所差異，其衍生的課題也很不一樣。但無論如何，當今臺灣社會對歷史的認知與運作，產生了許多耐人尋味並值得探討的議題，有待更進一步的討論與思考。

臺灣本土化、民主化之後，大約近十年來臺灣社會對臺灣歷史的關注度可說空前未有，而且相當豐富地展現於大眾文化的領域，包括出版、影音、建築、飲食等，以「懷舊」的包裝推廣，商業上也獲得相當程度的成功。不過這些乍看下很「萌」、「酷」且時常帶有「日本符碼」的產品，有時可能脫離了歷史事實、去除歷史脈絡，甚至「架空歷史」，以相當「輕便」、「令人感到療癒」的姿態呈現於民眾眼前。如何讓歷史

「輕快」又不失其「重量」？我認為作者透過此書提供了一個不錯的範例，也就是：歷史書寫可以帶著一些幽默、滑稽與諷刺，同時又富有嚴肅、銳利的批判意識。在「娛樂」的閱讀裡，我們得以從事物的表面進入其成因，及意識形態的運作，會心一笑的同時知往鑒今，然後冒著冷汗驚覺「彼時」、「此刻」幾無差別。可貴的是，作者對過去與現今日本的批判並非主觀式、口號式、教條式的批判，而是以扎實、豐富的史料為後盾，成功地結合歷史與現代社會批判。

透過本書豐富的史料，讀者可以窺見帝國日本與當今日本的虛與實，也能想像活在日治時期的臺灣人過著什麼樣的「決戰生活」。衷心希望繁體字版的發行，能為臺灣讀者提供另一個「認識日本」的視角。而身為歷史研究者，也非常希望這樣的「現實感」有助於我們警惕，並對抗逐漸失去力量、空洞化的歷史批判。很感謝有機會參與這本書的翻譯，期待未來在日本和臺灣出現更多像這樣「既輕快也嚴肅」的歷史著作。

前言

昭和十九年（一九四四）十二月，當時最受歡迎的婦女雜誌《主婦之友》，突然在所有奇數頁的左上方印上這種口號：**打死美國人**。

同期卷頭特輯是「這就是敵人！野獸民族美國」。該雜誌的人氣連載漫畫——杉浦幸雄的《花子一家》（ハナ子さん一家），這期的標題也是「打倒美鬼之卷」。婦女雜誌如此誇張地煽動殺人，令我非常驚訝。

其實這個「打死美國人」的運動，並非《主婦之友》編輯部根據自己的取材所展開（參考第六章，頁二三四）。在戰局已呈現濃厚的戰敗頹勢之時，塞班島、提尼安島、關島等地相繼淪陷，導致對日本本土的空襲迫在眉睫。昭和十九年十月六日，當時的小磯國昭內閣在內閣會議中訂定了〈決戰輿論指導方策要綱〉，目的在於「指導」報導機關操作輿論，以「激發」臣民的「敵愾之心」，使其「鬥魂」奮起。

其中關於「敵愾之心」，是對媒體下令：「須闡明美英領導人之野心誘發此次戰爭的事實，並舉出呈示美英人殘暴的實例，特別是披露他們在此次戰爭中的暴虐行徑。」然而，當各家媒體突然接到這種命令，卻沒有可以報導的題材。於是，「大政翼贊會」（編按：日本在第二次世界大戰期間的一個政治團體，以推動政治權力集中的一黨專政為主要目標）調查部便彙整了海外情報和自美返日者的手記等，製作了《（密）一億憤激美英擊摧運動資料》，作為煽動國民「敵愾之心」的材料。當時的大眾媒體、出版社便以《主婦之友》為首，在忠實摹寫這份祕密資料內容時，也展開極力強調「美英人性情殘暴」的運動。

戰時的日本，以大眾為對象的出版品，幾乎所有的內容都帶有提升戰鬥意志的政治宣傳性質，而且直

打倒鬼畜美英

「每當老師告訴我們美英士兵鬼畜般的行為時，幼小的心靈不禁感到悲憤，熊本市花園國民學校的兒童，把家長會製作的敵兵稻草人帶到學校操場，輪流以木劍、長刀痛擊，年紀雖小，卻也知道這種快感。」——《寫真週報》第265號，昭和18年(1943)3月31日

不是真人，是打倒稻草人而感到痛快，我想這就是日本民族美麗的傳統吧。

接、間接地隸屬於帝國政府的指導下，這麼說並不為過。尤其在日本本土，銃後（譯按：戰線後方）的日常生活被定位為「思想戰」的主戰場，從暑假作業簿到結婚、出產、葬禮的方法等；換言之，「從搖籃到墓場」、「從早安到晚安」，「神國日本」的意識形態宣傳、煽動及政治統制，滲透到所有的細節。

本書基於「神在細微處……神國日本則在紙屑般的舊書裡」的信念，目的是將「大東亞戰爭」前後，當時的雜誌、廣告、傳單等試圖滲透到讀者（符合大日本帝國臣民）之意識、感性、道德、思想的一部分予以標本化。嚴選蒐集「大東亞戰爭」下總動員體制所製造出來的無聊東西、就算知道也沒用的東西，以及對人類命運來說毫無意義之物。我認為這麼做的話，可以帶著現實感，將這個承擔神靈附體決戰的戰時大日本帝國樣貌——或許會出現在我們近未來的暗黑鄉想像圖——刻畫出來。

第一部〈神聖的靖國殿堂〉，收集與靖國神社相關的文章。

第二部〈日本好國〉，以國民歌謠〈日本好國〉為首，討論攸關被稱為「小國民」的軍國日本兒童們的各種論述。

第三部〈讚頌吧！八紘一宇〉，考察銃後以何種眼光看待成為大日本帝國新版圖的大陸及南洋各地域。

第四部〈終將贏得勝利的決戰生活〉，主要觀察國家在教育、育兒、烹飪、穿著等家政方面，如何對銃後女性進行戰時動員。

第五部〈一切都是為了勝利〉，從「國民精神總動員」運動開始討論，所有日常生活細節都充滿提升戰意的意識形態。

第六部〈言靈的戰爭〉，從神國日本的宗教信念談起，主要討論神靈附體論述，包括認為「英靈」葬禮須以神式進行的「忠靈公葬論」等。

接下來，歡迎各位來到惡托邦（dystopia）日本！

＊本書鑑於戰爭的性格與區域，談及「大東亞戰爭」時加上括號。

＊一九四五年以前的年號使用「昭和」，之後則使用「西元」表記。

一、神聖的靖國殿堂

イセノカミカゼ
テキコク
カウフク
イ

「愛國紙牌」
日本少國民文化協會是在昭和16年(1941)由情報局主導成立的御用文化團體。以兒童文學為首，所有領域的創作者都被動員。愛國紙牌是其活動成果之一。順帶一提，紙牌的圖案有多種版本。財團法人日本少國民文化協會制定，財團法人日本玩具統制協會，昭和18年(1943)12月10日。

嗚呼！靖國神社

東京九段坂上方矗立著巨大的青銅鳥居，其後方可見一氣派殿堂，那便是靖國神社。（引自第五期國定教科書《初等科修身》四）

位在東京九段的靖國神社，創建於明治二年（一八六九），祭祀多達二四六萬六五三二位神，即便在日本也是很少見的神社。因為有這麼多神明，其靈力驚人，甚至連平常無法無天的日本首相、國會議員也都著魔似地被召喚前往，是亞洲諸國人盡皆知的著名靈異景點。

靖國神社裡祭祀多位殉君殉國的忠義人士。（出處同前）

這股不可思議力量的源泉，應來自明治維新以來死於戰爭的人們，他們在這座神社裡被供奉為神。

在戰爭中死去的話，就把你供奉在靖國神社喔！連天皇、皇后兩陛下都會來祭拜你喔！這就是大日本帝國的承諾。然而，並非所有在戰爭中死亡的人都是如此，說到底，其實只有站在天皇那方戰鬥而死的人而已，所以想被供奉的人還是注意一下吧。

我們要感謝天皇陛下的恩惠，同時也要效法被供奉於此之人的忠義，必須為君為國鞠躬盡瘁。（出處同前）

顯然這些文字充分描繪出靖國

印有靖國神社鳥居的戰前五十錢紙鈔

神社這個「死的連鎖」裝置的機能——死者召喚生者、生者誓言追隨死者「為天皇為祖國日本奉獻生命」。只要靖國神社還在，這個連鎖就不會停止。難怪對曾經發動戰爭的人、未來想發動戰爭的人，及以為還在戰爭的人而言，靖國神社的存在令人亢奮得不得了。

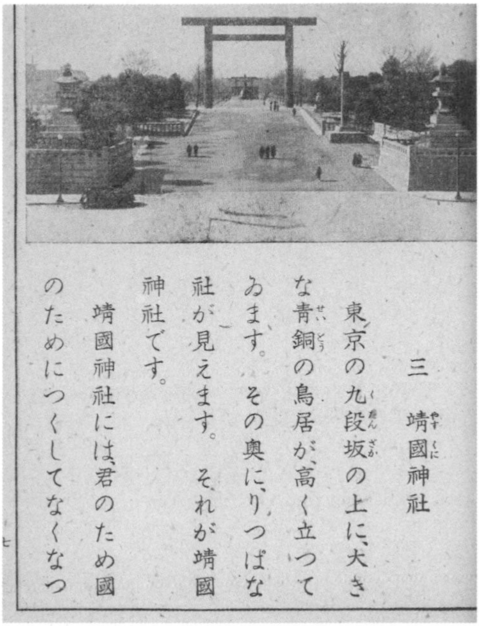

三 靖國神社

東京の九段坂の上に、大きな青銅の鳥居が、高く立つてゐます。その奥に、りつぱな社が見えます。それが靖國神社です。

靖國神社には、君のため國のためにつくしてなくなつ

上：從昭和16年(1941)到戰敗為止，國民學校所使用的《初等科修身》教科書。
下：「國債儲蓄」的廣告。《婦人俱樂部》封底，昭和18年(1943)11月號，大日本雄辯會講談社。

獻給靖國神社英靈的文章大募集！

大日本雄辯會講談社的三大招牌雜誌《少女俱樂部》、《少年俱樂部》、《幼年俱樂部》昭和十九年(一九四四)一月號，同時刊登了「獻給靖國神社英靈的文章」募集廣告。這是由陸軍省、海軍省、軍事保護院贊助，在軍部強力支持下規劃的一大翼贊企畫。

這項企畫在昭和十九年度似為第六回。在防衛省防衛研究所保存的文件〈「獻給靖國神社英靈的文章」募集贊助相關事宜〉(昭和十六年十一月二十一日)裡，便夾有講談社提出的企畫簡報資料。據此，昭和十六年一月，三本雜誌共同募集時，竟有高達一萬三九六八人投稿。真是驚人的靖國作文熱。企畫書裡赤裸裸地寫出其目的：

此作文募集之目的，是使少年少女們透過書寫感想，加深其對靖國英靈的感謝之意，同時進一步激發愛國心，使其自覺身為少國民所應走之路，並體會繼承下一代日本的重大責任。

原來孩子們「感謝英靈」的感性，是源自出版業者拍軍部的馬屁啊。

根據《少女俱樂部》昭和十九年一月號刊登的募集要點，在「有關以下事項，請靜下來思考，選擇自己周遭見聞中最易寫的事」的開頭後，緊接著說明作文課題：

・對自己所識英靈的緬懷文
・恭迎祭拜英靈時的感想文
・參拜靖國神社時的感想文，或是町、村的慰靈祭與招魂祭時的感想文
・自己敬佩的遺族，以及面對這些遺族時的自我覺悟等等，對英靈表達感謝、安慰之意的作文。

規定一人一篇，一千五百字以內，開頭必須加上「奉納文」。這是為了將所有投稿作品「奉獻於靖國神社英靈」。如今這些驚人的作文或許還在靖國神社的某處堆積如山吧。

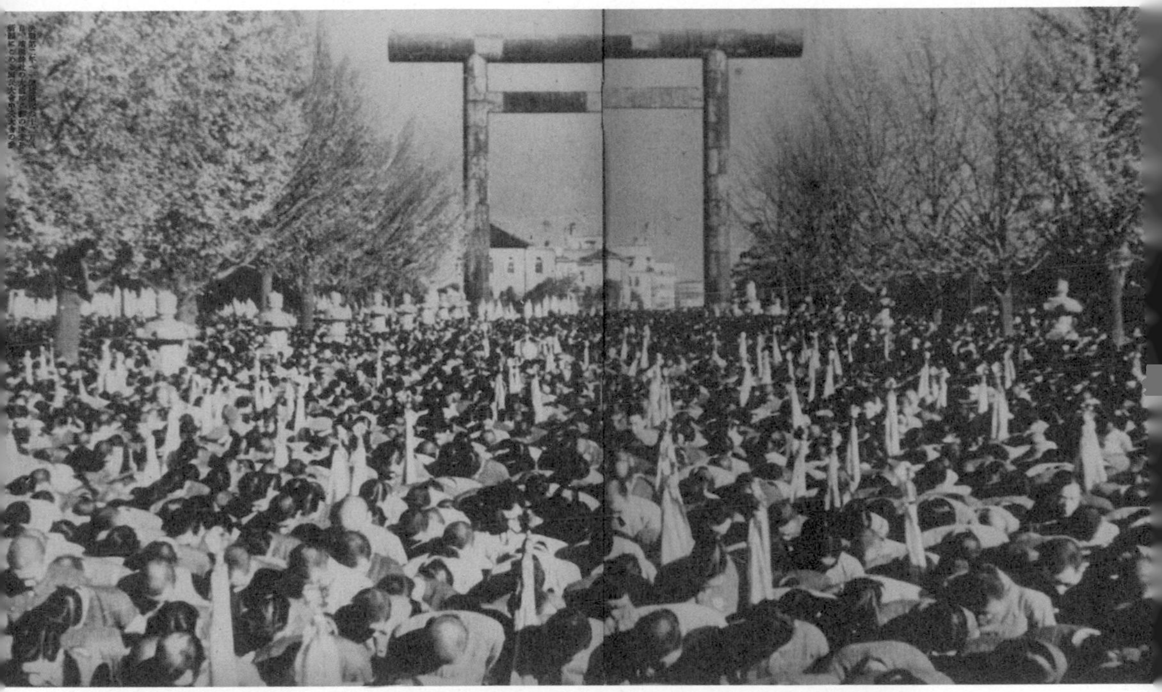

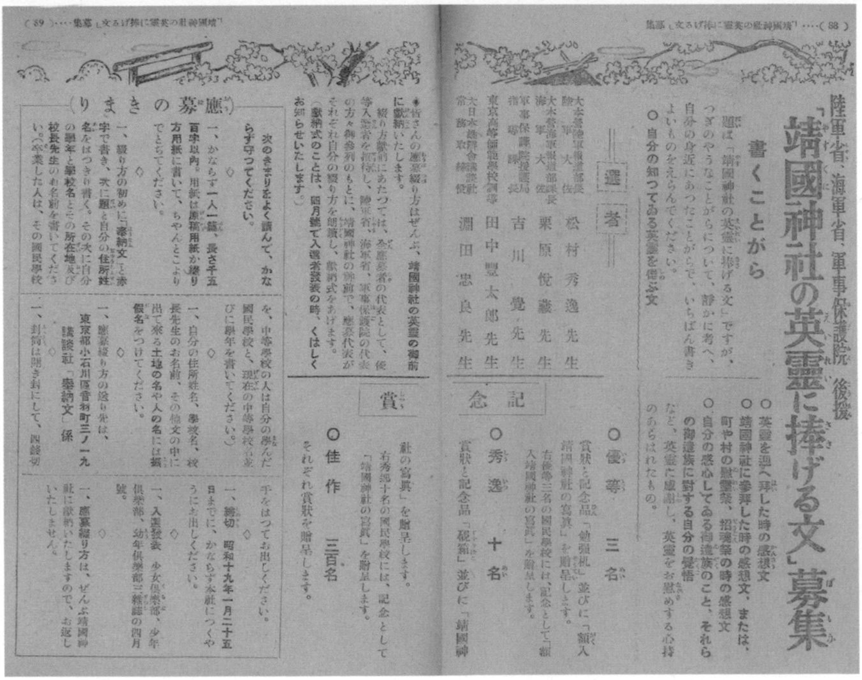

(88)……「靖國神社の英靈に捧げる文」募集

陸軍省、海軍省、軍事保護院　後援

「靖國神社の英靈に捧げる文」募集

書くことがら

題は「靖國神社の英靈に捧げる文」ですが、つぎのやうなことがらについて、靜かに考へ、自分の身近にあつたことがらで、いちばん書きよいものをえらんでください。

○自分の知つてゐる英靈を偲ぶ文

○英靈を迎へ拜した時の感想文

○靖國神社に參拜した時の感想文、または、町や村の慰靈祭、招魂祭の時の感想文

○自分の感心してゐる御遺族のこと、それらの御遺族に對する自分の覺悟など、英靈に感謝し、英靈をお慰めする心持のあらはれたもの。

選者

大本營陸軍報道部長　陸軍大佐　松村秀逸先生

大本營海軍報道部課長　海軍大佐　栗原悦藏先生

軍事保護院援護局指導課長　吉川覺先生

東京高等師範學校訓導　田中豐太郎先生

大日本雄辯會講談社常務取締役　淵田忠良先生

記念

○優等　三名

賞狀と記念品「勉強机」並びに「額入靖國神社の寫眞」を贈呈します。

右優等三名の國民學校には、記念として「額入靖國神社の寫眞」を贈呈します。

○秀逸　十名

賞狀と記念品「硯箱」並びに「靖國神社の寫眞」を贈呈します。

右秀逸十名の國民學校には、記念として「靖國神社の寫眞」を贈呈します。

賞

○佳作　三百名

それぞれ賞狀を贈呈します。

「靖國神社の英靈に捧げる文」募集……(89)

◈皆さんの應募綴り方はぜんぶ、靖國神社の英靈の御前に獻納いたします。

綴り方獻納にあたつては、全應募者の代表として、優等入選者を招待し、陸軍省、海軍省、軍事保護院の代表の方々御參列のもとに、靖國神社の神前で、應募代表がそれぞれ自分の綴り方を朗讀し、獻納式をあげます。

（獻納式のことは、四月號で入選者發表の時、くはしくお知らせいたします。）

（應募のきまり）

次のきまりをよく讀んで、かならず守つてください。

一、かならず一人一篇、長さ千五百字以內。用紙は原稿用紙か綴り方用紙に書いて、ちやんととこよりでとぢてください。

◇

一、綴り方の初めに「奉納文」と赤字で書き、次に題と自分の住所姓名をはつきり書く。その次に自分の學年と學校名とその所在地及び校長先生のお名前を書いてください。（卒業した人は、その國民學校を、中等學校の人は自分の學んだ國民學校と、現在の中等學校名並びに學年を書いてください。）

◇

一、自分の住所姓名、學校名、校長先生のお名前、その他文の中に出て來る土地の名や人の名には振假名をつけてください。

◇

一、應募綴り方の送り先は、
東京都小石川區音羽町三ノ一九
講談社「奉納文」係

◇

一、封筒は開き封にして、四錢切手をはつてお出しください。

◇

一、締切　昭和十九年一月二十五日までに、かならず本社につくやうにお出しください。

◇

一、入選發表　少女倶樂部、少年倶樂部、幼年倶樂部三雜誌の四月號。

◇

一、應募綴り方は、ぜんぶ靖國神社に獻納いたしますので、お返しいたしません。

上：《寫真週報》二五二號，昭和十七年（一九四二）十二月二十三日，情報局編。
下：《少女倶樂部》昭和十九年（一九四四）一月號，大日本雄辯會講談社。

以「靖國的精神」去吧！

《靖國的精神》……因被標題吸引而不禁拿起，這本書的封面內摺頁以毛筆寫著「來自弟弟於出水空鈴木〇〇」。這可能是贈送給人在神風特攻隊基地的出水海軍航空隊等待出征的哥哥。送給即將成為軍神的哥哥之禮，竟是《靖國的精神》……。這對兄弟的故事讓我無言，在翻閱內文後，我再度無言了。

所謂靖國的精神，絕不是在戰爭時唯獨士兵所擁有的軍人精神，而是無論戰時或平時，甚至無時無刻，所有日本人都必須堅持的精神，這就是靖國的精神……靖國是治理、平和、安定國家的精神，因此所謂靖國的精神，也就是大和的精神。……而且所謂大和的精神，是君之代的心，也是日之丸的心。

從一開始就莫名其妙。不管什麼東西都直接被丟進「靖國的精神」裡。話說回來，什麼「日之丸的心」，竟然在奇妙的東西上有「心」的存在，這簡直是妖怪嘛。那麼，什麼是「日之丸的心」呢？

……換言之，那就是「天壤無窮」與「八紘一宇」的精神

君之代、日之丸的心，原來就是「八紘一宇」的精神啊！咦？明明曾經有某中學校的校長，青筋

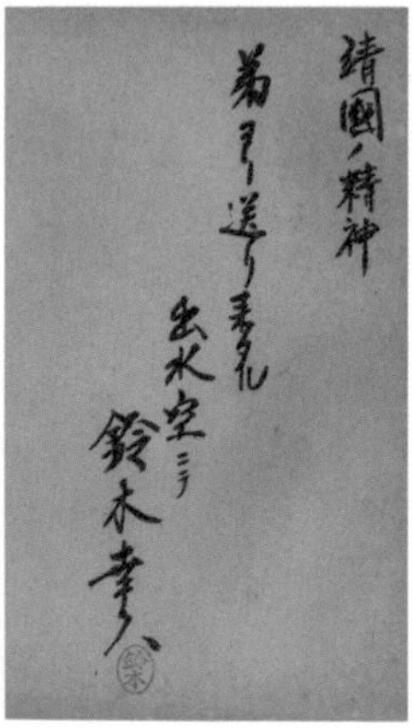

高神覺昇的《靖國的精神》（昭和十七年，第一書房）首頁

暴露地說，「君之代」的「君」是You的意思！

我們日本人，好好地懷著這個靖國的精神……非死不可的時候就笑著死去……即使自己的肉體死亡，但那魂與生命，將會一直與天壤無窮的國家永遠存活下去。

這簡直是「把你POA掉喔！」[1]的境界。結合殉國精神與永久生命，真是可怕的死之哲學。「靖國神社」這個造神制度，其機制乃扮演著將個人生命與國家生命體——「無窮皇國」一體化的媒介。創建未滿七十年的靖國神社，竟成為這麼誇張的宗教熱情對象，實在令人驚愕。

作者高神覺昇（一八九四—一九四八）是以暢銷書《般若心經講義》廣為人知的著名佛教學者。不過，這種操作歪理的人總不會自己赴死。小弟我很想向高神老師建議，最好能「言行一致」、「率先垂範」。

上：《讀賣　寫真版》第912號，昭和18年(1943)5月30日，讀賣新聞社。
下：《寫真週報》第294號，昭和18年(1943)10月20日，情報局編，內閣印刷局發行。

櫻花開時再見

在昭和十九年（一九四四）「獻給靖國神社英靈的文章」的競賽中，三位少年少女被選為優等。其中，國民學校初等科一年級南雲恭子小朋友的作文〈致父親〉深深打動了讀者。

父親大人：寫信給您真的很高興。您在遠方的戰地去世已七年了。……希望我快點長大，能夠幫母親大人的忙，因為我身體不太好，希望身體可以更加強健，成為女士兵，替父親大人報仇。

櫻花開的時候，母親大人會帶我去靖國神社……。很期待櫻花時節可以拜見父親大人。……

櫻花時節再見。

這個「櫻花開的時候……」的句子相當有名，在靖國獻納作文運動裡，或許是首屈一指的名文。國民學校初等科一年級，也就是說，南雲小朋友當時只有六、七歲。文中提到「父親大人」已戰死七年，所以她可能只記得遺照裡父親的樣子。儘管如此，能讓相當於現今小學一年級的女孩子寫出「成為女士兵，替父親大人報仇」的文化，還是很不尋常。

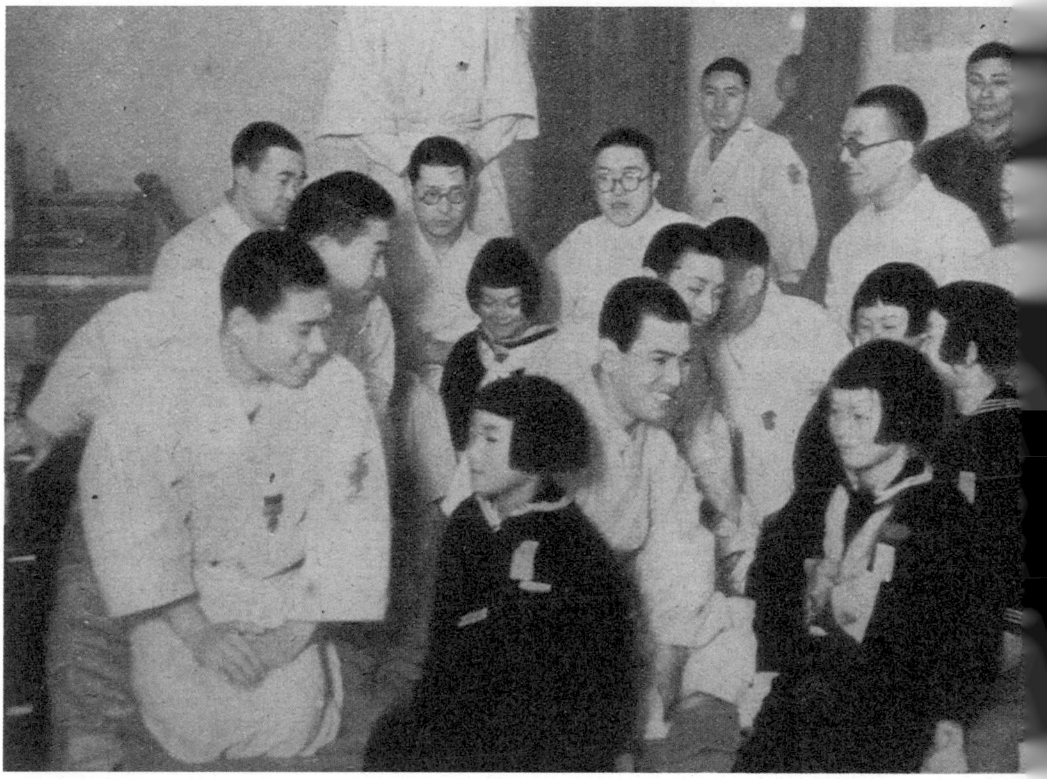

「鑒於戰局重大化」，昭和19年(1944)起停止邀集全國遺兒，改為「宮城總遙拜」與「參拜護國神社」。《寫真週報》第316號，昭和19年(1944)4月12日。

右頁：從全國召集「靖國遺兒」來參拜靖國神社，照片中是來自沖繩縣的遺兒。《寫真週報》第266號，昭和18年(1943)4月7日。

除了這位南雲恭子小朋友之外，被選為「優等」的另一個男孩，出席了同年四月四日在靖國神社舉行的「獻給靖國神社英靈的文章」獻納奉告祭，對著神殿朗讀作文，打動了在座所有的軍人。這是《少女倶樂部》昭和十九年五月號的報導。他也和當時的靖國神社宮司、預備役陸軍大將鈴木孝雄會面，並獲得可貴的訓示：「希望你成為身體健康，心地純潔的日本人。」

順帶一提，優等獎品是「書桌」和「表框的靖國神社照片」，二等「秀逸」的獎品則是「文房寶盒」與「靖國神社照片」。這是「靖國神社照片」讓人感到很珍貴的時代。

軍神、觀音、天使都到靖國去了

說到《主婦之友》，這是戰時大量刊登非常荒謬的文章、並以高雅婦人為對象的雜誌，可惜二〇〇八年停刊了，但在當時是一年發行量高達幾百萬冊的高知名度婦女雜誌。

有時《主婦之友》會贈送附錄，即〈主婦之友愛國繪本〉。十二頁小冊子的內文以彩色印刷，相當

賞心悅目。〈光輝皇軍（陸軍篇．海軍篇）〉、〈櫻之日本〉、〈菊花的芬芳〉，連這些排列在一起的題目看起來也很令人愉快。其中可能格外賺人熱淚的，是即將在此介紹的〈靖國之華〉。

繪本的內容主要是軍國美談，羅列了〈海之軍神廣瀨中佐〉、〈陸之軍神橘大隊長〉、〈空之軍神南鄉大尉〉、〈戰車軍神西住大尉〉等「修身」教科書裡常見的神明，但因為是女性雜誌，所以也不忘提及忠君愛國的女性。

小冊子刊載了兩篇從軍護士的美談，一位是在「支那事變」中，服務於南京野戰醫院傳染病房時死於霍亂的「白衣觀音竹內喜代子」。另一位是「日俄戰爭」時，在暴風雪的大連埠頭，夙夜匪懈地將傷病士兵搬送到醫療船而病死的「醫療船天使大熊Yoshi子（よし子）」。

順帶一提，「醫療船天使」的臨終畫面是這樣的：

「我是為了國家而奉獻生命向上天祈禱。」如此笑著啟程前往神國。

她就這樣笑著離開了。軍事美談的固定模式，竟連臨終的台詞都有記錄，實在很厲害。嗯，我想這應該是虛構的吧。另外，這些內文都是由作家山手樹一郎（一八九九—一九七八）執筆，原

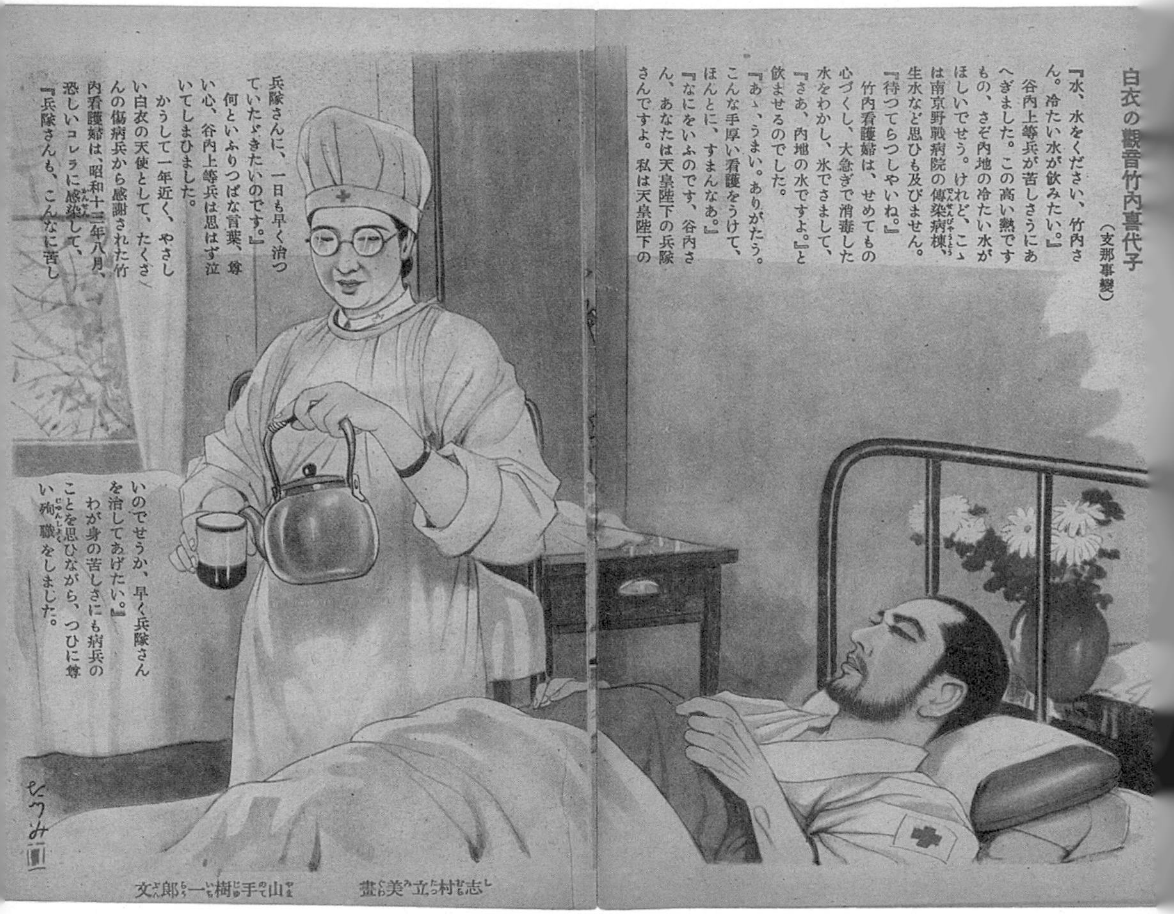

在戰地死於霍亂的「白衣觀音竹內喜代子」的文章。令人印象深刻的是，竹內護士小姐的臉很恐怖。

右頁：〈靖國之華〉，《主婦之友》昭和14年（1939）5月號附錄，主婦之友社。

來以《桃太郎侍》聞名的時代小説大師，戰爭時期也做過這種工作。

即使身為大師，但好像仍無法為從軍護士想出足以匹敵「軍神」的頭銜，所以竟賦予了她們「白衣觀音」、「醫療船天使」等很隨便的稱號，真是悲哀。連「觀音」和「天使」都被供奉在靖國，以致出現這種在神學上很奇怪的狀態，而我也不免多事地擔心起來。真希望靖國神社的神明至少可以沒有性別之分。

靖國烈女大熊Yoshi子女士的變遷

雖然對人類的未來完全無關緊要，但我還是對「醫療船天使」大熊Yoshi子女士感到好奇。如果是軍神廣瀨中佐的話，不管是看哪本書，都一定會有「杉野！杉野在哪啊？」的名言。而大熊女士的最後一句話：「我是為了國家而奉獻生命向上天祈禱。」實在讓人極度好奇。

這種軍神愛國美談故事，往往過度添枝加葉，而這句彷彿會出現在時髦少女小說的台詞，在其他版本裡究竟如何呈現呢？在搜尋靖國相關書籍後，我終於發現大熊Yoshi子女士的記錄。

這本書題為《靖國烈女傳》（靖國烈女遺德顯彰會編）。難得見到的大熊Yoshi子肖像，卻因為經過誇張的手工修圖而變成很可怕的臉，真叫人難過。這本書的第三章〈日俄戰爭篇〉以「身為救護船之花勇敢就義的烈女」的稱號介紹大熊Yoshi子女士。《靖國之華》刊行於昭和十四年（一九三九），《靖國烈女傳》則刊行於昭和十六年（一九四一），接著我們將對照兩者，追溯軍神美談內容的變遷。

大熊女士之所以被誇譽為軍國美談，是因為她犧牲自己的生命向神祈禱，希望可以攻陷旅順。

——希望可以攻陷旅順，為此我就算犧牲自己的生命也不足為惜——每夜向神祈禱的她，現在終於有所回報！而且是在她出生日期的一月一日攻陷旅順！（《靖國烈女傳》）

大熊Yoshi子女士的肖像。《靖國烈女傳》，靖國烈女遺德顯彰會編，出版文化研究會，昭和16年（1941）。

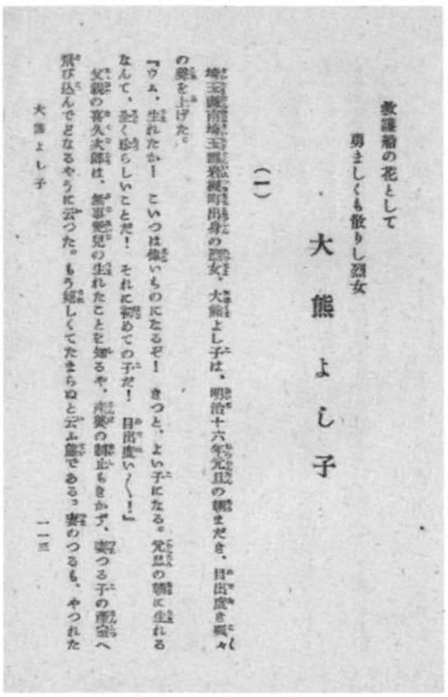

救護船の花として
勇ましくも散りし烈女
大熊よし子

（一）

埼玉縣南埼玉郡粕壁町出身の烈女、大熊よし子は、明治十六年元旦の朝まだき、目出度き呱々の聲を上げた。

『ウム、生れたか！　こいつは偉いものになるぞ！　きつと、よい子になる。元旦の朝に生れるなんて、全く目出度いことだ！　それに初めての子だ！　目出度い〳〵！』

父親の喜久次郎は、無事愛兒の生れたことを知るや、產婆の挨拶もきかず、愛する子の產室へ飛び込んでどなるやうに云つた。もう嬉しくてたまらぬと云ふ態である。妻のつるも、やつれた

大熊よし子　一一三

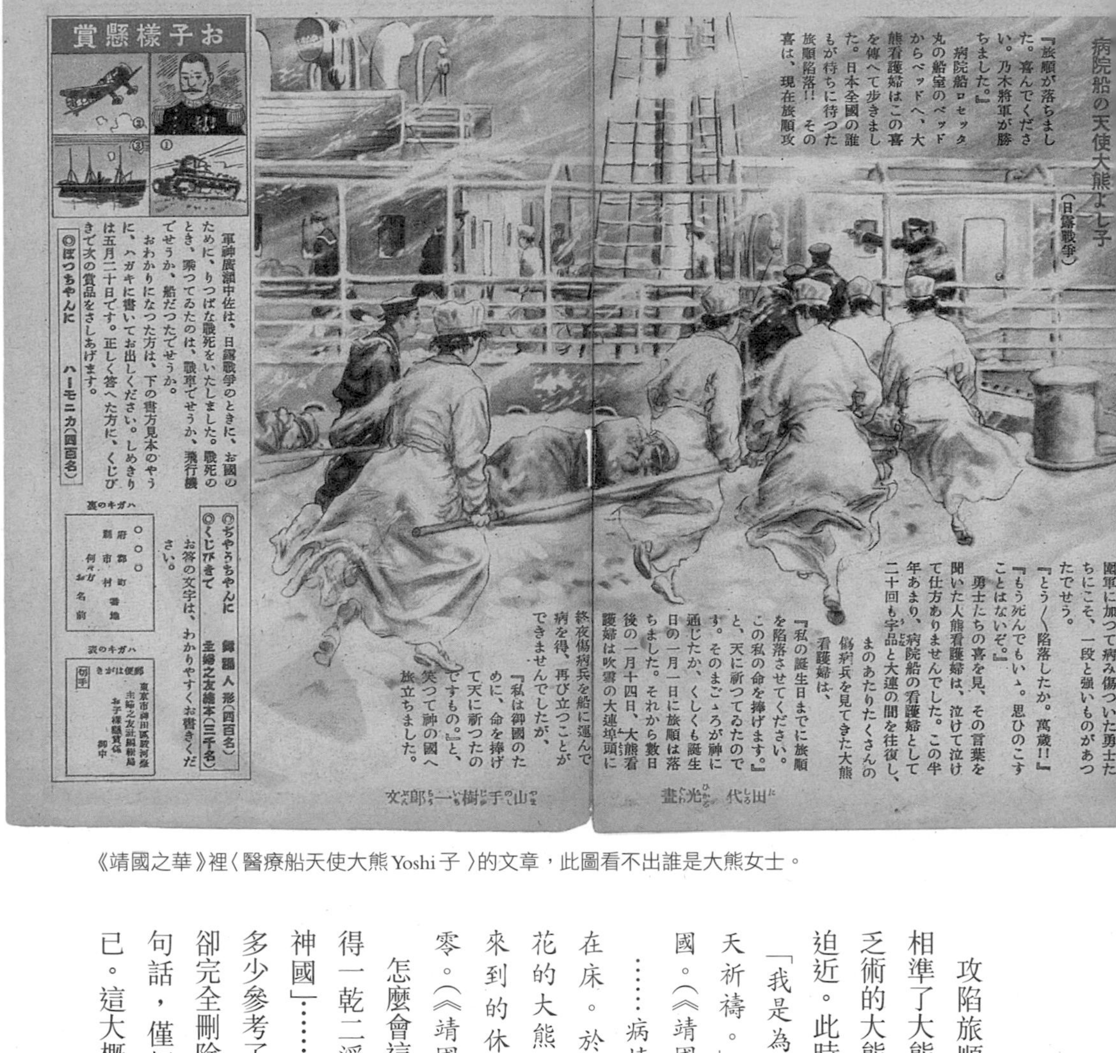

《靖國之華》裡〈醫療船天使大熊Yoshi子〉的文章，此圖看不出誰是大熊女士。

攻陷旅順後，神似乎按照約定，相準了大熊女士的命。患病且回天乏術的大熊女士，臨終的時刻日漸迫近。此時，她最後一句話是：

「我是為了國家而奉獻生命向上天祈禱。」如此笑著啟程前往神國。（《靖國之華》）

……病情再度惡化，她又臥病在床。於是，曾經是醫療船之花的大熊Yoshi子，等不及即將來到的休戰，少女之花就此凋零。（《靖國烈女傳》）

怎麼會這樣？那句台詞竟然被刪得一乾二淨。而且沒有「啟程前往神國」……。《烈女傳》的作者應該多少參考了山手樹一郎的版本，但卻完全刪除了太過戲劇化的最後一句話，僅輕描淡寫病狀的變化而已。這大概也是一種見解……吧。

靖國遺兒的貧乏之美談

我總覺得靖國神社這個地方是個貪婪得可怕、而且能高效激發戰意的機制，甚至有許多一再令人讚嘆的事。先不提戰死者的遺物、遺書，從遺族的眼淚到「細石」、「櫻木道」等，把所有物件攝入自己體內，無論時代如何變遷，只為了一個目的——「動員日本人加入聖戰」，而將各種物件撤向媒體。

典型的例子是〈榮獲軍人援護會長賞表彰遺兒的感人座談會〉（《主婦之友》昭和十五年十二月號）。主婦之友社企畫的第一回「表彰堅強勇敢的靖國遺兒」，從全國邀集了八名受表彰者，他們淡淡述說著父親戰死後的甘苦，其貧乏的程度讓人想哭。

幫忙母親做家庭代工到深夜／即使幼小也幫忙母親／代生病的祖父母背負家計／代亡父努力家業／立志成為從軍護士而奮鬥／騎著腳踏車到處拜會顧客／率先參拜神社、慰問勇士／代忙碌的母親承擔一切家務

《靖國神社參拜記念寫真帖》軍人援護會，昭和16年(1941)。戰死者遺兒參拜靖國的畫面。除了內地之外，沖繩、朝鮮、樺太廳等的遺兒也被召喚前來。

附於《靖國神社參拜記念寫真帖》中攝於靖國神社前的紀念照片。相片裡標示「千葉縣」，可能是指千葉的遺兒。
右頁：《主婦之友》昭和15年（1940）12月號。

光看標題就讓人想哭的悲慘故事，而這些孩子們的訪談也很不簡單。

例如，已故陸軍步兵北本三郎氏的次女幸子，她的談話如下：

北本：我母親做家庭代工製作袋子。那是放入藥品、化妝品、花草種子的袋子，她很拚命地做到深夜……剛開始做過帽子飾品的代工，但去年五月二十一日，我們去參拜川崎大師時，鄰居家失火了，我們家也被燒毀殆盡。

……連房子都燒毀了，真不是普通的不幸。明明是這麼辛苦的生活，而她又是多麼乖巧的小孩啊！想必能讓《主婦之友》的讀者們血淚流盡。

所有靖國式的貧乏美談，都盡收於一種決意——「不辜負被供奉於靖國成神的亡父名譽，成為堂堂正正的日本人。」成為英靈的父親在靖國看著呢，遺兒們將此作為心靈支柱，堅強勇敢地活下去。清一色是這類的故事與這樣的心理狀態，只要靖國神社還在，就會綿延不絕。

然而，這種遺兒美談，在「大東亞戰爭」的敗勢逐漸明顯、戰死者增加、遺兒人數也增加之後，刊登頻率卻相反地逐漸變低。可能是因為父親被戰爭奪走的這件事已不再是特例，而變成很普遍的經驗了。說來真是殘酷。

「來見父親」的靖國遺族

昭和十七年（一九四二）四月二十四日，舉行了「大東亞戰爭」開戰以來首次的靖國神社臨時大祭。在前一天的「招魂式」裡，合祀的有「滿洲事變」戰歿者一三四三名、「支那事變」戰歿者一萬八六四四名，而受邀出席的遺族則高達三萬多名。

這場臨時大祭為期五天，但在戰歿者增加的昭和十八年則進行了六天（若包含招魂式則是整整一星期），成為一個巨大的國家儀式。

除了日本本土之外，也從朝鮮、臺灣等殖民地與滿洲國，邀請戰歿者的遺族前來。若翻閱詳細記錄臨時大祭的《靖國神社臨時大祭記念寫真帖》（陸軍測量部拍攝），可見從大鳥居穿過神門來到拜殿前，玉砂石上鋪滿草蓆，遺族們密密麻麻地跪坐其上。昭和十七年秋天臨時大祭從第一天就不巧遇到下雨，遺族們身上穿的紋付與袴淋得濕答答，卻仍正經地跪坐著，於是留下了很悲慘的照片。即使如此也無人抱怨……，我深深感嘆，靖國神靈的權威力量還真可怕。

自全國各地前來參加的遺族被安置於宿舍，也安排了東京觀光等行程。歌舞伎座、明治座、有樂座、帝國劇場、東京寶塚劇場等則作為安慰遺族的場所而開放；遺族們享受看戲的樂趣，並從皇居的二重橋來到神宮外苑的繪畫館與明治神宮等，走的是很老套的東京參觀行程。

即使如此，還是不時有人在人生地不熟的東京迷路。當時的報紙（《朝日新聞》昭和十七年四月二十三日）甚至還刊載了以下的注意事項：

外出請注意

一、從鄉下來的遺族不熟悉交通號誌，所以要仔細分辨，「紅燈」時絕不可行走。

二、行李安放於住處，參觀市區時切勿攜帶。

伜は九段の若櫻

靖國神社春の臨時大祭 嚴かに執行さる

大君の醜の御楯として雄々しくも大東亞の戰さの場に散華した忠魂一万九千九百八十七柱がこの國護る新祭神と神鎭まり給ふ靖國神社春の臨時大祭は、四月二十二日の招魂式の儀に引きつゞき、二十三日から二十八日まで嚴かに執り行はれた

畏くも　天皇　皇后兩陛下には二十四日靖國神社に行幸啓遊ばされ、新祭神をはじめ護國の英靈に親しく御拜あらせられた

遙々と故郷をあとに靖國へ靖國へとつどひ上つた全國四万の遺族は、九段の春酣に、惜しげもなく散りしく櫻の花びらを袖にうけながら、かねての思ひ、忠義の夫の、忠義のわが子の姿をはつきりと社頭に見るを得た、あのぬば玉の淨闇の中を粛々と進んでいつたお羽車、また清らけく朝日さす拜殿の彼方を伏し拜んだ遺族たちは、あの日、赤襷凛々しく勇んで征つた肉身の燃えるばかりの純忠の魂を、いまぞしみじみとわが身に覺えたのであつた

夫よ、わが子よ、たとひこの腕細くとも、この髪白くとも、み國の仇を討ち遂げるまでは、と新祭神に決意雄々しく誓ひつゝ九段の社頭を去つていつた幾万遺族に、われら一億ゆめ援護の手をゆるめてはならない

3

〈我們的兒子是九段若櫻〉，《寫真週報》第270號，昭和18年(1943)5月5日。

三、上下電車、公車時請勿慌張。
四、外出時務必由大日本婦人會員帶領行動，切勿單獨擅自外出。
等等，根本把鄉下人當笨蛋嘛！

右：不知為何飛機在遺族上空進行飛行表演。《寫真週報》第244號，昭和17年(1942)10月28日。
下：排列遺族們「聲音」的〈在靖國神社門口訪問〉，《寫真週報》第219號，昭和17年(1942)5月6日。

千葉縣　大竹もとさん（五五）
息子はお國のもの、私のとこは五人全部が軍人です

和歌山縣　山田武藏さん（六三）
あないに祀つてもろて伜も幸せ者やウッフフ

北海道　內田よね子さん（一七）
よね子か、よくきてくれたね。兄さんは喜んでゐました

臨時大祭受邀遺族的免費乘車券

受邀參加靖國神社臨時大祭的遺族，基本上由大日本帝國負擔交通費，至於來自外地的遺族，則提供船舶折價證〔關釜（下關—釜山）渡輪等〕及滿鐵（南滿洲鐵道）、鮮鐵（朝鮮鐵道）的優待「Pass」等。當時新京（今長春）大使館製作的〈靖國神社關係文書集冊〉（外務省外交資料館所藏）裡保留了許多文書，例如向滿鐵申請發行鐵道優待「Pass」，或詢問外務省寄送「內地鐵道乘車證」給遺族的相關事宜。

在滿特命全權大使　梅津美治郎

靖國神社臨時大祭出席遺族相關事宜

關於頒發內地鐵道乘車證予靖國神社臨時大祭出席遺族，依過去指示，因左記事由，寄回內地鐵道乘車證（四人份），並寄送滿鐵鐵道乘車證（一人份），作為回程乘車證，敬請處理。（略）

（昭和十六年十月八日致豊田外務大臣〈靖國神社臨時大祭出席遺族相關事宜〉）

根據這份文書，因為某個理由而不再需要的鐵道乘車證，竟由大使館特地說明理由並寄回，多麼大費周章啊。

話說鐵道優待證被寄回去的那四個人，一位是二十八歲的男性，為了順道回內地老家而「未向本館報備即從奉天出發」。另一位是二十歲的男性，他等待內地用「Pass」寄達，但未收到「Pass」就從奉天出發了。剩下的兩人打算經由朝鮮（搭乘關釜渡輪）前往東京，但外務省寄來的「Pass」是經由新潟，「來不及變更」新京大使館安排的「滿鐵及鮮鐵乘車路線」，因此無法使用「Pass」，於是將它寄回，情況好像是這樣。

順帶一提，接近出發日之時，從內地寄來的「Pass」竟然是空運而來（！），雖然相當輕薄，並與各種文書捆在一起，但也是很誇

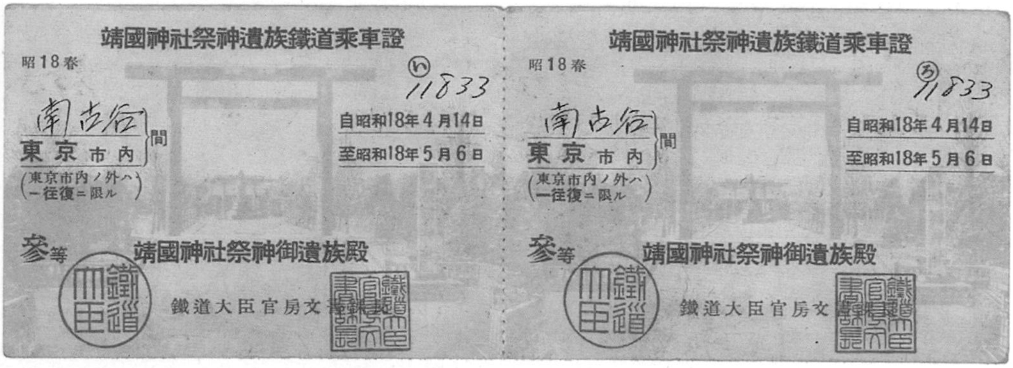

靖國神社祭神遺族鐵道乘車證
昭18春
11833
南古谷
東京 市内
間
（東京市内ノ外ハ一往復ニ限ル）
自昭和18年4月14日
至昭和18年5月6日
參等
靖國神社祭神御遺族殿
鐵道大臣官房文書課長

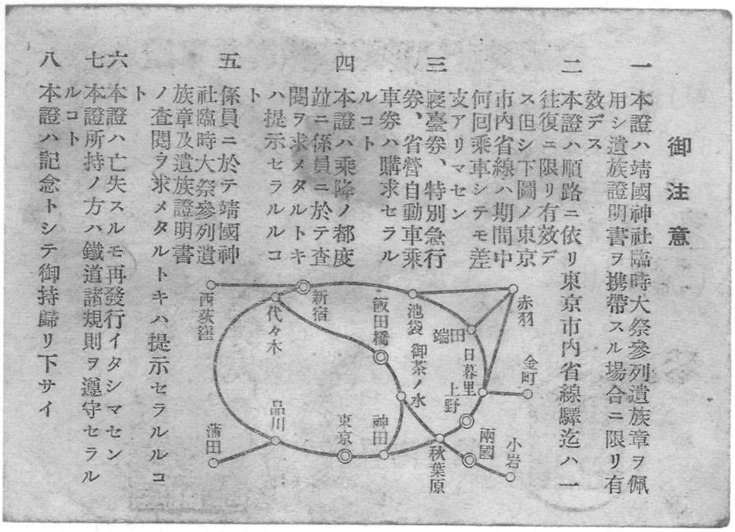

御注意

一 本證ハ靖國神社臨時大祭參列遺族章ヲ佩用シ遺族證明書ヲ携帶スル場合ニ限リ有效デス

二 本證ハ順路ニ依リ東京市内省線驛迄ハ一往復ニ限リ有效デス但シ下圖ノ東京市内省線ハ期間中何回乗車シテモ差支アリマセン

三 寢臺券、特別急行券、省營自動車乗車券ハ購求セラルルコト

四 本證ハ乗降ノ都度竝ニ係員ニ於テ查閲ヲ求メタルトキハ提示セラルルコト

五 係員ニ於テ靖國神社臨時大祭參列遺族章及遺族證明書ノ查閲ヲ求メタルトキハ提示セラルルコト

六 本證ハ亡失スルモ再發行イタシマセン

七 本證所持ノ方ハ鐵道諸規則ヲ遵守セラルルコト

八 本證ハ記念トシテ御持歸リ下サイ

張的服務。原來只要是和靖國有關的事，在外的大使館連旅行社代理的事務都要負責，這種事絕不會寫進日本史教科書。

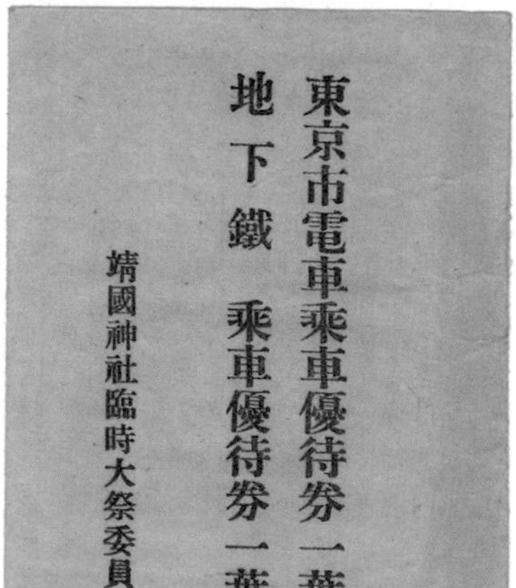

靖國神社祭遺族鐵道乘車證

上、中：左欄填上出發地點，便可當作該地與東京的來回車票。背面印有「注意」，「本證僅限佩帶靖國神社臨時大祭參列遺族章並攜帶遺族證明者使用」。臥票、快車票及汽車乘車券須另外購買，有效期限內可在東京「市內」無限利用，它是靖國神社一帶的周遊券，票上也寫著「本證請當作紀念品攜回」，對鄉下來的遺族而言是難忘的靖國土產吧。

左：裝入免費票券的袋子。

左頁 昭和19年(1944)春季的臨時大祭場景。《寫真週報》第319號，昭和19年5月3日。

⇨ 靖國神社齋庭に堵列する儀仗兵

⇦ 招魂の儀を待つ遺族

靖國のみやしろ深く
英魂二万五柱新たに神鎮まる
靖國神社春の臨時大祭

⇨ 招魂の儀に先立ち、それぞれ各集合場所の遺族に挨拶する東條陸軍大臣、島田海軍大臣

寫眞提供（五十音順）朝日新聞社 毎日新聞社 讀賣新聞社

週間點描

四月十七日、比島獨立に對する謝意の表明と日比親善強化のため、國會議長ベニグノ・エセ・アキノ氏が特派大使として來朝した。大東亞戰爭の完遂を目指して、日比の契はますます固い

×

迫り來る敵魚雷に愛機もろとも體當りを敢行し、一死以て船團を救出した石川清雄曹長の殊勳、若櫻さかりに散つて勇武四海に轟く

×

四月十九日、敵機動部隊突如スマトラ島サバンを空襲し、わが所在部隊の痛撃をうけた。東部印度の敵戰を牽制せんとする敵英窮餘の一策、もとよりわが備へは鐵壁であるが、執拗な敵の反攻企圖は嚴戒を要する

×

大東亞戰下五たび迎へた靖國神社春季臨時大祭は四月二十三日招魂の儀に引續き櫻花咲き滿ちる靖國の神域に執り行はれた。新祭神二萬五千柱、決戰下特に參列の遺族の上にかけさせ給ふ聖慮の程ども畏く、忠魂英譽に輝いて武勳永へに香る

一、神聖的靖國殿堂

針對靖國臨時大祭出席遺族的思想調查

這是昭和十六年（一九四一）四月十七日，警視廳警務部長寄給外務省東亞局長的文書。

針對靖國神社臨時大祭出席遺族的身家調查照會

將於二十五日舉行靖國神社臨時大祭，針對出席遺族（居住於滿洲國及中華民國者）的身家調查，事先由陸軍省副官照會。至於上述調查結果，煩請直接告知本單位，在警備方面是否有必須注意之人（若有，請具體告知其住所、姓名、年齡等）。

（略）

一、是否有素行上須注意之人

（一）是否為精神病患

（二）是否素懷不滿而有上書建白之虞

（三）在警備上是否有其他必須注意者

二、是否因遺族賜金分配而引發家庭紛爭等，而且導致關係惡化者

此調查項目清楚顯示，即使將他們捧為「榮譽遺族」，實際上大日本帝國仍以充滿猜疑的眼光看待遺族。連「是否因遺族賜金分配而引發家庭紛爭等，而且導致關係惡化者」這種家庭隱私都要調查清楚，只能說真是可怕的警察國家。

基於這個要求，在外公館驅使當地警察瘋狂調查外地出席遺族的身家。這種從遺族思想傾向到家庭狀況都詳細調查、嚴重侵害隱私的調查結果報告書，在沒有傳真也沒有網路的時代，花了相當多的經費跨海遞送回來。其原動力正是防止在「現人神」——天皇——面前出事的官僚自保心態，

大日本帝國的通信網應該充斥著這類神靈附體的愚蠢文書吧。動員所有國家機關，耗費如此異常的熱情與經費，就是為了維持並舉行符合「神國日本」的靖國儀禮。

上：〈勅使參向〉，《靖國神社臨時大祭實況》明信片套組。
下：〈陸軍的參拜〉，同上圖明信片套組。
右頁：此明信片套組也頒給出席昭和14年(1939)春季臨時大祭的遺族當作紀念品。

靖國的聖母子像

與靖國神社相關的著名圖像之一，是描寫英靈之妻與幼兒的「聖母子像」。

其中頗具代表性的是刊載於《主婦之友》昭和十六年(一九四一)五月號扉頁，以「光輝的會面」為題的一張圖，署名鬼頭鍋三郎。

這幅鬼頭大師(一八九九—一九八二)的力作，後來因成為靖國神社的御用商品而陸續轉生。昭和十六年(一九四一)十月，靖國神社秋季臨時大祭時發給遺族的紀念明信片上，就出現了這幅聖母子像。看來它在大約半年內，就被認定為靖國官方繪畫了。

這次臨時大祭合祀的有「滿洲事變」戰歿者四九七名、「支那事變」戰歿者一萬四五一六名，是相當可觀的數目。

美術史家若桑Midori(若桑みどり)針對這幅畫感慨良深地寫道：「此圖像和出現在旅人面前的站姿聖母子像一致，因此獲得某種紀念意義。」(《戰爭塑造的女性形象》，筑摩書房，一九九五年，頁一七二)。

也許其構圖真的恰到好處。隔年(昭和十七年)春天的臨時大祭明信片上，母子的部分經巧妙複製後再度登場。署名為富永謙太郎，連懷裡幼子的衣服都一樣，

右：《主婦之友》，昭和十六年(一九四一)五月號扉頁。
左：《靖國神社大祭紀念明信片》，昭和十六年十月。

《靖國神社臨時大祭紀念明信片》，昭和17年4月。

真是毫無掩飾的挪用。這張明信片上的母子看來已越過第二個鳥居，走到神門之前。鬼頭畫的那張仍看得到大鳥居，尚未走到大村益次郎銅像。在設定上，後者往前多走了幾步。

就算是「聖母子像」的王道，如此露骨地反覆使用，不禁令人厭膩，同時也覺得有點奇怪，若兩位大師都不是完全靠想像來創作，會不會有共通的原型？假設有原型，或可推測是在當事者靖國神社，或內閣情報局，或大政翼贊會宣傳部，或主婦之友社編輯部的指導下，舉行了「靖國母子像」攝影會或寫生會。我總覺得這類靖國聖母子像的大量散布，似乎有什麼幕後黑手。

來自朝鮮半島穿著朝鮮民族服飾參拜靖國神社的母子。圖片文字寫道：「出席臨時大祭的五萬名遺族中，特別顯眼的是半島婦人海山玉連女士的光輝之姿。」《婦人俱樂部》，昭和18年7月號。

「奉頌歌靖國神社之歌」奉納式

靖國神社「遊就館」的紀念商品販賣部販售著《靖國神社之歌》的CD。從〈海行兮〉到〈這裡是東京吔！阿母〉，共收錄三十四首和靖國神社有關的名曲，是一張會讓靖國迷為之瘋狂的專輯。

收錄於CD的〈靖國神社之歌〉，歌詞由昭和十五年（一九四〇）主婦之友社公開招募時光榮獲選的細淵國造氏所

奉頌歌・靖國神社の歌　奉納式

主婦之友社募集、陸海軍々樂隊合同作曲の奉頌歌『靖國神社の歌』奉納式が、淨雨靜かに煙る十月十四日、森嚴の氣充つる靖國の社頭に於て、いとも嚴粛に行はれました。

多數の遺族、一般奉拜者が、神域を埋める中を、主婦之友社代表、來賓ら昇殿參拜、樂譜とレコードを奉納申上げれば、陸軍大沼樂長の指揮棒一下、陸海軍々樂隊六十名、乘杉校長の御好意によつて特に派遣せられた東京音樂學校男女生徒百餘名が、雨中に立ちつくしての吹奏と合唱によつて、靖國の歌は、英靈の御前に、力强い感激をこめて歌はれたのでありました。

（主婦之友寫眞部撮影）

作，歌曲則由陸海軍軍樂隊聯合譜寫。

被陽光照耀著
祭祀盡忠雄魂的
宮柱粗壯而光輝
啊，大君也會祭拜
光榮之宮靖國神社
堅守日本國旗
將其生命獻給國家的
壯士的靈魂長眠
啊，國民參拜讚頌
英勇之宮靖國神社
燃燒報國之血
而凋零的大和女子
純潔的靈魂安息
啊，同胞的感謝之意散發著芬芳
櫻花之宮靖國神社
幸運的神靈給予祝福
千木高聳輝耀
皇國永不滅亡
啊，一億人敬畏祈願
護國之宮靖國神社

看著這段歌詞，不禁懷疑右派政治家無時無刻掛在嘴邊的禮讚靖國神社的台詞是否源自於此？真令人掃興。靖國信仰的內容從戰前到現在完全沒變。順帶一提，按當時的慣例，春季、秋季由勅使參拜，臨時例大祭則不用說，是由天皇、皇后來參拜。「連那位現人神都來參拜我家老爸，真是感激啊！」這種固定的模式，似乎是維持、再生靖國信仰的關鍵之一。

昭和十五年十月十四日，主婦之友社主辦這首歌的奉納典禮。飄雨中，在東京音樂學校百餘名男女學生的合唱，以及六十多名陸海軍軍樂隊的吹奏下，「非常嚴肅地」進行著。照片裡的女學生頭髮都是全黑，沒有人燙頭髮，這種事讓我又是一驚。《主婦之友》，昭和十五年十二月號。

回應弔唁的謝函範本

非常令人吃驚的是，出席戰歿者葬禮的弔唁者似乎會藉著「弔唁」來長篇大論。《聖戰下的致詞與致意集》（青年雄辯獎勵會編，文英堂，昭和十四年）裡，便列舉了豐富的演說例子，如〈戰友在慰靈祭的弔詞〉、〈弔唁戰歿陸軍將士的致詞〉、〈獻給戰死海軍英靈的致詞〉、〈青年團代表的弔詞〉、〈村民代表的弔詞〉等。

……尤其當我得知母親從兒子出征以來，常常向鄰居們說，日本人的身體是獻給天皇陛下的，光榮戰死是日本人的驕傲、男人的本願之類的話，就更能體會那位母親的感受，而為此感到無限哀切。……

今日我帝國與世界列強為伍，是毫不遜色的國家，其背後有無數尊貴忠臣義士的人柱。今後一旦有緩急，將會需要相當多的犧牲者。

靖國の母

靖國の母を讃ふ

竹內てるよ

さくらは
たゞひとたびのひらく日に
花のいのちを　かけるときく
君　靖國の母にして
けふの　ひかりとなみだ
ひざに抱きたるいくとせを
母の誠と　誓ひもて
大君の
しこのみ楯として死ねとこそ
をしへてそだて　たまひたる
君　靖國の母なれば
まさきく　永く　生きたまへ
母の大義を　生くる日は
日本女性の光榮にて
げにも　世界にたぐひなし

嶺田弘畫

(17)

〈讚嘆靖國之母〉，竹內Teruyo（竹內てるよ），《家之光》，昭和17年4月號，產業組合中央會。

右頁上：《聖戰下的致詞與致意集》，青年雄辯獎勵會編，文英堂，昭和14年(1939)。

右頁下：《新體制下的演說致詞致意》，篠原豐著，內外出版社，昭和16年(1941)。

像這樣厚顏預告「第二、第三的犧牲者」，實在令人無言。

針對弔唁者這種放肆的演說，遺族方面如何回應呢？《新體制下的演說致詞致意》（篠原豐著，內外出版社，昭和十六年）刊登了遺族方面的謝函範本。

此次事變，弟弟某某於〇〇戰死，承蒙親臨弔唁，由衷感激也覺得很光榮。……有幸盡了帝國軍人之本務，這應是他本人的夙願，我們對祖先，以及予以厚情的各位，亦於心無愧。我們全家誓言，未來在安慰弟弟某某亡靈的同時，也會遵循聖戰下長期建設的國策，盡到銃後國民的本分，不負軍人遺族的義務。

不愧為收錄信函範本的書籍，文句異常工整。極力壓抑情緒，添加帝國軍人的榮譽與銃後國民的任務，寫得中規中矩。換個角度來看，這或許是要讀者從這些信件的匱乏之處來解讀遺族的悲傷吧。

迎接英靈的「致意」

在大日本帝國，為了迎接被稱為「英靈」的戰歿者精靈，會由當地人進行高度發達的儀式。這個就叫做「致意」。隨著大日本帝國參與近代戰爭而導致「英靈」爆增，「致意」的機會也變多了。現在我們就來看看，那時候當地女性經常閱讀的雜誌《婦人俱樂部》昭和十四年（一九三九）一月號 附錄〈立即派得上用場的會話集新實用禮儀〉所介紹的例子吧。此次介紹的會話場合為〈如何向戰歿者遺族致意呢？〉

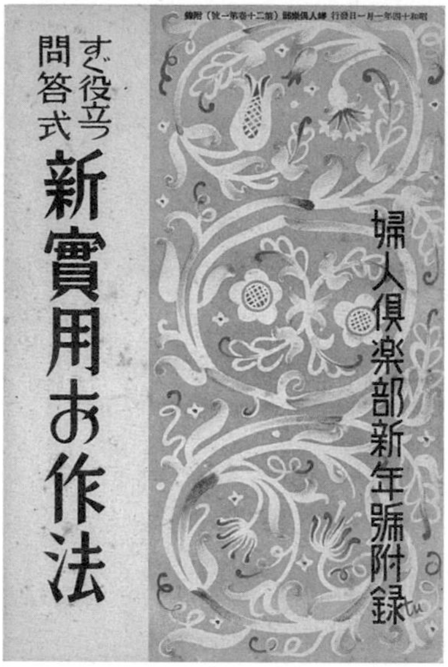

《婦人俱樂部》昭和十四年一月號附錄〈立即派得上用場的會話集新實用禮儀〉。

> 此次○○先生英勇戰死，實為光榮之事。……不久後將身為護國之神，享有被供奉於靖國神社的名譽。敬請珍攝貴體。

這種場合使用我們在日本一般葬禮儀式學會的慰問詞，如「請節哀順變」、「想必很難過吧」等，是一大禁忌。本書說明理由如下：

> 為國家戰死，本是軍人夙願，也是至上榮譽，所以要說「お目出度う御座います」（譯按：即「恭喜您」），這是最能讚揚故人的說法。……

「お目出度う」是大日本帝國喜慶時使用的詞彙，有happy，與「お目出度い」，即腦袋有點問題兩種意思。因為戰死對帝國軍人來說是happy的，所以被視為吉事。認為戰死是幸福的，以世界性的角度來看，是相當罕見的風俗，而執行近代戰爭的軍事組織

引自《婦人俱樂部》昭和十四年一月號附錄〈立即派得上用場的會話集新實用禮儀〉的插圖，是關於戰歿士兵的歸來。

竟受到這種觀念制約，實在令人難以置信。

然而這畢竟是叫做建前（譯按：即表面原則）的雙重思考產物，雖然是「榮譽戰死」，但還是近親者的死亡，所以從弔唁者的立場來看，要說出「恭喜您」仍會有相當程度的心理障礙，於是該書做了以下的補充：

即使不好說（「恭喜您」）……也必須提到「名譽」。……即使沒有這麼說，在這種場合，還是要說出讓遺族感到「光榮戰死」、「名譽戰死」驕傲的話，絕不可說出讓對方難過的話。

這種特異的習慣至今仍殘留於日本國的某處，在每年八月十五日的靖國神社可窺其片鱗半爪。

軍國之母表彰式

「為了國家，為了家庭，為了孩子，為了丈夫，一直貫徹著忍苦獻身生涯的軍國榮譽之母」——將過著這種毫無救贖的忍苦生涯的母親們表彰為「軍國之母」，以此當作日本女性的榜樣，這是主婦之友社的一大企畫「軍國之母」表彰式。

昭和十八年（一九四三）一月號，該雜誌共表彰了「軍國之母」十七名。典禮當天的畫面大致如下：

年輕時就失去丈夫，拚命工作培育孩子們成為堂堂正正軍人的母親，將五個兒子都培養成飛行兵，且其中四人戰死或殉職的航空日本之母；將遺腹子從胎兒一路養育成為海軍將校，並以潛水艦成員身分奉獻給大東亞之海的盡忠之母……等等。陸續介紹軍國之母可貴而崇高的事蹟，所有出席者都為之讚嘆「這才是日本之母真正的樣子」而悲泣哽咽，接受表彰的母親們似乎也想起過去經歷的忍苦生涯，而顫抖著年邁的肩膀並哭泣著。

代表她們致詞的，是「將遺腹子從胎兒一路養育成為海軍將校，並以潛水艦成員身分奉獻給大東亞之海的盡忠之母」的日高Yasu（日高ヤス）女士（當時四十九歲）。

因惡性流行性感冒而病倒的丈夫，留下「若生男孩的話，就讓他和我一樣成為軍人」的遺言後就過世了，當時懷孕的Yasu女士在小學教書，以其女人之手努力養育獨生子。後來兒子一如父親遺言所盼，開始說「長大後要成為天皇

刊登於《主婦之友》昭和十九年（一九四四）二月號，「『軍國之母』彰顯」的活動廣告。

的軍人，成為陸軍大將」，後來也進入海軍兵學校，據聞他在昭和十七年一月第二次夏威夷灣進擊時戰死。這位日高夫人的得獎致詞令人印象深刻。

> 我們只不過是將小孩當作國家之子來養育。每當眼前浮現這些孩子在大東亞的陸海空裡成為堅強肉彈衝鋒陷陣的樣子，便想：「啊，你變得如此傑出……」心中的感謝讓我熱淚盈框。

……妳可以接受辛苦養育長大的兒子變成「肉彈」嗎？我真想打破砂鍋問到底。

無論如何，軍國之母的孩子們一出生就是「國家的」，長大之後變成「肉彈」，死後又成為「護國英靈」，他們的人生全被國家剝奪了。

〈海行兮〉，寺內萬治郎繪，《主婦之友》昭和十八年（一九四三）十月號。

日本婦道的黑暗——軍國母親之姿競賽

直到戰敗為止，當時最受歡迎的婦女雜誌《主婦之友》一直不斷重複企畫的軍國之母顯彰活動〈日本婦道之光〉系列，甚至一次比一次強烈、陰慘。但這並非因為戰局惡化，就只是主婦之友編輯部為尋求更刺激、更催淚的故事而奔忙。後來該連載就變成了「獻給國家的孩子／生育的孩子」的比率競爭。

例如被賦予「大空之母」稱號的住原Moto（住原モト）女士（《主婦之友》昭和十八年三月號），五個愛子都成為飛行兵。

次男夜間飛行演習時墜亡
三男在吉林省墜亡
四男載著練習生訓練飛行時墜亡
五男在緬甸北部國境作戰時以機長身分出任務而戰死

……就是這樣。刊登這篇文章時，活著的就只有長男住原正一航空大尉，這簡直是電影《搶救雷恩大兵》（史蒂芬・史匹柏導演，一九九八年）中的狀態。不知道戰爭結束時，她的長男是否還活著。

像這種情形，大日本帝國很周到地動員媒體，趁機博取同情。高調發表「四兒殉國的榮光」後，東條英機夫人寄送弔

住原モト與兒子們

左頁：〈母之手〉寺內萬次郎畫，《主婦之友》昭和18年(1943)5月號。

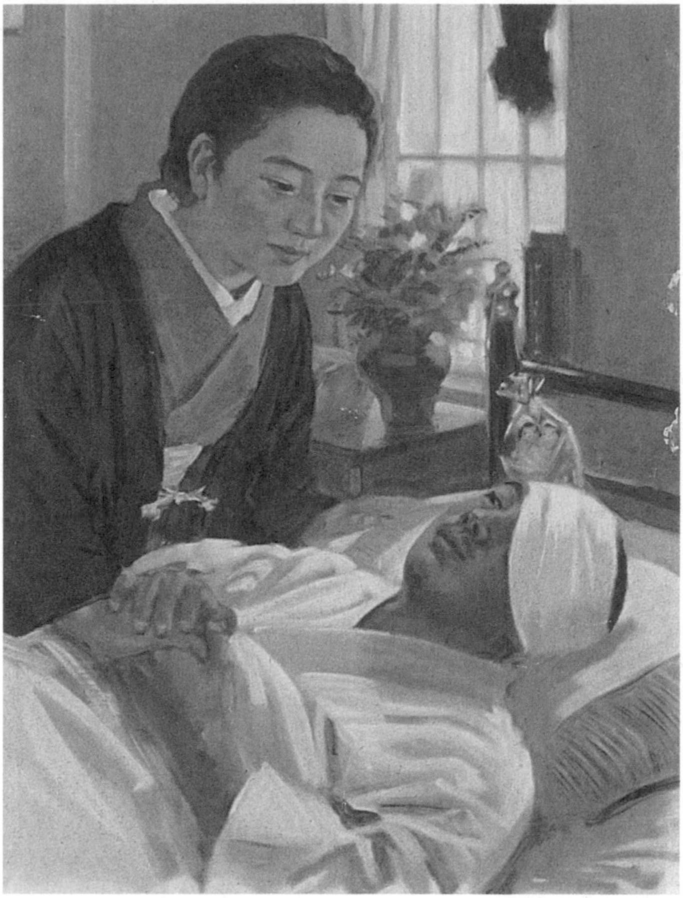

電，還有女學生來信表示「我也要成為如您般的日本之母」，以及福岡縣某鐵工廠的員工寄來高達「三百五十圓」的捐款……。「國民的感激與敬悼全都集中於刀自（對於年邁女性的尊稱）一身。」總之，將靖國神社安裝於統治機制的神國日本，從以前在利用死者的方法上就擁有高超的技術。

另外，還有「將五個孩子都培養成海軍軍人的母親」（昭和十九年四月號）、「將二個兒子奉獻給大東亞之戰，為了養育六個孫子，努力不懈地與土地戰鬥的岩淵Yuri（岩淵ゆり）刀自」（昭和二十年一月號）、「將四個男兒培育為海軍軍人的軍國之母岩田Himo（岩田ヒモ）刀自」（昭和二十年二月號）等等，不勝枚舉。從少子化的當代來看，不免覺得「真是的，生出那麼多孩子竟然還獻給軍隊」……。無論如何，若忠實履行「增產報國」的口號，便能成為怎樣的「軍國之母」那類「被期待的『生產機器』像」，便是隨著這種軍國美談而形成的吧。

「靖國之妻」的貞操問題

父親戰死後仍堅強活著的遺兒們，受到全國一致的稱頌，但另一方面，遺留下來的未亡人卻被嚴格要求繼續當個完美的「靖國之妻」。

昭和十四年（一九三九），帝國在鄉軍人會本部刊行的《軍國家庭讀本　緊守心志吧！》，如其書名所揭示，這是為了徹底束縛「靖國之妻」們的生活態度而製作的手冊，很直接地呈現了「被期待的軍國婦人像」。其中占有相當篇幅的，是「靖國之妻」們的「貞操問題」。該手冊最終章題為〈回歸日本婦德〉，通篇都在說明如何守護未亡人的貞操。

從一而終的愛是婦人固有美德，有時會是盲目、狂熱的，也有偏狹之虞。因耽溺一時的愛而忘記永遠的幸福，或是偏愛某人，經常有這種例子……受到沒有價值的性慾與一時激情所左右是常見的事。這種偏狹狂熱的愛，是一個婦人最應戒慎的。

他們基於「女人＝受沒有價值的性慾所左右」這種徹底蔑視女性的觀念，大肆宣揚「靖國之妻」的大義名分，試圖將女性箍得緊緊的。這種「道德」的強制導致非人道的結論，像是「理想上，最好一輩子都過著獨身生活」、「雖然沒有任何家庭或社會的要求，卻因為自己的任性與性慾而再婚，這是不可原諒的罪惡」（皆引自該書）。這實在是太好管閒事了。那麼關注婦人的「性慾」和「情慾」，應該不只有我感受到帝國在鄉軍人會大叔們猥褻的眼光吧。

歸根到底，「日本婦道」、「日本婦德」，可說充滿著「男人」、「丈夫」及納編他們的「軍方」，這陽具式的三位一體之任性要求。

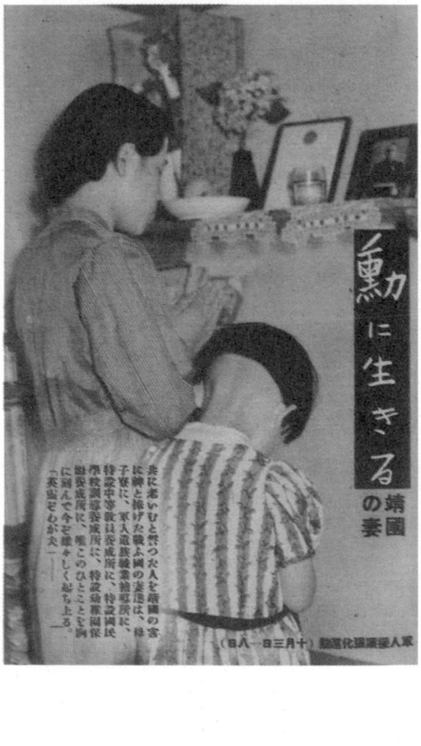

上：西條八十文，田中比佐良繪〈戰線與銃後的花束〉局部。《主婦之友》昭和12年(1937)12月號。將銃後的妻子與戰地的丈夫其彼此「思念」的模樣並列成一個畫面，是超現實的作品。
左：《日本婦人》昭和17年(1942)10月號，大日本婦人會。
右頁：《緊守心志吧！》，帝國在鄉軍人會本部，昭和14年(1939)。

建設日本忠靈圈！

戰前有個出版社名叫「世界創造社」，在那種圈子[2]裡是出了名的荒謬，是一間最熱愛戰爭、法西斯主義與天皇的出版社，刊行的雜誌有《戰爭文化》、《法西斯》。招牌的系列叢書則為《戰爭文化叢書》、《天皇民文庫》，是個不斷提供皇國荒謬書籍的出版機關。

這本《世界總力戰》（昭和十四年）是該出版社發行之黑得發亮的眾多奇書之一。此書的編輯者是「戰爭文化研究所」，這是該出版社參與而亂掰出來的諸多智庫之一。例如該研究所發行、世界創造社發售的《皇戰》等，書單上就有很多荒謬程度破表的書。

《世界總力戰》開宗明義陳述了有點格調的總力戰理論，並寫到「戰爭是文化、文化是戰爭」；以一種很有《一九八四》（喬治・歐威爾）風格的綱領為開頭，讓人聯想到宣示「世界唯一的健康法——戰爭啊，永不消失」的義大利未來派法西斯式現代主義。

封面內頁用粗獷的黑體字印著：

日本世界維新的總力戰式實現
全面樹立日本世界主義

這種讓人有看沒有懂的口號，他們所謂的「日本世界主義」到底是什麼啊？該書後半述及以下這種世界征服論。

左：《世界總力戰》，戰爭文化研究所編，世界創造社，昭和14年(1939)。
右：該書扉頁以「赤子的拜跪」為題，附有一張戰爭文化研究所相關人士在皇居前深深鞠躬的照片。「赤子」是將天皇比喻為父親、臣民為子的詞彙。

建設日本忠靈圈

自古以來，我民族的海外發展非常盛行，在世界地圖上，追溯我們忠靈的安息地點幾乎覆蓋了全世界，而涵蓋全世界我們忠靈的分布狀態，即我們日本世界建設的方向，將這些尊貴的英靈當作人柱，我們須在此光榮地建立日本世界。

換言之，他的意思是，日本「忠靈」的安息之地就是日本，是「日本世界建設」(！)的版圖。很驚人的心靈式八紘一宇論。說來「日本世界」這個用語，究竟是世界成為日本(？)還是日本成為世界(？？)，根本搞不清楚，也是讓人不想搞清楚的概念。「誰來阻止他們啊」……簡直是征服世界妄想。

位於滿洲新京(現長春)的「忠靈塔」，祭祀日軍戰歿者的靈魂。

現代山椒大夫・東條英機的兒童鑑定

用手抬起兒童的下巴，為察看胖瘦與氣色的「人口販子鑑定」之姿，宛如啜飲出征父親之鮮血的現代版山椒大夫在鑑定女孩子一般。[3]

當時的媒體也大幅報導東條英機與兒童的「親暱互動」，例如忍不住撫摸當季初獲馬鈴薯般的平頭，在熱氣騰騰的思春期少年間露出微笑等畫面，出現在各式各樣的場合。說起來，帶著笑容與那些因自己發動戰爭而失去父親的孩子們合照，其厚顏程度令常人難以仿效。

8 (三)

地方視察 首相・學童を奇襲

【宇都宮電話】栃木、茨城、群馬三縣下の地方事情視察のためまづ栃木縣に赴いた東條首相は十七日午後五時四十二分宇都宮駅着、駅頭に降りた首相は出迎への車には乗らず廣場に集つて出迎へる市民の群の中に混つて入り四、五名の兒童に"學校はどこかね""なにしに來ましたか"などとやさしく質問、また"お家の手傳ひをするんだ、勉強は一生懸命に"と諭し、また女學生には"毎日モンペをはいてゐるか"とたづねた【寫眞は學童に質問する東條首相】

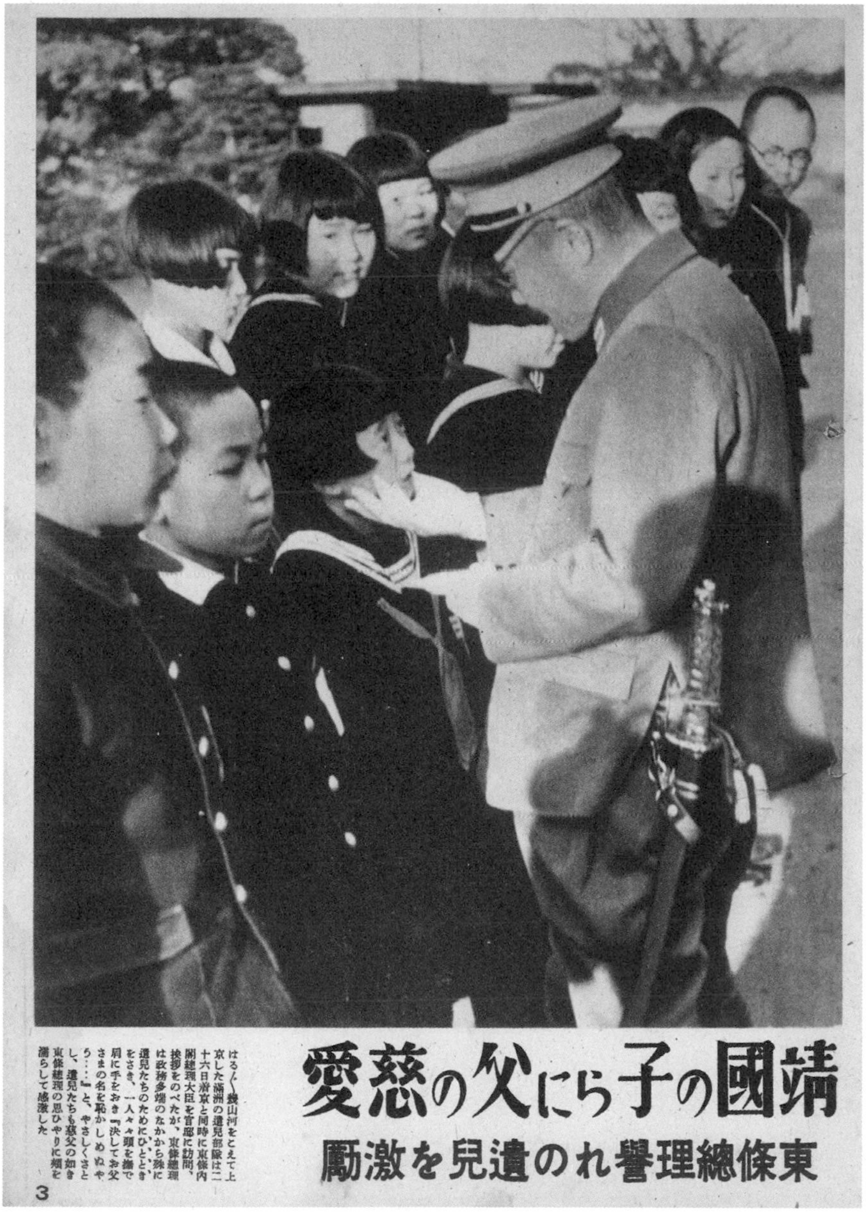

靖國の子らに父の慈愛

東條總理譽れの遺兒を激勵

はる〲幾山河をこえて上京した滿洲の遺兒部隊は二十六日着京と同時に東條內閣總理大臣を官邸に訪問、挨拶をのべたが、東條總理は政務多端のなかから殊に遺兒たちのためにひとときをさき、一人々々頭を撫で肩に手をおき『決してお父さまの名を恥かしめぬやう……』と、やさしくさとし、遺兒たちも慈父の如き東條總理の思ひやりに頬を濡らして感激した

3

《寫真週報》第266號，昭和18年(1943)4月7日。女孩相當害怕。
右頁上：《寫真週報》第239號，昭和17年(1942)9月23日。
右頁中左：《婦人畫報》昭和19年(1944)4月號，東京社。
右頁中右：《寫真週報》第326號，昭和19年6月21日。
右頁下：《朝日新聞》，昭和17年4月18日。

靖國神社臨時大祭出席者自殺未遂事件

一名出席昭和十四年(一九三九)春季靖國神社臨時大祭的遺族，從東京返家的途中，在長野車站自殺未遂。我在防衛省防衛研究所的「靖國」相關文件裡找到了這筆資料。

昭和十四年五月二日

靖國神社臨時大祭出席者的自殺未遂事件相關事宜

本籍　福井縣〇〇郡〇〇村　地址如右

農　中澤澤吉　時四十六歲

動機與狀況

此人與戰死者為遠房表親(六等親)，此次靖國神社臨時大祭舉行之際，受到被供奉為護國英靈的遺族村田Hama(村田はま，戰死者母親)的委託而代理出席，但資格僅限於四等親內的堂表兄弟，(根據當事人自供)遂借用其表兄弟福島金次郎的名義，當天赴東京出席臨時大祭，恭送親自前來參拜的天皇陛下，參觀皇居、以遺族身分領取旅費等，接受這些極為鄭重的優待，但自我反省時，假冒資格出席乃最可恥之事，無法承受良心深深的苛責，因此以死為償，也向天皇陛下謝罪，於是中途下車，參拜善光寺與忠靈殿，再回到信越線長野車站，當時車站因歡送臨時召集的應募士兵而擁擠混亂，就在開往上野的列車進站時，他縱身躍下企圖自殺，結果被警察救了下來，終而未遂。

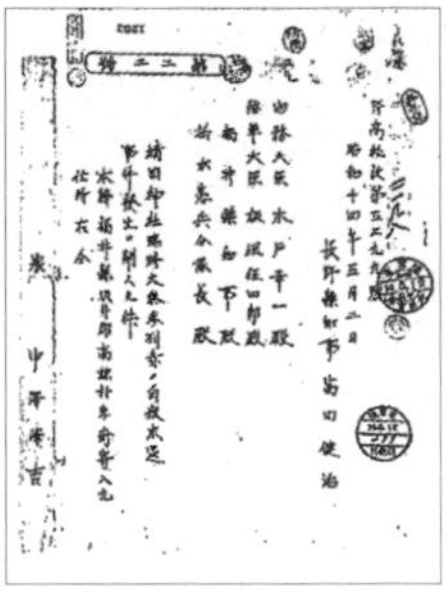
長野縣知事　富田健治
昭和十四年五月二日
內務大臣　木戶幸一殿
陸軍大臣　板垣征四郎殿
福井縣知事殿
松本憲兵分隊長殿

防衛省防衛研究省所所藏「靖國神社臨時大祭出席者的自殺未遂事件相關事宜」文件

這份文件是「長野縣知事富田健治」致「內務大臣木戶幸一大人、陸軍大臣板垣征四郎大人、福井縣知事大人、松本憲兵分隊長大人」的公文書。看來事件之大，已到了縣知事必須特別撰寫報告書的程度。

這種作弊的人應該不少，但因為想不開而跳軌的中澤澤吉先生，應該是個很老實的人吧。在長野車站的月台上推他一把的，正是天皇親自參拜靖國的「可貴」，一不小心就會被當局拿來當成適合的美談題材吧。不過畢竟是作弊，對當局來說，他們似乎將其視為疏於對出席者事前身家調查＝大出包來看待吧。

二、日本好國

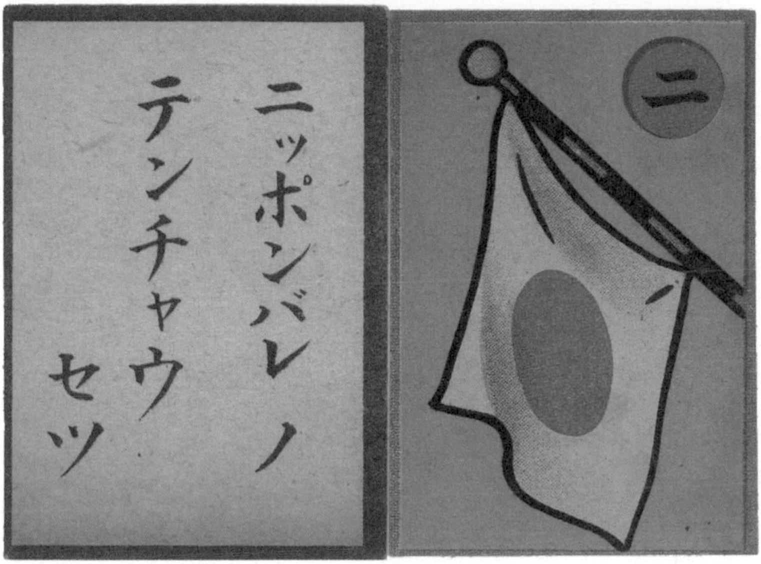
ニッポンバレノ
テンチャウ
セツ
二

「日本好國」的傳說

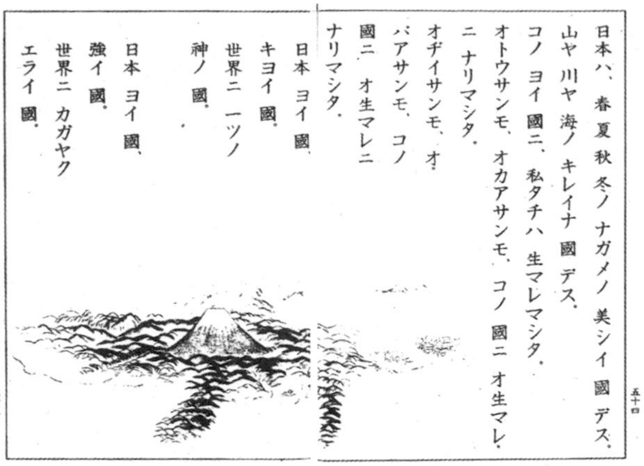
日本ハ、春夏秋冬ノナガメノ美シイ國デス。
山ヤ川ヤ海ノキレイナ國デス。
コノヨイ國ニ、私タチハ生マレマシタ。
オトウサンモ、オカアサンモ、コノ國ニオ生マレニナリマシタ。
オヂイサンモ、オバアサンモ、コノ國ニオ生マレニナリマシタ。
五十四

日本ヨイ國、
キヨイ國。
世界ニ一ツノ
神ノ國。
日本ヨイ國、
強イ國。
世界ニカガヤク
エライ國。
五十五

第五期國定教科書國民學校初等科修身《好孩子(下)》，文部省，昭和十六年(一九四一)。

二〇〇八年，田母神俊雄氏因為發表一篇荒謬的論文〈日本沒有發動侵略戰爭〉而被解除航空幕僚長的職務，他以參考人的身分到國會接受質詢時這麼說：

我認為現在的日本，有太多指責日本昔日之非的議論。因此，現在應該要重新檢討歷史，認為日本過去是很好的國家不也無妨……(中略)……讓我驚訝的是，我說日本曾經是好國就被解職了。不僅如此，在追究責任時，還被質疑為何任用有這種想法的人。(引自二〇〇八年十一月十一日，參議院外交防衛委員會議事錄)

田母神氏彷彿親眼見證過似地堅持說：「日本曾經是好國。」讓這種安裝了戰前製腦袋的人擔任自衛隊首長，我國的防衛沒問題嗎？實在令人擔心。我調查之後發現，此人生於昭和二十三年(一九四八)，那不就是「不知戰爭的孩子們」[1]的世代嗎？搞什麼！「日本曾經是好國」原來是戰後出生的田母神氏的妄想啊……真令人失望。

事實上，據說戰前的日本真的是「好國」……，正確來說，很拚命地強調自己是「好國」。第五期國定修身教科書《好孩子(下)》(文部省，昭和十六年)清清楚楚地

《幼年俱樂部》昭和18年(1943)2月號，大日本雄辯會講談社。

這麼寫道：

日本好國清澈之國世界唯一的神之國
日本好國強大之國世界光榮的偉大之國

拚命聲稱日本不僅是「好國」，也是「清澈之國」、「強大之國」，而且還是「神之國」、「偉大之國」！雖然我也很想天真地感嘆：「日本果然很讚啊！」但因為完全沒有論證，所以很令人沮喪，真的搞不清楚哪裡是「好國」、「強大之國」。況且，如果說是「神之國」，那麼為什麼全世界只有日本是樂園？實在不可思議。

關於「神之國」這個說法，因為二〇〇〇年森喜朗前首相曾說「日本這個國家正是以天皇為中心的神之國」，而在現代復活了（苦笑）。看來，「日本好國」似乎已深深烙印在曾是少國民的他的「鯊魚腦袋」裡呢。

日本好國神之國

「日本好國」這個說法出現於修身教科書之前，在大眾媒體上就已悄悄地被反覆使用。

其中最有名的莫過於昭和十一年（一九三六），當時的NHK所播放的「國民歌謠」——〈日本好國〉（今中楓溪作詞，服部良一作曲）：

日本好國神之國
驚濤駭浪下穩若磐石
海浪再大也輕輕將它撥回
意氣豪氣久遠之國
斯土日月普照光燦

——排列出「意氣豪氣久遠之國」這種奇妙形容的怪歌詞，總之就是想強調「日本好國」吧。名為〈日本好國〉的大日本帝國宣傳歌曲還有一首，是「作詞・作曲：中央教化團體連合會」的版本。

日本好國在東方天邊
升起的朝日
日之御旗日之御旗
將大和心染成一色
永遠都是天色漸亮的黎明

「永遠都是天色漸亮的黎明」也是莫名其妙的歌詞，而這種歌之所以會出現，或許是因為很多人想要深信「日本是好國」吧。

另一方面，在以兒童為對象的繪本世界裡，「小孩會變乖的講談社繪本」《日本好國》（大日本雄辯會講談社，昭和十三年（一九三八））可說非常到位。從「護國之花」、「日本人在此」等建國神話開始，到活躍於海外的日本人（猛摔美國人的柔道青年之武勇傳！），都很執意地重複「日本好國」的形象。

如上所示，「日之丸國旗」的頁面最為經典，而讓人感到恐怖的是，光看圖案，不會知道是六十七年前的尋常小學校還是近期的小學校。已故的米長邦雄（前東京都教育委員）曾因為在園遊會上脫口說出「讓國旗飄揚在全日本的校園、齊唱國歌是我的任務」[2]（二〇〇四年十月二十八日）而遭天皇告誡。我想他是認為，若全日本的學校都變成那樣的話，「日本好國」一定就會復活吧。

左上：國民歌謠《日本好國》樂譜。日本放送協會，昭和11年（1936）。
右上：講談社繪本《日本好國》，昭和13年（1938），大日本雄辯會講談社。
下：引自上述《日本好國》（大日本雄辯會講談社）的「日之丸國旗」。摩登得非常誇張的校舍與巨大的「日之丸」國旗相當驚人。

天長節的季節

戰前的學校有一門「修身」的科目，相當於現今的「道德」課，教授對國家的忠誠心與國民的德目。幾年前，我取得了當時國定修身教科書（第五期）《好孩子》的教師手冊，所以在此加以介紹。

這本書教學的對象是國民學校初等科一年級的學生（相當於小學一年級），從「一、學校」、「二、老師」等單元開始，先讓乳臭未乾的兒童們適應學校生活。等他們好不容易坐得住、能聽老師的話時，接著就突然來個「三、天長節」。天長節是天皇誕生日。昭和天皇的誕生日是四月二十九日，因此要將天皇崇拜的思想灌輸給新生，這真是再好不過的教材[3]。在此，連教師訓話都有一套很完善的標準作業流程。

天皇陛下是……日本最尊貴的高人。對於天皇陛下來說，我們是臣下。……我們的祖先也都是當時天皇大人的臣民。祖父、祖母、曾祖父、曾祖母都是。……現在，我們都蒙受天皇陛下的恩惠而過著幸福的日子。

連這種台詞都準備好了。因為世世代代都侍奉天皇，所以你們這些人也是臣下。這是名符其實「騙小孩子」的歪理。

我們能夠和父母兄弟過著快樂的生活，能夠到學校接受老師的教導，和朋友們快樂地遊戲，這一切都是天皇陛下的恩惠。

——天皇還真偉大！簡直就是神……對了！他是「現人神」，當時這樣是很理所當然的吧？

總之，為了天長節的典禮，音樂課要練習「君之代」，美工課要製作「日之丸」小旗。到了那天，指示他們從「一大早先參拜神社吧」開始，接著向御真影（即天皇的照片）行最敬禮，然後低頭聆聽教育敕語的奉讀（「不可吸鼻子或亂動身體」）。就這樣，那些乳臭未乾的兒童們的乳臭都乾了，皇國臣民的「幸福之日」則持續到昭和二十年（一九四五）八月十五日。

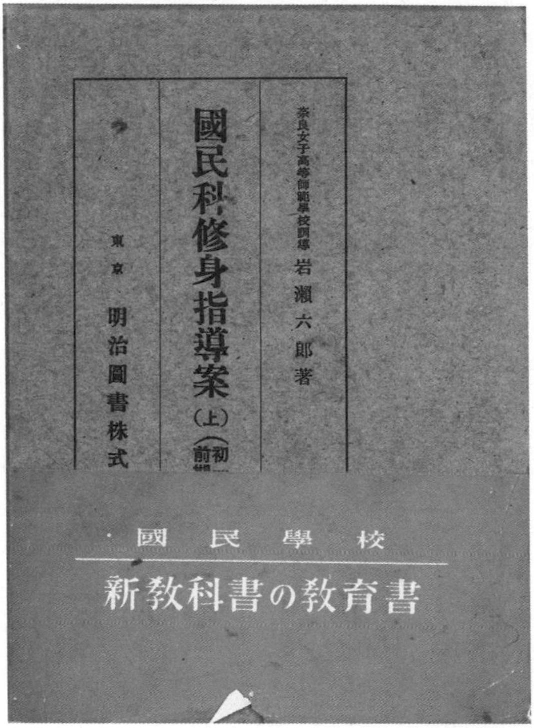

上：岩瀨六郎著，《國民科修身指導案》，明治圖書，昭和16年（1941）。
下：第五期國定教科書國民學校初等科修身《好孩子（下）》，文部省，昭和16年（1941）。

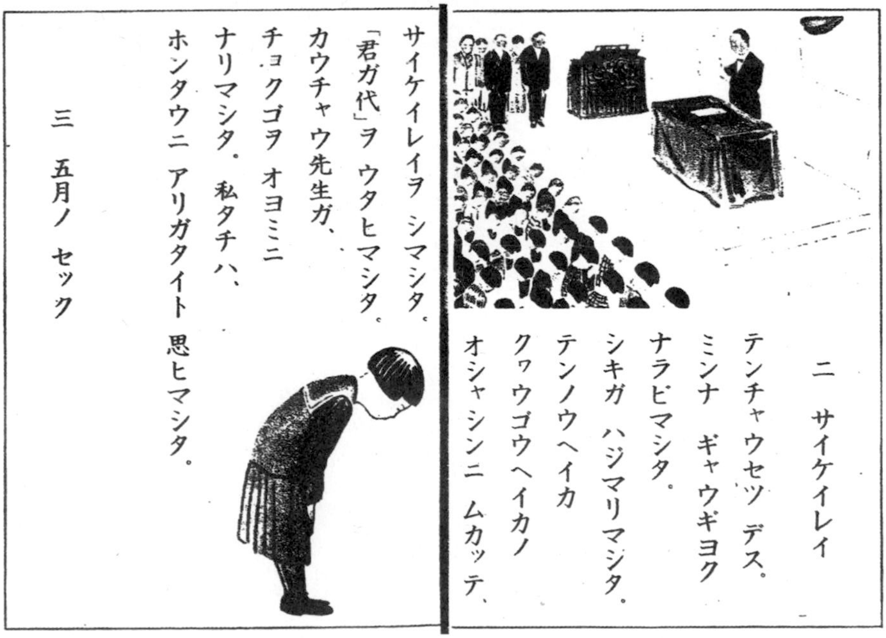

二 サイケイレイ

テンチャウセツ デス。
ミンナ ギャウギヨク
ナラビマシタ。
シキガ ハジマリマシタ。
テンノウヘイカ
クヮウゴウヘイカノ
オシャシンニ ムカッテ、
サイケイレイヲ シマシタ。
「君ガ代」ヲ ウタヒマシタ。
カウチャウ先生ガ、
チョクゴヲ オヨミニ
ナリマシタ。私タチハ、
ホンタウニ アリガタイト 思ヒマシタ。

三 五月ノ セック

戀日之丸癖入門

亘理章三郎著《日之丸國旗》(實業之日本社，昭和十九年)……剛拿到這本書時，某種莫名的嫌惡感油然而升。露骨而直截了當的標題、昭和十九年(一九四四)這個發行時間點，還有以狂熱相信國體原理主義者聞名的作者……不出所料，是本看完就會令人暈眩的迷幻藥之書。

國號日本，當然包含日之神之御國的意涵……永遠崇拜肇國皇祖神的日之神之御光，就是我們日本國民。因此，日本標幟的國旗日之丸裡亦同，我們一定會參拜到天照大御神的靈光。

——他竟然說日之丸是天照大神靈光的象徵。為什麼這麼說呢？亘理對此做了一些「論證」：

愈是崇拜日之丸，愈是感到神聖尊貴，這絕非偶然吧。尤其當我們心中惦念著天照大御神時，日之丸便顯得不可言喻的神聖。

——說什麼「絕非偶然」，「感到神聖」是亘理的主觀吧？不僅如此，「心中惦念著天照大御神時，日之丸便顯得神聖不可言喻」，這麼一來，日之丸就是「御神體」吧！俗話說，「只要相信，沙丁魚頭也能變成信仰」，在此，我們好像窺見了把一塊碎布變成御神體的「天皇信仰」之狂熱。

這是種不可思議的天皇神學，即日之丸是天照大神的靈光，同時也是天皇的御稜威(＝威力、威光)。可說是戀「日之丸」癖——國旗是神＝天皇的象徵才會神聖之極致表現。那些熱中於將「日之丸、君之代」強加於教育現場的文部省官員和教育委員會的諸君，至今仍是否這麼相信呢？

除了這種可恥的告白之外，亘理在這本書裡討論最熱烈的，是他在服務的東京文理科大學(筑波大學前身)製作升旗台時，為了不讓旗竿尖端的球和日之丸間

國旗の出てゐる町
甲府市富士川國民學校三年生 落合正甫

上：引自「皇軍慰問明信片」，遞信博物館，昭和17年(1942)。「擺飾國旗的街頭」，甲府市富士川國民學校三年級落合正甫小朋友。
下：亘理章三郎著，《日之丸國旗》，實業之日本社，昭和19年(1944)。左圖引自該書，是說明旗竿尖端的球和滑輪部分的圖解。

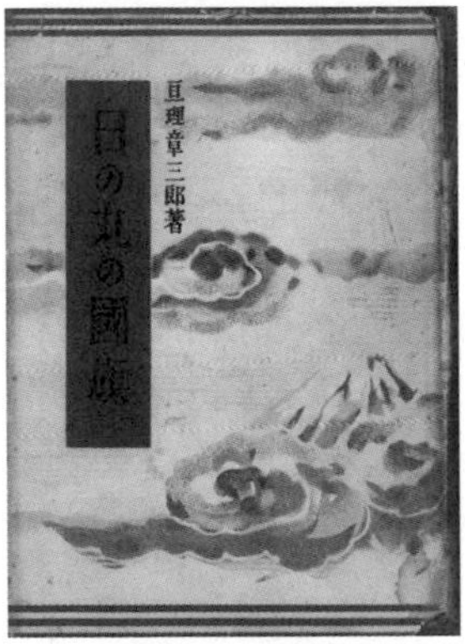

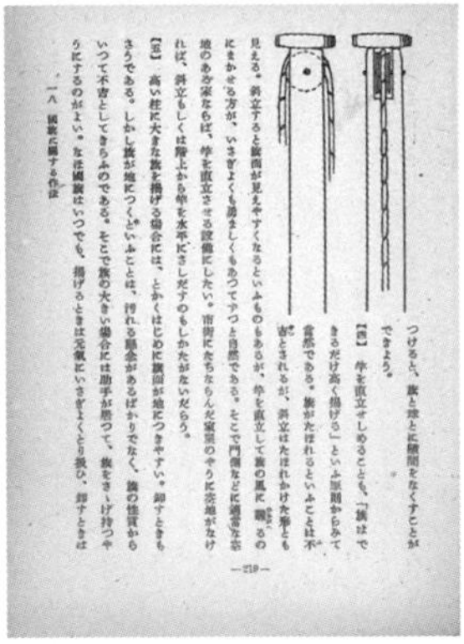

有空隙，在滑輪的製作上費了多少功夫，這類居家木工式的炫耀。

我沒有把滑輪裝在柱子上方的側面，而是在上端的切斷面做出一個直徑溝槽，然後把滑輪裝在裡頭……

對照白熱化的日之丸煽動言辭，與鄰居發明家大叔的自賣自誇，我不由覺得，還真的是哪裡有毛病？

「日之丸」的正確用法

一九九九年制訂的《國旗・國歌法》，強制規定學校的畢業典禮、入學典禮須升起「日之丸」旗。看來文科省與教育委員會的人為了讓兒童們崇拜「日之丸」，投注了相當異常的熱情。然而，明治時期首次制訂之名為「國旗」的碎布，庶民對它毫無敬意，因此國旗的使用方法與升旗方式等，似乎頂多只是內行人才知道的冷知識。

亘理章三郎在先前引用的《日之丸國旗》裡，對這種情況表達了憤怒。

一、國旗必須正確使用，不可濫用。
二、國旗除了具國家公共意涵的場合之外，不可私用。
三、國旗不可用來裝飾。
四、國旗不可用以作為桌布、窗簾、牆壁掛飾、房屋天棚、包巾等。
五、國旗不可私用於作為服章、徽章等。
六、國旗不可用以作為毛巾、包巾、座墊的染製或縫製花紋，亦不可印於紙巾上。
七、國旗不可用於廣告等營利目的上。
八、國旗上不可添加文字、繪畫等，繪製的國旗上也不可添加文字、繪畫。

這些充滿創意的日之丸用法，應該是亘理因親眼看到而感到「不爽」，因此將它記錄下來。變成窗簾、座墊等，看來日之丸很受歡迎，或許只是單純被視為白底加上一個紅球，這種俄羅斯前衛風格的時尚設計。

若將上述亘理條列的「日之丸」規定應用於當代，幾乎所有右翼街頭宣傳車都必須加以塗改。此外，在車上張貼日之丸貼紙並用來威脅後方車子的駕駛，也得趕緊衝去文具行買貼紙清除液吧。

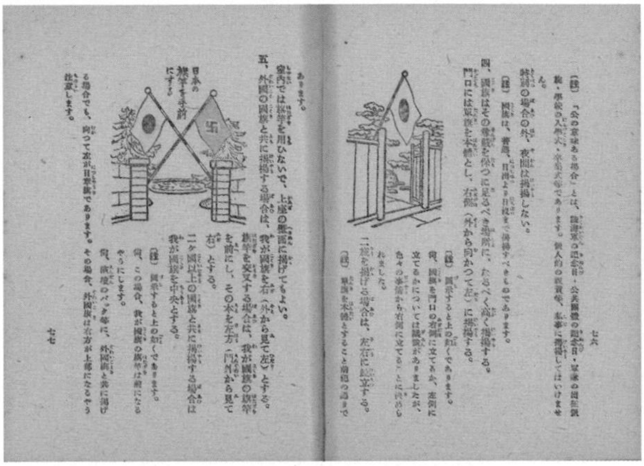

〔註〕「公の慶事ある場合」とは、陸海軍の記念日・公共團體の記念日・軍隊の出征凱旋・學校の入學式・卒業式等であります。個人的の祝賀等、私事に掲揚してはいけません。

時計の場合の外、夜間は掲揚しない。

〔註〕國旗は、普通、日出より日沒まで掲揚すべきものであります。

四、國旗はその尊厳を保つに足るべき場所に、なるべく高く掲揚する。

門口には單旗を本體とし、右側（外から向かつて左）に掲揚する。

〔註〕圖示すると上の如くであります。尚、國旗を門口の右側に立てるか、左側に立てるかについては議論がありましたが、色々の事情から右側に立てることに決められました。

二旒を掲げる場合は、左右に並立する。

〔註〕單旗を本體とすることと前記の通りで

七六

あります。

室内では旗竿を用ひないで、上座の壁面に掲げてもよい。

五、外國の國旗と共に掲揚する場合は、我が國旗を右（外から見て左）とする。

旗竿を交叉する場合は、我が國旗の旗竿を前にし、その本を左方（門外から見て右）とする。

二ヶ國以上の國旗と共に掲揚する場合は我が國旗を中央とする。

〔註〕圖示すると上の如くであります。

尚、この場合、我が國旗の旗竿は前になるやうにします。

尚、旗竿のバック等に、外國旗と共に掲げる場合でも、向つて右が日章旗であります。その場合、外國旗は左方が上部になるやう注意します。

七七

右上：《家之光》昭和15年(1940)2月號封面

左上：日本教育會編，《昭和國民禮法》，昭和18年(1943)。

下：畫在扇子上的「大日本國防婦人會」身穿烹飪服的年輕夫人（作者不詳）。不過，以玩戰爭遊戲的兒童為背景，擺出歡送出征的姿勢，讓人以為戰爭好像是兒戲般的玩意，實在不可思議。

阿呆們創作的「日之丸」美談

小冊子《日之丸讀本》，是即將迎接紀元二六〇〇年（昭和十五年）時出版的諸多國體明徵相關書籍的其中一本。《東京日日新聞》是現今《每日新聞》的前身。這本書共有一一八頁，介紹「日之丸」的由來、用法，以及與「日之丸」相關的愛國美談。

從明治維新時期的「錦之御旗」，到日清・日俄戰爭，甚至滿洲事變，「日之丸」、「軍艦旗」、「連隊旗」等，總之是列舉士兵們為了守護「旗子」而如何地賭上性命這類數不清的小插曲，並以此來說教的一本書。

在源源不絕、看似捏造的「日之丸」美談中，有個大放異彩的悲慘故事。

昭和十一年（一九三六）二月十一日……早上七點左右，東京的芝區高輪北町附近，從品川出發開往淺草的市營公車正在行駛時，掛在前方的國旗掉落到路面上，女車掌梅澤Yuki子（梅澤ユキ子）女士（二十歲），正準備快速跳下車將它拾起時，被對向的卡車撞飛，頭部受到重擊，最後不治，發生了如此令人心痛的事件。新聞報導後，皇道詩吟之會的老師本山賢一氏，將此事寫成詩。另外，旭潮會的荒卷輝鳳氏則將此寫成琵琶歌，歌頌這段佳話……人稱國旗博士的松波博士亦不落人後，親自執筆創作「日之丸美談」的劇本，委託大阪的教育電影製作所製作十六釐米電影，將此行永遠留在銀幕上。這正是日常市井小民死守國旗的美談。

——前半部的事件真的是悲劇一樁，但後半部則清楚道出這些阿呆人士們製造「美談」的過程。話說，「國旗博士」到底是什麼行業呢？

某位女性車掌個人的死亡被寫成「日之丸美談」，並收編於國家的「物語」中，恐怖的程度令人戰慄。

「赤玉學生服」貼紙（年代不詳）。無厘頭揮舞著日之丸的少年少女圖。
右下：《青年》（女子版）昭和18年（1943）1月號，大日本連和青年團。雜誌的新年封面，固定刊登日之丸＋美女。
中下：日德義三國防共協定締結紀念為題，被綁上三國國旗的可憐小狗。《寫真週報》第40號，昭和13年（1938）11月16日。
左下：《日之丸讀本》，東京日日新聞，昭和12年（1937）。

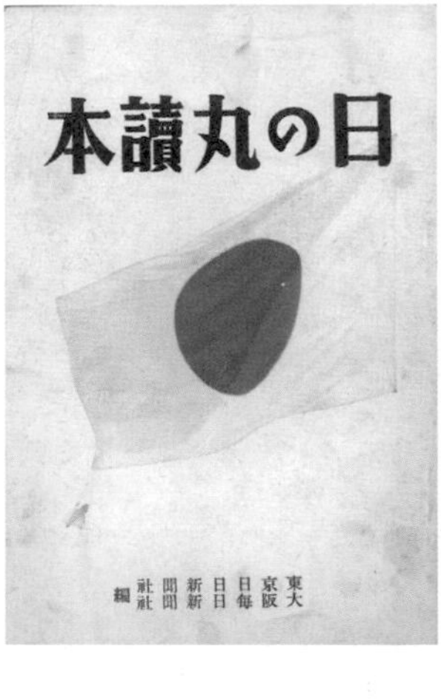

「君之代聯盟」讚啦！

昭和十三年（一九三八）刊行的「君之代聯盟」機關誌《君之代》，即使只帶這本書漂流到無人島，也可以笑著度過大半天的時間，這是一本厲害到破表的雜誌。

雜誌一開頭，聯盟會長青野尊晃發表了一篇慷慨激昂的論文。青野會長曰寫道：

> 天皇之國是永遠的。故
> 天皇之國是偉大的，日本是
> 因為天皇之國而偉大。
> 天皇之國日本國是
> 因天照大神的御神勅而偉大。日
> 本紀元長達億年兆年，皇統永遠
> 無窮而連綿。

……據說將「天皇」一詞放在最上面，是源自中國、名為「擡頭」的文書作法，不過在這裡卻散發著某種奇妙的荒謬氣味，而且前三行讀了好幾遍之後，腦筋竟麻痺了起來。我想，這種莫名其妙的文章，在當時會被形容為「至誠的熱情」吧。然而在今天一定會被說成：「喂，你腦子沒事吧？」這不是因為戰後價值觀改變，其實當時這種言論已經讓人啞口無言，只是沒有人阻止會長而已。

這個「君之代聯盟」不僅是狂人組織，「本聯盟顧問及諮詢委員」還包括：

> 顧問貴族院議員男爵井上清純／諮詢委員陸軍中將井上一次／前檢事總長吉益俊次／男爵真崎勝次／海軍少將菊池武夫／東京市教育長皆川治廣／前憲兵隊司令官持永淺治……

上面羅列了著名人士。菊池武夫在攻擊「天皇機關說」時，因身為

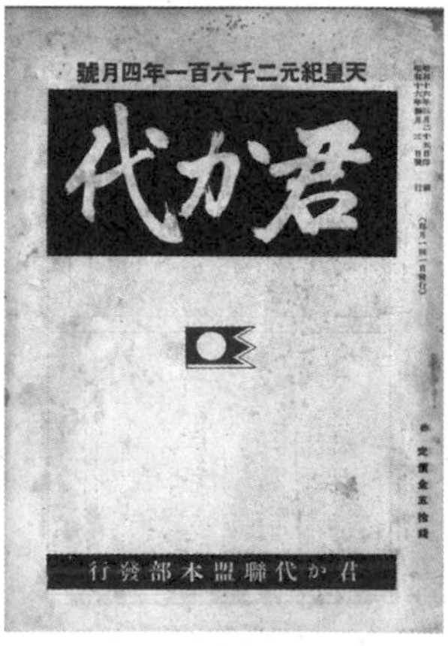

右頁：《君之代》「天皇紀元二千六百零一年」（＝昭和16年，1941）4月號。
上：「愛國紙牌」，財團法人日本少國民文化協會制定，財團法人日本玩具統制協會，昭和18年(1943)12月。

首位開砲人物而聞名，但我竟不知道，連「東京市教育長」、「檢事總長」等菁英也將名字借給這種白癡團體。

青野會長更進一步喊話：

天皇御惠比山高比海深。生為日本臣民，生來就應「永遠」活下去，是生為「永遠的存在」。（略）生於天皇之國，其誕生，乃一出生即永遠的存在。因為如此，令人敬畏的現人神天皇賜予了「赤子」一詞。

日本精神好厲害啊！怎麼有種賺到的感覺。（棒讀）

美麗之國日本的禮儀作法

直到昭和二十年（一九四五）戰敗為止，日本曾經有個詞彙叫做「國民禮法」。那是大日本帝國文部省詳細規定並推行普及的「凡日本人都必須學會的禮儀作法」。

過去「日本人的禮儀作法」有各種流派，沒有固定的模式。文部省認為這樣不妥，於是在昭和十三年（一九三八）特地設置了「作法教授要項調查委員會」，著手進行國民禮儀作法的統一與整理，並於昭和十六年（一九四一）匯集為「昭和國民禮法」。從敬禮、跪坐方法，到脱衣、走路方式，舉手投足都嚴格訂定的官方禮儀作法，正式由上而下施予帝國臣民。

面對這套新制定的「昭和國民禮法」，擅長做生意的出版界很快便搭上順風車，發行了數種國民禮法解說書籍，都相當暢銷。在昭和十六年（一九四一）學制改革後而設立的國民學校裡，為了將「國民禮法」灌輸給兒童，也刊行了許多以學童為對象的禮法手冊等。我手邊的《國民學校兒童用禮法要項》（教養研究會編，同會刊，昭和十六年），昭和十六年（一九四一）七月出版第一刷，到了同年十二月已是一七九刷，可見是非常驚人的超級暢銷書。

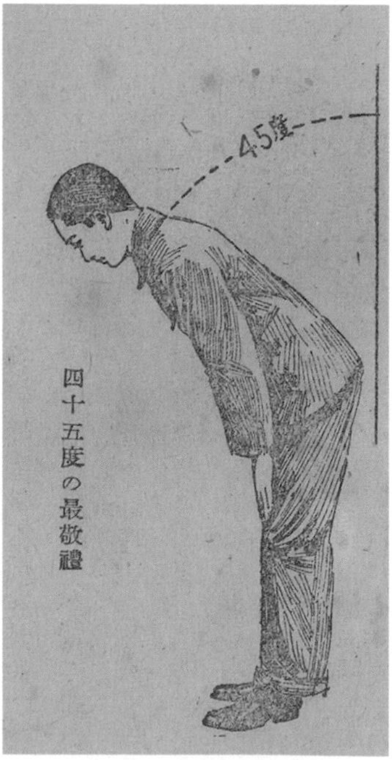

四十五度の最敬禮

不過，大日本帝國為何這麼在意「禮儀」？在禮儀作法手冊的開頭，刊登了當時文部省以下的序文：

禮法實為道德的實踐，貫徹古今之我國國民生活的規範，是一切教養的基礎，小則修身、齊家，大則鞏固國民團結，是維持國家和平之道。我們應實踐禮法，嚴加安定國民生活，保持上下秩序，以發揮國體精華，扶翼無窮皇運。

也就是說……其目的不僅是製造出有禮貌的人而已。因為若是有禮貌的人，便會努力維持「上下秩序」，因此他們以普及禮儀來製造出在天皇之下永遠樂於效忠國家的人。從吃飯到脱鞋方式，全都標準化並強加於國民，會這樣做的近代國家政府應該只有我皇國日本吧，果然大日本帝國是「世界唯一的神之國」。

右頁：最敬禮的方法
「首先立正，目光朝正前方。然後上身靜靜地往前傾斜，同時雙手自然垂下，直到指尖接觸到膝蓋，停了一會兒之後，再靜靜地恢復原本的姿勢。不可刻意彎頸屈膝。」中上川義一郎編，《昭和國民禮法》，帝國書籍協會，昭和16年(1941)。
下：《國民學校兒童用禮法要項》，教養研究會，昭和16年(1941)。

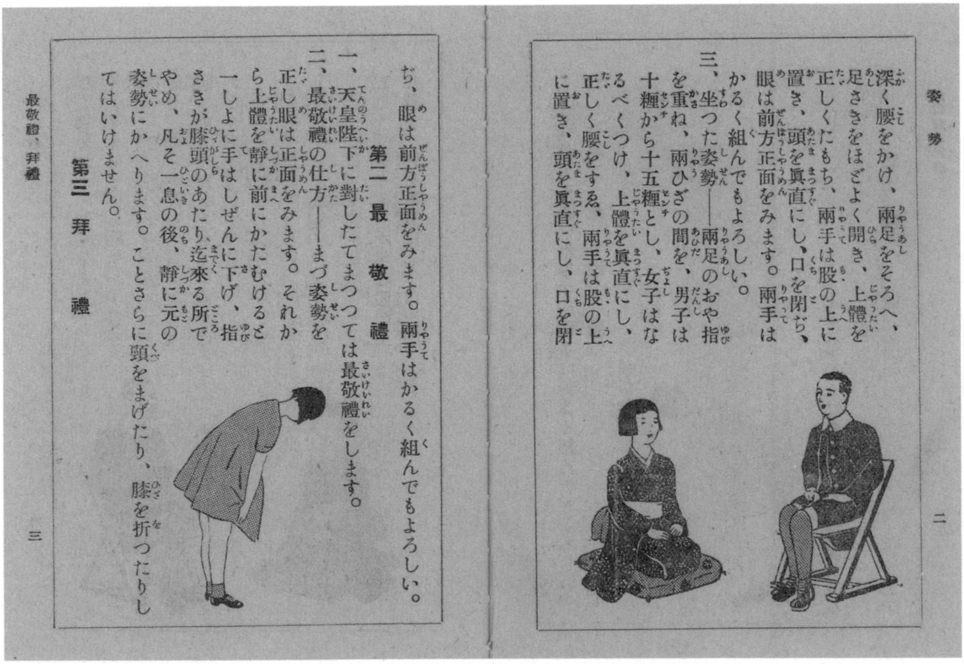
姿勢

深く腰をかけ、兩足をそろへ、足さきをほどよく開き、上體を正しくたもち、兩手は股の上に置き、頭を眞直にし、口を閉ぢ、眼は前方正面をみます。兩手はかるく組んでもよろしい。

三、坐つた姿勢——兩足のおや指を重ね、兩ひざの間を、男子は十糎から十五糎とし、女子はなるべくつけ、上體を眞直にし、正しく腰をすゑ、兩手は股の上に置き、頭を眞直にし、口を閉

二

最敬禮、拜禮

ぢ、眼は前方正面をみます。兩手はかるく組んでもよろしい。

第二　最敬禮

一、天皇陛下に對したてまつつては最敬禮をします。

二、最敬禮の仕方——まづ姿勢を正し眼は正面をみます。それから上體を靜に前にかたむけると一しよに手はしぜんに下げ、指さきが膝頭のあたり迄來る所でやめ、凡そ一息の後、靜に元の姿勢にかへります。ことさらに頸をまげたり、膝を折つたりしてはいけません。

第三　拜禮

三

這是小國民的常識喔！

常有人說，最近沒有常識的年輕人愈來愈多了。相較之下，在「大東亞戰爭」時，因為有官方配給的「常識」，因此小國民只要記住這些就好……似乎是如此。翻閱昭和十八年（一九四三）刊行、以兒童為對象的手冊《大東亞戰爭與小國民的常識》後，不知為何，我總有這種感覺。

這本手冊是當時國民學校學生準備上級學校考試時，為了熟記口試標準答案而使用的考試參考書。內文都是「問」與「答」的形式，共有一八二個項目。該書的章節以「第一章：大東亞戰爭與我們的決意」為首，其後有「第二章：銃後生活與我們的任務」、「第三章：戰時學校生活與我們該走的路」等。從「大東亞戰爭開戰的理由」到「值班掃除的方法」，都提供了詳細的標準答案。一副只要將它們全部記住，明天你也可以成為神國日本堂堂正正的小國民！……的樣子。以下節錄幾則模擬問答。

首先，是否清楚「大東亞戰爭的目的」？這是好的小國民與壞的小國民的第一個分岔口。

問：大東亞戰爭的目的是什麼？

答：為了日本自立自衛，甚至為了亞細亞民族，將美英勢力自亞細亞趕走，同時徹底打敗敵國美英，確立東亞及世界永遠的和平。

——嗯，這應該是當時的官方見解吧！……我原本想這樣一言帶過，但到了二〇一〇年的今天，還是無法完全將它當作「過去的常識」，真讓人感到可悲。因為到現在仍有許多元小國民、前小國民、現役小國民和小市民，認為這個標準答案是「常識」。

另一方面，「戰鬥的銃後小國民」被定位為思想戰的旗手，以及防諜戰的要員。所以有如下的口試問答。

問：如果陌生人問你有關國家祕密的事，你要怎麼辦？

答：如果陌生人問我奇怪的問題，我絕不會回答正確的答案，並馬上告訴附近的警察或其他人。

——說起來，連一個小孩子竟然都知道「國家祕密」，這「防諜」不是漏洞百出嗎？話說「絕不會回答正確的答案」還真好笑。好個低成本的防諜對策啊！

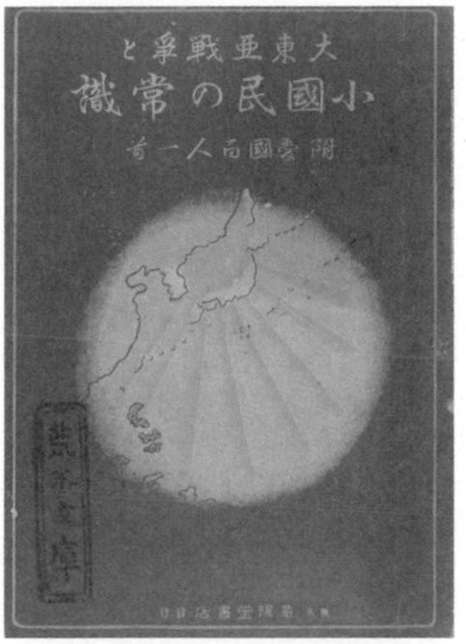

名古屋市西區那古野國民學校五年生　岩田二三子

「歡送出征兵」。名古屋市的國民學校五年級生岩田二三子繪。《皇軍慰問明信片》（遞信博物館，昭和17年）其中一張。這是遞信省「為了慰問皇軍，特地從全國國民學校初等科兒童募集而來的作品，以此作為底稿」，共有12張。

上：《大東亞戰爭與小國民的常識》，華陽堂書店，昭和18年(1943)。

讚賞英靈的標準答案

《大東亞戰爭與小國民的常識》一書裡，也有以下的問答範例：

問：你曾經迎接過護國英靈嗎？當時有什麼感受呢？

答：有。一想到當初英勇出征的勇士，如今成為護國之神而無言凱旋，就令人非常痛心，感慨萬千。對護國英靈感激不盡的同時，我也誓言，我們一定要繼承其遺願，全力投入擊滅美英。

——當時小國民的標準答案，與熱愛靖國神社的日本元首相的談話，其精神如出一轍，實在是耐人尋味且讓人感到丟臉。

在這個問答後面，開始提問有關皇軍「顯赫」戰果的知識。例如：「開戰前的大東亞，美英的領土有哪些？」等，很像在上地理課。當然，以「中途島海戰」為首，每次戰役都大勝；由此可知，分不清「虛構與現實」的不僅是最近的「電玩腦」孩子們，而且是神國日本的家傳技藝。

問：在特別攻擊隊(攻擊珍珠港時的特殊潛航艇隊，所謂「九軍神」)的故事裡，最讓你感動的是哪一部分？

答：不用說，他們為了大君而奉獻生命、超越生死突擊敵營很令人感動，且九勇士的人都特別孝順，少年時期就擁有很優秀的想法。值得一提的是，特殊潛航艇(編按：二戰期間日本海軍研發的一種微型潛艇，名為「甲標的」)是岩佐中佐等人傾注心血提議的新武器，都不禁令人感動落淚。

這個模擬問答題的可怕之處在

於，不單單是「常識」，連標準的「感想」都要灌輸給孩子們，上述對珍珠港特攻的標準「感想」便是典型的例子。怎麼看都像是大人的作文，但少年少女卻回答「不禁令人感動落淚」，這應該會讓戀靖國癖的人覺得萌翻了吧。

珍珠港九軍神之一上田定曹長的母校——藏迫國民學校學生們的「萬歲」。黑板上寫著「軍神　上田定」。《特別攻擊隊九軍神正傳》，朝日新聞社，昭和17年(1942)。

右頁：由於12月8日是公布「宣戰詔勅」之日，因而命名為「大詔奉載日」，強烈鼓勵全國人民出席各種活動，在銃後祈禱皇軍奮戰。上學前到神社參拜，也是活動的一環。《好孩子之友》，昭和18年(1943)2月號。

連北原白秋也下海了

說到北原白秋這位享譽於大正至昭和時期的大文豪，膾炙人口的童謠《急性子理髮師》、《守株待兔》都是由他作詞。他在昭和十七年（一九四二）十一月過世，遺作的最後一本詩集是《大東亞戰爭少國民詩集》。該書是他死後將他連載於朝日新聞社《週刊少國民》雜誌的作品彙整而成。從卷頭〈我們是昭和少國民〉開始，羅列了〈夏威夷大海戰〉、〈天空軍神〉、〈東條先生〉、〈少年飛行士〉……，光看這些目次，我不禁感嘆：「白秋大師，您也下海了啊……」尤其一首題為〈大東亞地圖〉的詩，破壞力相當驚人。

這首詩描述一位少年將世界地圖貼在牆壁上，每當有戰果時，他都會在那個地方畫上日之丸。據說北原白秋執筆時正苦於老毛病腎臟病惡化，而他在這種狀況下仍緊握鉛筆，將文字刻在筆記本上，並對孩子們大聲說：「大東亞戰爭」的戰果「真令人開心啊！」在臨死前的病床上，他竟然還擠出「爆擊、雷擊、轟隆隆、砰」這類微妙帶有節奏感且令人悲傷的狀聲詞……。

我會先把太陽和月亮都畫在地圖
上，我要塗、要塗改，不會只有
點和線。

將歐美列強支配的舊世界秩序名符其實地加以塗改，這種八紘一宇的精神應該感動了詩人之魂吧！然而，隨著戰況惡化，北原白秋大師世界地圖上的夏威夷、中途島、阿留申群島等也陸續消失了。

唉呀，實在太棒了，你，
這就是大東亞共榮圈啊。

我的腦髓就是地圖，
無論是加拿大、蘇伊士、巴拿
馬，已經都塗改了吔

「唉呀，實在太棒了，你，這就是大東亞共榮圈啊。」很有相田Mitsuo(相田みつを)風格的句子，讀來令人頭皮發麻。他還緊接著說「我的腦髓就是地圖」，這也很厲害。不僅如此，連腦內地圖都已經事先塗改相當廣大的範圍，太驚人了。

這本書是珍貴的證據，顯示開戰不到半年，連北原白秋這樣的文豪都徹底迷上了這種妄想式的日本萬歲氛圍。

右下：「我們是昭和少國民！」左下：「大東亞地圖」
右頁：北原白秋著，《大東亞戰爭少國民詩集》，朝日新聞社，昭和18年(1943)。

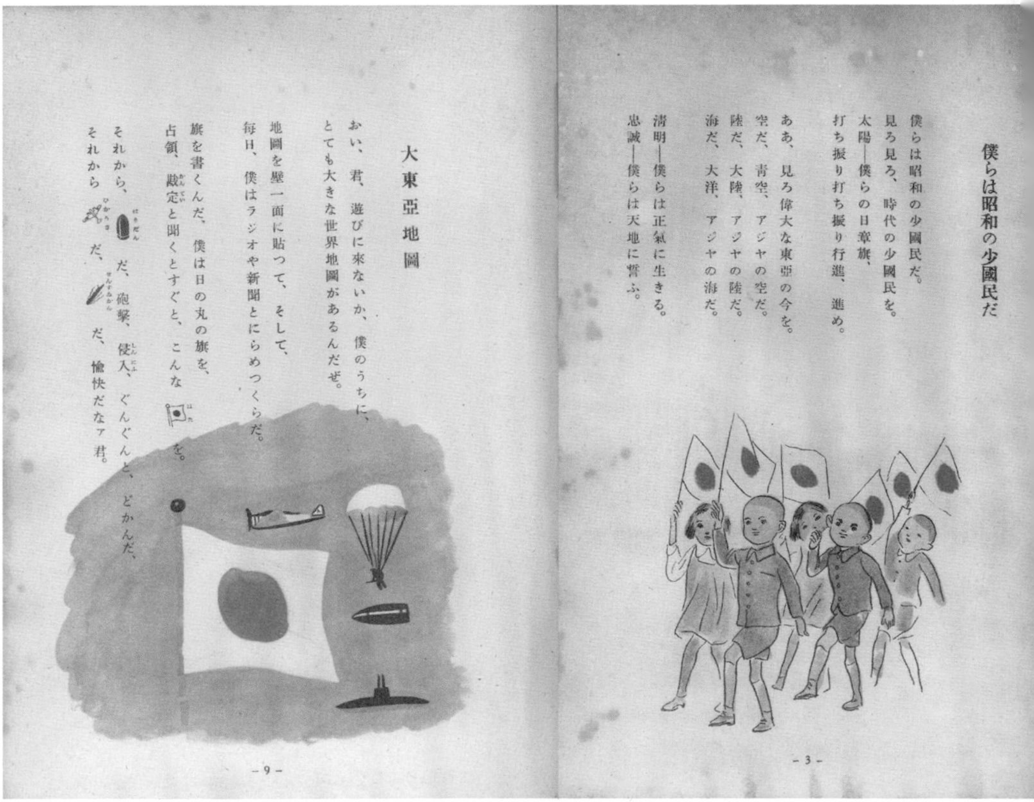

高村光太郎的情色時局詩

心境很荒涼的時候，就來讀讀高村光太郎令人害羞的時局詩集《大叔的詩》（昭和十八年，太陽出版社），體驗一下臉頰微微紅暈的感覺吧！

少女的心思

今夜微微起風稍有寒意。
今夜方才聽了錄音廣播
總理大臣抱病卻強而有力地
在議會進行的演說。
聽著聽著流下淚來。
我還只是女校學生，
不太懂政治之事，
但也深深感受
身為日本少女的我
現在該想什麼該做什麼。
我們庶民必須完成的

那個光榮而沉重的任務，
我也能以小小的誠心僭越參加
讓我感動流淚。
我是小小餐館的女兒
今年將從女校畢業。
我不再迷惘。
生於這個時代的生命價值
讓我踏上的每條道路都變得美麗。

徹底變成少女的高村大叔，竟寫出「聽著聽著流下淚來」；假裝清純、「不太懂政治之事」的「小小餐館的女兒」，雖然不過是虛構的存在，但仍締造出很大的效果，讓讀者聯想到市井一隅閃閃發亮的護國少女。「現在該想什麼該做什麼」——時局強加於上的庶民任務，儘管終究歸向「那傢伙是敵人，把敵人殺掉吧！」，卻絕口不提這種肅殺口號，而僅僅擷取少女美麗的「決意瞬間」。

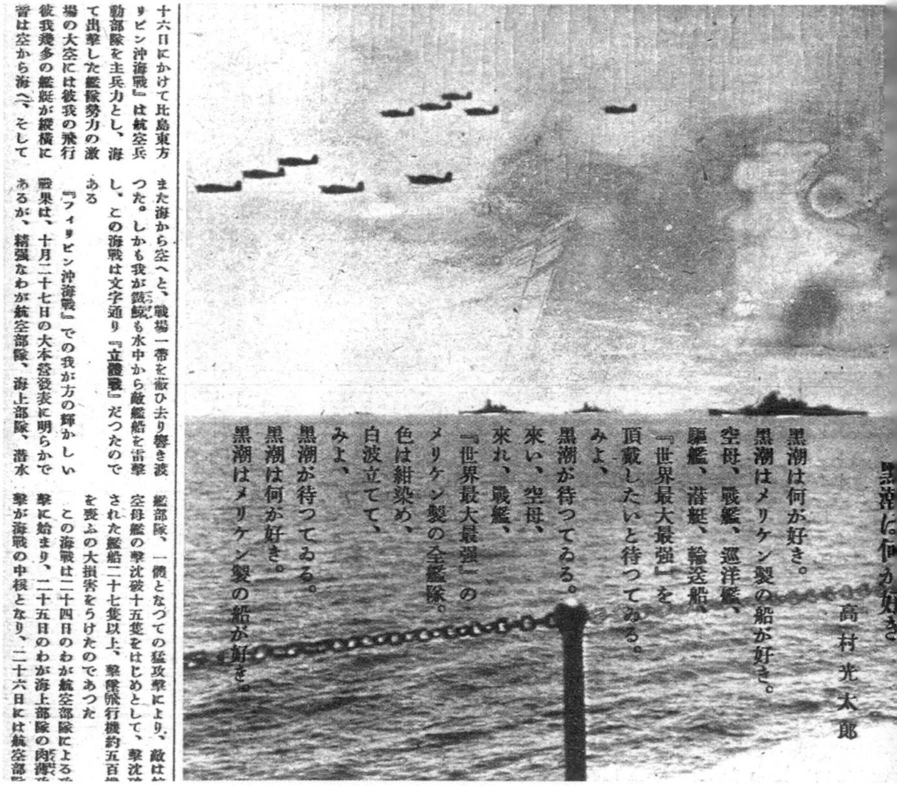
黒潮は何が好き
高村光太郎
黒潮は何が好き。
黒潮はメリケン製の船が好き。
空母、戰艦、巡洋艦、
驅艦、潜艇、輸送船、
『世界最大最强』を
頂戴したいと待つてゐる。
みよ、
黒潮が待つてゐる。
来い、空母、
来れ、戰艦、
『世界最大最强』の
メリケン製の全艦隊。
色は紺染め、
白波立てて、
みよ、
黒潮が待つてゐる。
黒潮は何が好き。
黒潮はメリケン製の船が好き。
十六日にかけて比島東方
リピン沖海戰』は航空兵
動部隊を主兵力とし、海
て出撃した艦隊勢力の激
場の大空には彼我の飛行
彼我幾多の艦艇が縦横に
晋は空から海へ、そして
また海から空へと、戰場一帶を蔽ひ去り響き渡
つた。しかも我が鐵鯨も水中から敵艦船を雷撃
し、この海戰は文字通り『立體戰』だつたので
ある
『フィリピン沖海戰』での我が方の輝かしい
戰果は、十月二十七日の大本營發表に明らかで
あるが、精强なわが航空部隊、海上部隊、潜水
艦部隊、一體となつての猛攻擊により、敵は
空母艦の撃沈破十五隻をはじめとして、撃沈
された艦船二十七隻以上、撃墜飛行機約五百
を喪ふの大損害をうけたのであつた
この海戰は二十四日のわが航空部隊による
擊に始まり、二十五日のわが海上部隊の肉薄
擊が海戰の中核となり、二十六日には航空部

右：高村光太郎著，《大叔的詩》，武藏書房，昭和十八年（一九四三）。
左：「黑潮喜歡什麼？」——「喜歡美國製船隻」，將黑潮擬人化，宛如他期待美軍軍艦沉沒，是令人害羞的高村光太郎作品。很遺憾的，黑潮先生似乎比較喜歡日本製的船隻。《寫真週報》第三四六號，昭和十九年（一九四四）十一月八日。

皇紀二五九二年的暑假

戰前的高等小學校也有暑假，當然也有暑假作業——這不是什麼好大驚小怪的事，但到底是怎樣的作業呢？很意外地，這就不那麼為人所知了。我拿到的昭和七年（一九三二）高等小學校（相當於今天的中學校）二年級學生的「夏期學習帖」，原本的主人是住在南小川村（今長野縣上水內郡小川村）的松本某君。

松本君似乎以文科為志願，雖然「夏期學習帖」的修身、國語、國史習題都寫好了，但理科、算數、地理卻完全視而不見，一片空白。我想他應該被老師臭罵了一頓吧！

在「修身」的習題裡，有以下這類問題。

問：勅語裡所述的「皇祖皇宗肇國宏遠」意義為何？

不出所料，有教育勅語的相關題目，對此，松本君以鉛筆流利地答覆「是顯示我神國的根本精神」，真厲害！——是說，怎麼想都文不對題，當時這樣就OK還真厲害。

問：如何達成日常的忠君之道？

松本君答曰：「在我國，忠君與愛國合為一體，密不可分。」嗯，這好像也是沒對上、似懂非懂的答案。看來松本君抄寫修身課本，但很微妙地少了根筋，讓人覺得有點好笑。

松本君的暑假學習帖止於八月二十六日。當天的天氣是「雨」。順帶一提，這天的習題是「寫下暑假中感觸最深的事」，但松本君完全無視於此，似乎很盡情地享受了暑假的最後幾天。

上：昭和15年(1940)發行，「鳥取縣教育會」編纂的《暑假的學習》。封面圖案好悠閒，但內容卻有這類題目：「下列的人負責什麼事？一、值班將校，二、掌通信兵，三、時鐘番兵……」
下：松本君「修身」習題的解答，看不太懂問題和答案的關係。
右頁：教材研究會編，《高等小學夏期學習帖 第二學年》，富田屋書店，昭和7年(1932)。

夏休の學習
5

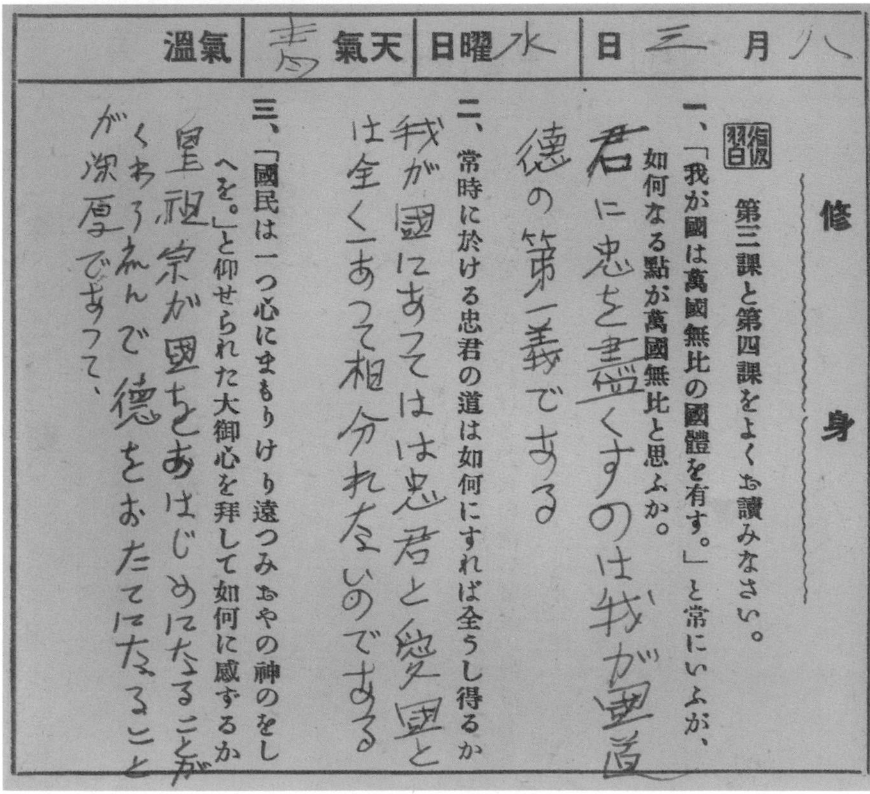
八月 三日 水曜日 天氣 晴 氣溫
修身
復習 第三課と第四課をよくお讀みなさい。
一、「我が國は萬國無比の國體を有す。」と常にいふが、如何なる點が萬國無比と思ふか。
君に忠を盡くすのは我が國道德の第一義である
二、常時に於ける忠君の道は如何にすれば全うし得るか
我が國にあつてはは忠君と愛國とは全く一あつて相分れないのである
三、「國民は一つ心にまもりけり遠つみおやの神のをしへを。」と仰せられた大御心を拜して如何に感ずるか
皇祖皇宗が國をおはじめになることがくわうゑんで德をおたてになることが深厚であつて、

紀元二六〇〇年的高等女學校運動會

「高等女學校」是戰後GHQ(盟軍最高司令總司令部)實施學制改革前的女子中等教育機關。入學年齡為十二歲以上，修業年限五年(依大正九年(一九二〇)的高等女學校令規定)，所以是相當於今天中學校到高中二年級的女孩就讀的學校。

一位戰前高等女學校教師的公子惠賜了「奉祝紀元二千六百年埼玉縣久喜高等女學校第拾九回運動會節目表」。日期是昭和十五年(一九四〇)十月二十九日，適逢紀元二六〇〇年紀念活動正興盛的時期。

看看節目表，首先發現開幕典禮很不尋常。國歌不是「齊唱」而是「奉唱」。在遙拜宮城(＝皇居)後，接著遙拜橿原神宮(創建於明治時代，祭祀神武天皇的神社)。遙拜之後是「默禱」，果然是奉祝紀元二六〇〇年，連「國民儀禮」也相當用心。還有以下幾個謎般的競技項目：「建國體操」、「大日本國民體操」、「大日本女子青年體操」、「更正(自校)體操」等四種體操。另外，「行進遊技奉祝紀元二千六百年」究竟是怎樣的舞蹈動作，實在太令人好奇了。

下：因為沒有久喜高等女學校運動會的照片，因此介紹第十三回明治神宮國民練成大會「女子四百公尺搬運接力」拚命競賽的畫面。名符其實的「水桶接力賽」，看來是以水桶替代接力棒。《寫真週報》第二四六號，昭和十七年(一九四二)十一月十一日。

奉祝紀元二千六百年埼玉縣立久喜高等女學校第拾九回運動會節目表　昭和十五年十月二十九日

一、升國旗
二、奉唱國歌
三、遙拜宮城
四、遙拜橿原神宮
五、默禱
六、開會致詞
七、體育運動歌（繁榮）
八、運動

◎上午部分

1. 建國體操　全體學生
2. 八十米賽跑　三年級
3. 一人一腳賽跑　一年級前半
4. 避難競走　二年級後半
5. 八十米賽跑　一年級
6. 作業準備競走　四年級後半
7. 八十米賽跑　二年級
8. 障礙賽　三年級前半
9. 唱歌遊技　幼時的回憶／行進遊技　奉祝紀元二千六百年　一年級
10. 八十米賽跑　四年級
11. 擔架競走　三年級
12. 作業準備競走　四年級前半
13. 武道（薙刀）　三年級
14. 行進遊技　奉祝紀元二千六百年／波卡 Serisu（セリース）（？）　二年級
15. 順運搬接力賽　四年級
16. 障礙賽　三年級後半
17. 大日本國民體操　一、二年級
18. 二千六百米接力賽　三、四年級選手

◎下午部分

19. 奉祝舞蹈　全體學生
20. 避難競走　二年級前半
21. 拔河　一年級
22. 行進遊技　愛國行進曲／pack star march　三、四年級
23. 八百米接力賽　通學團選手
24. 行進遊技　奉祝紀元二千六百年／MAZURKA　三年級
25. 一人一腳競走　一年級後半
26. 大日本女子青年體操　三、四年級
27. 行進遊技　愛國行進曲／唱歌遊技蜜柑船　一、二年級
28. 毬鞠競走　畢業生、講習生
29. 武道（薙刀）　四年級
30. 封披競走　來賓
31. 轉球接力賽　二年級
32. 行進遊技　dream waltz／唱歌遊技菊　四年級
33. 迴旋蹴球　職員
34. 二千六百米接力賽　一、二年級選手
35. 更正（自校）體操　全體學生
36. 正常步行進／分列行進　全體學生

非常時期的賀年卡

恭迎御稜威閃耀之皇紀二千六百年的新春
衷心祈願武運長久

——《主婦之友》昭和十五年一月號，「事變下賀年卡的書寫方法」

賀年卡書寫方法欄是婦人雜誌慣有的企畫，竟然連賀年卡的內容都要求「莫忘宣揚國威與國運昌隆相關的賀詞」以符合時局，這種文章的調性真是驚人。

文中提到：「今年政府也以『寄賀年卡到戰地！』為口號來鼓勵國人，所以無論我們認識或不認識的人都要寄喔。」可見這些時局賀年卡不是《主婦之友》編輯部硬擠出來，而是政府大力推廣的。

然而，大受好評的賀年卡書寫方法欄，卻在昭和十六年（一九四一）銷聲匿跡了，因為賀年卡本身被廢止了。其前兆可見於日中戰爭爆發的昭和十二年（一九三七）年底。昭和十二年（一九三七）十一月二十日的《讀賣新聞》，刊出以下的報導：

為了節約紙漿與鑑於時局，在九日的閣議裡，官員們毅然決然取消明年賀年卡的寄贈，甚至永井遞信大臣還透露，將中止賀年卡的郵務。這種廢止賀年卡的想法，不久後也會影響國民總動員下的民間，即將來臨的昭和十三年虎年新春，可能會出現一種軍國風景——沒有「恭賀信件」的新年。

到了昭和十五年（一九四〇），「暫時」中止一般賀年卡的特別郵務。換言之，取消元旦寄送賀年卡的特別業務。甚至翌年以後，當時的遞信省還自行製作「不要互寄賀年卡吧」的海報，呼籲民眾自我約束。直到戰敗為止，實際上賀年卡已經「中止」了。

在這種情形下，可稱作「賀年卡廣告」的雜誌廣告仍存活了下來。例如《海與船》昭和二十年

（一九四五）二月號的封面內，刊登了如附圖的廣告。「向神明誓言撲滅畜生美國人吧」，在新年對我說這種話是要我怎樣啦……真的是最凶、最令人鬱悶的新年祝賀。

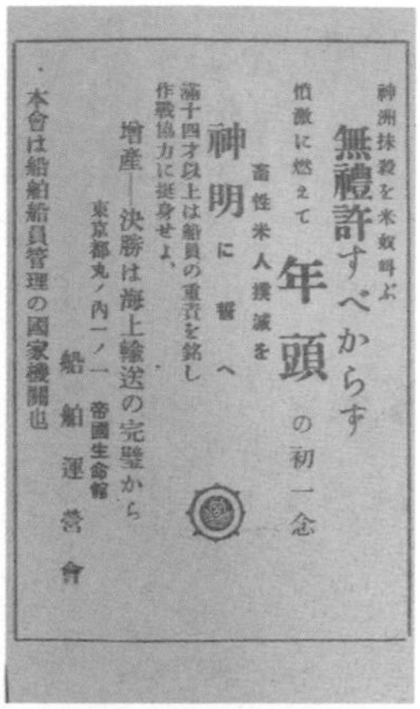

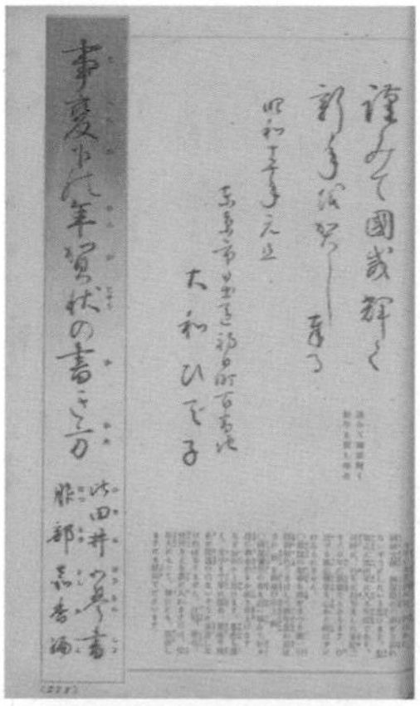

右上：《海與船》昭和20年(1945)2月號。與其說是「賀年卡」，不如說已經變得和「不幸信」沒什麼兩樣了。
左上：《主婦之友》昭和15年(1940)1月號「賀年卡書寫方法欄」
右下：《主婦之友》昭和15年1月號的封面與賀年卡書寫方法專欄
左下：《少女俱樂部》昭和12年(1937)1月號特別附錄「賀年卡範例」。看來此時「賀年卡」仍是例行活動。

「銃後」的立教高等女學校報國團

關於生活在「銃後」的清純少女們的日常，我想寫的事多得像山一樣高，在此先介紹立教高等女學校報國團刊物《大空》（昭和十八年三月號）吧！「報國團」是昭和十六年（一九四一），由各校學生會、校友會等依文部省指示，改編為軍隊式的組織並易名而來。立教高等女學校是現今的立教女學院中學校・高等學校，與當時同樣位於東京都杉並區久我山。報國團刊物《大空》是畢業文集，即將畢業的高等女學校五年級＝現今高中二年級生的姐姐們，於此寫下對老師們的感謝與校園生活的美麗回憶，而學妹們則寫下了愛恨交織的複雜心情：「學姐，請保重……」，是本讀了會讓人腦袋發癢的冊子。

根據這本《大空》刊物可知，立教高女報國團由以下部門組成。

總務部：負責企畫、聯絡、統制。另外，「國家社會服務」相關行動也由總務部管轄。

鍛鍊部：負責農作、園藝相關事項，以及體育等鍛鍊相關企畫。

國防訓練部：組織本校特設防護團，進行國防上必要之訓練。

學藝部：負責學藝發表、公演、電影放映會、教學觀摩等。

生活部：負責保健、衛生、養護相關事項。

保導部：負責生活訓練以及清潔美化相關事項。

比起同時期舊制高等學校的報國團，其組織規模較小，但儘管是基督教系的高等女學校，不僅

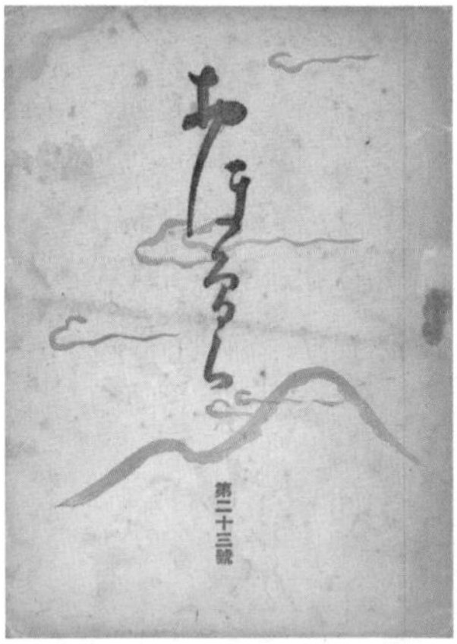

立教高等女學校的報國團刊物《大空》，昭和十八年（一九四三）三月。雖然是基督教學校，但雜誌卻完全屏除了相關內容。

有「國防訓練部」，甚至還有「特設防護團」，真令人感到意外。

在該刊物的「校內行事曆」上，除了「特設防護團」定期的防火訓練與防空訓練外，也留下被動員參加各種勞動服務的記錄。這段時期，似乎還沒動員她們到軍需工廠去，大抵只是「在三鷹臺車站進行交通引導」、「在井之頭公園裡協助兒童會活動」、「宮城外苑整備作業」及「白衣製作勞動服務」等。另外，也有許多戰時色彩濃厚的活動，除了「承認滿洲國十週年紀念活動」、「軍人援護強調週」、「降落傘大會」之外，校園內也舉辦了《空之神兵》、《夏威夷．馬來海海戰》等電影放映會。

不過，其中有一項——七月二十二日（週三）五年級及部分四年級學生，製作給一年級學生的燈籠短褲。高年級的姐姐們竟縫製一年級生的燈籠短褲！真是讓人驚嘆再驚嘆，好厲害的風尚啊！

讀賣
女らしい美しさを忘れず、またいざ！の時にはゲートル代用の平紐
二本で防空服にもなるといふ戰時規格合格の女學生決戰制服

昭和19年（1944）2月公布的「符合戰時規格的女學生決戰服」，似乎是把銘仙和服重新縫製成勞動褲。看來女學生們不是當成「勞動褲」，而是當「褲子」來穿，而且把它穿得很時髦，如照片所示，穿著寬鬆是當時的流行。《讀賣寫真版》，昭和19年2月13日。

和中國的朋友好好相處吧！

這張照片是戰前的升學雜誌《受驗戰》[4]（好誇張的書名！）昭和十四年（一九三九）一月號（英語通信社刊）的封面。圖片上的日本士兵和中國人握著手，以時間上來說，這是第一次近衛 內閣誇下海口，提出「東亞新秩序」構想（昭和十三年十一月）時的事。

　此新秩序建設的根幹，是日滿支三國相互提攜，樹立政治、經濟、文化等各方面互助連環的關係，期能確立東亞的國際正義，達成共同防共，創造新文化並實現經濟結合。如此才能穩定東亞，對世界進步發展有所貢獻。

　看來，社會上似乎也醞釀著日支兩國攜手……這類的氛圍。

　話說，這張封面雖然很摩登，但構圖還挺令人不舒服。請注意，在兩人握手的地面，日本士兵的雙腳已經踩在中國大陸的土地上了。日本士兵全副武裝，中國人卻手無寸鐵，這也如實象徵了二者的關係。不僅如此，在加上「受驗戰」這樣的標題後，呈現相當超現實的氛圍。

　再說，不知道為了什麼事開心成這樣，地球還露出笑容，感覺好噁心。

左：《受驗戰》昭和14年(1939)1月號，英語通信社。
下：引自小孩會變乖的講談社繪本《支那事變大勝紀念號》（大日本雄辯會講談社，昭和13年。隨著日本士兵的風琴伴奏，中國的小孩子們唱著「日之丸之歌」的圖。在很多「欣然接受日本統治的中國人」的這類圖像裡，都有利用這種「小孩子」的形象。

三、讚頌吧！八紘一宇

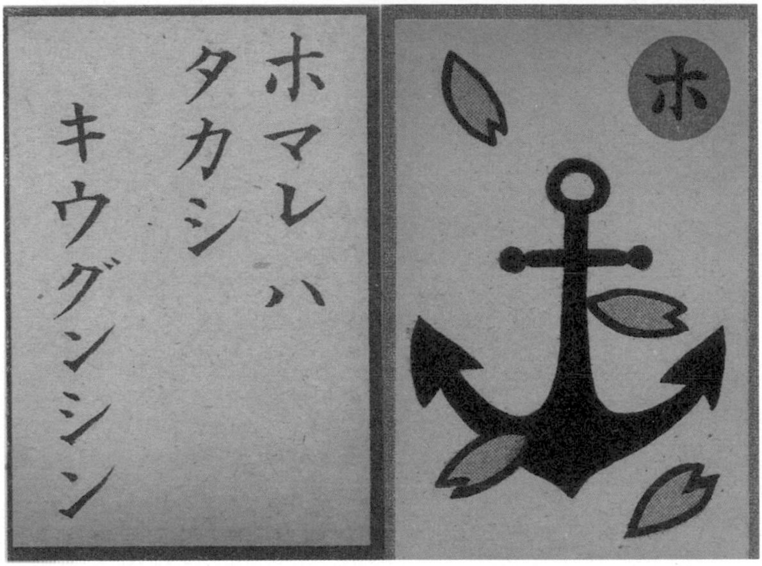
ホマレハ
タカシ
キウグンシン
ホ

以八紘一宇的精神站起來吧！

宮崎市有個稱為「八紘之基柱」的怪塔，至今仍矗立於據說是神武天皇「首度設置皇居」的皇宮屋之丘。該塔建於昭和十五年（一九四〇），是為了紀念光榮的「紀元二千六百年」。塔高約三十九公尺，正面以粗體鏤刻了秩父宮（昭和天皇之弟）所寫的「八紘一宇」。

「八紘一宇」一詞，是以《日本書紀》裡神武天皇段落所提及的「掩八紘而為宇」為基礎，由狂熱的國粹主義者——國柱會的田中智學於明治三十六年創造的詞彙。「支那事變」爆發後，「八紘一宇」在第一次近衛內閣（編按：自一九三七年六月至一九三九年一月由近衛文麿組成的內閣）發起的「國民精神總動員」運動（始於昭和十二年九月）中，被公認為大日本帝國的官方意識形態。

我們就來看看當時內閣、內務省、文部省刊行，作為「國民精神總動員資料」的小冊子《八紘一宇的精神》吧！

「八紘」又稱「八荒」，前者是八方之隅，後者意為八方遠涯。兩者字義皆是「世界之涯」或「天之下」。「一宇」乃「一家」，是全體擁有統一與秩序的親和共同體。因此，「八紘一宇」不外乎意味著清除違逆皇化的一切禍害，不僅日本，也讓各國、各民族皆得其所、伸張其志，各國家、各民族自立自存的同時，亦相倚相扶，整體形成一靄然之家，並以此不斷地生成發展。

「八紘一宇」是「讓世界成為一個家」的意思，文中將成為「一個家」稱為「皇化」。既是「一家」，當然前提是要有一個「家長」，但不知為何，一開始就註定由天皇扮演這個角色。換言之，在天皇的大稜威[1]之下，各國家和各民族俯首聽命，如此才有可能「八紘一宇」＝皇化。當然，也有人不想成為「一家」，這種人就會被視為「違逆皇化的一切禍害」，而遭到

そびえる
きねんのたふ
めでたい紀元節
に、私たちは先生
につれられて、宮
崎市の北にある、
『あめつちのもと
はしら』におまゐ
りしました。
空たかくそびえ
る　たふをあふぎ
ながら、先生は、
日本のお國のり
つぱなことについ
て、お話をしてく
ださいました。
安泰畫

〈矗立的紀念塔〉，《幼年俱樂部》昭和18年2月號。如今此塔改名為「和平之塔」，「八紘一宇」的文字還在……。

清除。

那麼，為什麼日本可以有那麼偉大的地位呢？這本小冊子提出種種歪理。

我們日本就是要率先諸國、諸民族，抱著不辭萬死絕不退讓的覺悟，為了拯救世界脫離鬥爭與破滅而必須面對此難局。那麼，為何我國必須率先面對此難局呢？那是因為把宇宙的大生命作為國心，以此將漂流的世界永遠修理、穩固而生成發展的我天壤無窮之國體，正逢照耀全世界的時刻。……在如此廣大的世界裡，擁有肇造以國家、民族為基體的一大家族世界之使命與實力者，除了我們日本別無他者。

……「把宇宙的大生命作為國心」這段落發出了某種刺鼻的性靈系荒謬臭味。簡言之，其說明日本是將萬世一系之神的子孫擁戴為天皇的偉大國家，淨說我們是偉大的，沒有理由但就是厲害，因為天皇偉大所以我們也偉大。應該說是中二病的世界觀？還是自我滿足？總之，這不外乎是那種「隨便你寫在廣告紙背面吧」的作文。

昭和十五年（一九四〇），在第二次近衛內閣（編按：自一九四〇年七月至一九四一年七月）策定的「基本國策要綱」裡，「八紘一宇」被當作大日本帝國的國是，並成為支撐「大東亞戰爭」的意識形態核心。這本小冊子的結尾如是寫道：

奮起吧！為了國力總動員！

揮舞吧！八紘一宇御旗！

就這樣，我日本民族高舉著可恥的四字旗，宛如雲霞襲擊了亞洲。

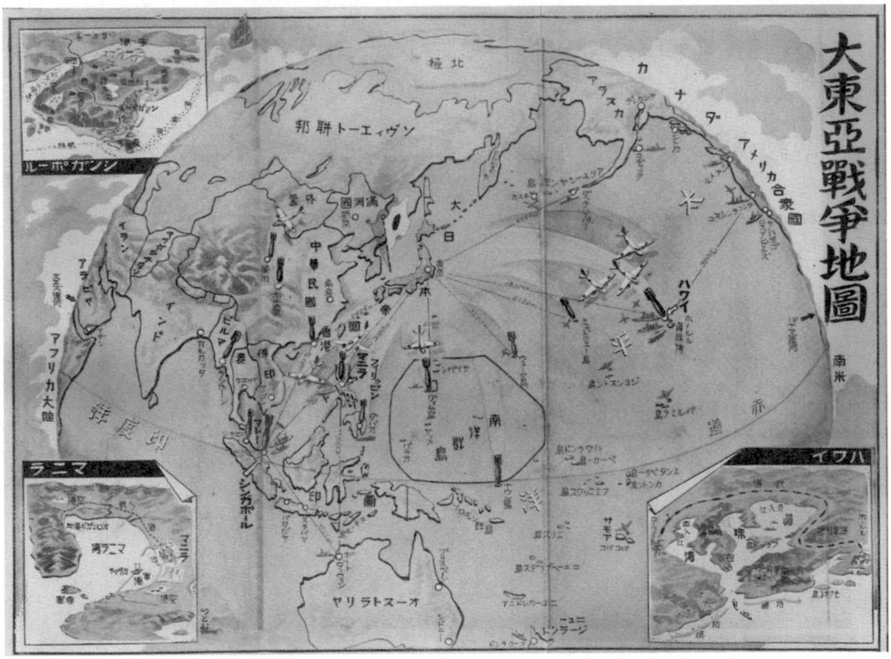

上：日本銀行券「拾錢」紙鈔（い號券），昭和19年（1944）11月發行。由於戰局惡化，製作貨幣的金屬匱乏，因此出現十錢的小額紙鈔，而且紙鈔上使用了「八紘之柱」的圖案。
下：「大東亞戰爭地圖」，《婦人俱樂部》昭和17年（1942）2月號。從宇宙的角度捕捉戰線的廣大程度。
右頁：「奉祝紀元二千六百年興亞之力」，《家之光》臨時增刊，昭和14年（1939）12月。像神武天皇的神祕巨人站在地球上。

妄想的世界地圖

昭和十七年（一九四二）十二月，突襲珍珠港一週年，以皇國式的正確說法，是煥發「宣戰詔勅」的一週年。此刻，政府宣傳畫報《寫真週報》策畫了「大東亞戰爭一週年」大特輯（第二四九號，昭和十七年十二月二日）。封面為東條英機一本正經，上半身左半邊別滿多彩多樣勳章的照片。這一號的頁數比平常多，卷頭照片是一家人跪在二重橋前祈禱戰勝，而且以很壯觀的照片傳達了陸海軍的活躍程度。在誇示這年戰果的文章中，有張「我們正在塗改世界地圖」的圖片，讓我崩潰好一陣子。

這張圖將世界分為德國、義大利、日本的軸心國，及以美國、英國為首的同盟國，並以顏色區分各自的版圖與佔領區域。

一掃東亞的荷領東印度諸島、美領菲律賓、英領香港、馬來與緬甸等地的美英色，日章旗翩翩飄揚於全東亞。

以日本為中心的東亞國家群，及以德義為核心的歐洲大陸國家群，隔著太平洋與大西洋，正和美英國家群戰鬥，這就是現在的戰爭。……我們毅然決然地戰鬥到底，直到將這張世界地圖塗滿軸心色的那天為止。

「塗改世界地圖」確實是很英勇的口號，不過，看到這種地圖就感到沾沾自喜的，應該是企圖征服世界之邪惡祕密結社首領等級的大人物吧。

一方面宣傳著，這是在「八紘一宇」御旗之下，將亞洲殖民地從歐美列強解放出來的「聖戰」，但另一方面，卻毫不猶豫地自誇殖民地爭奪戰的成果……。話說，他們真的抱著「我們毅然決然地戰鬥到底，直到將這張世界地圖塗滿軸心色的那天為止」的決心嗎？這……難道不就是妄想嗎？

「我們正在塗改世界地圖」的世界地圖。仔細以顏色區分軸心國與同盟國的非洲，頗耐人尋味。但其如何處理舊蘇聯一帶則更令人好奇；正遭德國侵略的地域是「同盟國方」，其他地區則被視為「中立國」。引自《寫真週報》第二四九號，昭和十七年（一九四二）十二月二號

空襲美國本土

有位名叫野依秀市（一八八五－一九六八）的怪人，從戰前到戰時，身為實業之世界社社長的他出版了《實業之世界》的雜誌，不斷刊載許多政經界的醜聞。到了戰後仍不改其暗黑國士之風，與赤尾敏等人一樣，都涉及了中央公論社的「風流夢譚」事件（當時右翼人士認為，刊登於《中央公論》的深澤七

郎小說〈風流夢譚〉裡有對皇室的「不敬表現」，因此襲擊了中央公論社社長的住家，刺殺家傭，並造成夫人重傷。此又稱為嶋中事件），右翼德性展露無遺。

據說這位怪人在「大東亞戰爭」爆發的很久以前就認為日美決戰無可避免，因此不斷提倡開發能夠「空襲美國本土」的長距離轟炸機。於是，在眼看時機將至的昭和十八年（一九四三），他大肆啟動「募集空襲美國本土飛行機獻納資金」的宣傳活動。翻閱野依這時期所寫的《空襲美國本土》（秀文閣，昭和十八年九月），便會發現他的理論意外地單純：「如果要跟美國打仗，不能虎頭蛇尾，須徹底執行。空襲美國本土，將幾百萬皇軍送去支配美國吧！」「不能虎頭蛇尾」固然是總力戰的王道，但令人遺憾的是，這是忽略美國遠勝於日本的生產力、讓人覺得「我的天哪！」的誇大妄想。

野依的「空襲美國本土」願望式妄想，引起天天活在誇大妄想世界的同好者的異常狂熱。《實業之世界》昭和十八年（一九四三）七月號刊登了〈本社空襲美國本土飛行機獻納資金募集計畫與諸家的讚賞〉這篇馬屁文章。在各界紳士的投稿中大放異彩的，則是玄洋社的領袖頭山滿老先生。

上：野依秀市著，《空襲美國本土》，秀文閣，昭和18年（1943）。封面是美國風景照與轟炸機圖的合成圖。雖然是表達願望的設計，但投擲的炸彈數量卻很小氣，這種意思意思的程度是怎麼一回事啊？
下：「新加坡的淪陷／只不過是侵略東亞一百年的英帝國／受到制裁而已／接下來還有加拿大、倫敦、華盛頓」。妄想空襲美英本土的政府廣報《寫真週報》第208號（昭和17年2月18日），可說是贏得首戰後太得意忘形了。

衝進美國大本營吧

空襲美國本土真令人感到痛快。好想讓它成真。

……如果沒有打敗美國的大本營就讓戰爭結束，根本不知道是為了什麼打日美戰爭。我很清楚，知道不能光靠金錢製造飛機，即使如此，為了展現國民對空襲美國本土的決心，募集到款項是件好事。

無論沒錢、有錢的，現在就是一個值得交出來的時刻。沒有比獻納美國本土空襲飛行機更有意義的善事了。……

「無論沒錢、有錢的，現在就是一個值得交出來的時刻。」政界幕後黑手果然懂得讓別人出錢的穴道，真是令人佩服啊！

周遊帝國的算數

昭和十六年（一九四一），在成立國民學校時所啟用的第五期國定教科書，是一個絕佳教材，讓我們清楚看到強烈大和魂和支撐大東亞共榮圈之帝國全球主義的奇妙混交。那並不限於惡名昭彰的「修身」，甚至連「習字」、「算數」的細部都有「帝國」的滲透。

例如《初等科算數八》（第五期國定教科書、文部省／日本書籍株式會社，昭和十六年）便有以下問題：

〔大東亞〕

（4）以下是橫濱、昭南、雅加達之間，以及香港、雪梨之間的汽船航路。

・橫濱—（350海里）—神戶—（240）—門司—（540）—上海—（840）—香港（1440）—昭南—（535）—雅加達

・香港—（630）—馬尼拉—（790）—納卯—（1700）—星期四島—（1340）—（布里斯本）—（510）—雪梨

計算從橫濱經由昭南到雅加達，以及經由香港到雪梨的航路距離。

看起來很像是旅行社的招聘考試，同時也散發出「將來，無論哪裡都是日本」這種征服世界的野心氣息，不禁令人發笑。此外，還有別的試題：

橫濱、帛琉之間的定期航班如下……計算此班飛機的平均時速

看來昭和十五年（一九四〇）時曾有過「橫濱、帛琉」的定期航班。從橫濱出發的話，可能是本牧的橫濱水上飛行場。根據當時的

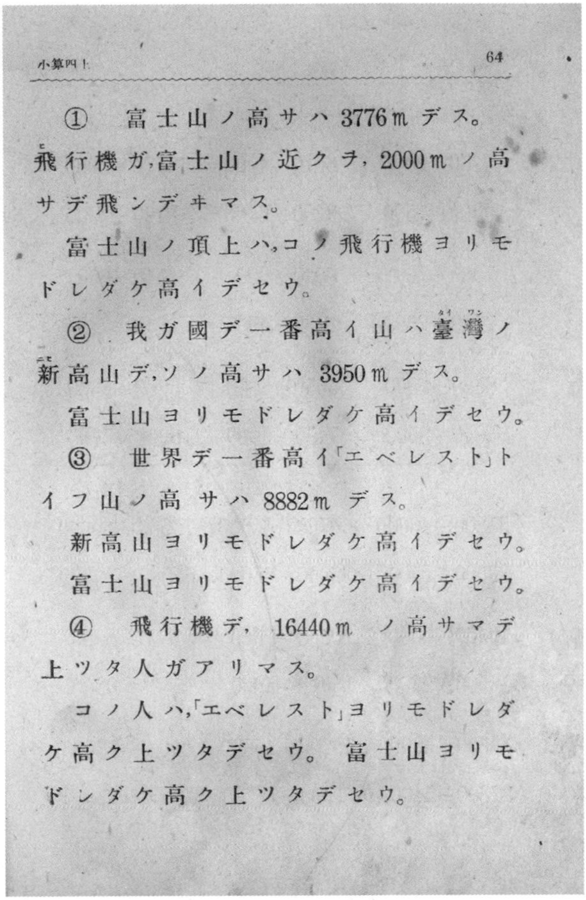
小算四上　64

①　富士山ノ高サハ3776mデス。飛行機ガ，富士山ノ近クヲ，2000mノ高サデ飛ンデキマス。

富士山ノ頂上ハ，コノ飛行機ヨリモドレダケ高イデセウ。

②　我ガ國デ一番高イ山ハ臺灣ノ新高山デ，ソノ高サハ3950mデス。

富士山ヨリモドレダケ高イデセウ。

③　世界デ一番高イ「エベレスト」トイフ山ノ高サハ8882mデス。

新高山ヨリモドレダケ高イデセウ。

富士山ヨリモドレダケ高イデセウ。

④　飛行機デ，16440mノ高サマデ上ツタ人ガアリマス。

コノ人ハ，「エベレスト」ヨリモドレダケ高ク上ツタデセウ。富士山ヨリモドレダケ高ク上ツタデセウ。

《初等科算數八》刊登的試題：「我國最高山」在哪一座？當時，答案是臺灣的新高山(3,950公尺)。隨著戰敗，「日本最高山」的排名也變了。
右頁：第五期國定教科書《初等科算數》，文部省，昭和16年(1941)。

時刻表，這個航班是早上六點從橫濱出發，十六點抵達塞班島後便在此過夜(！)，翌晨八點從塞班島出發，十五點抵達帛琉，是現在無法想像的悠閒天空之旅。雖然這是小學生的算數試題，但也是個好例子，讓人感受到「逐漸擴張的大日本帝國充滿活力的樣子」。

這是一本不可思議的算數教科書，讓人不知不覺沉迷於「大東亞共榮圈之旅」，全國大街小巷的小鬼們，從昭和十六年(一九四一)到終戰為止，都在教室裡做著這種豪華海外旅行的大夢，實在驚人。我曾讀過一位退伍士兵的證言，他說：「戰爭很像是海外旅行」，果真如此，孩子們在教室裡醞釀出對廣闊大東亞的憧憬，正是帝國的未竟之夢。

夢想的大東亞縱斷旅行

「大東亞戰爭」的首戰，大英帝國於亞洲最重要的據點新加坡陷落了，這是昭和十七年（一九四二）二月十五日的事。「新加坡陷落」的消息讓全日本舉國沸騰。新加坡改名為昭南島，其後逐步推動新加坡的「皇化」＝大日本帝國的支配。翻閱當時的報紙與畫報，佔領不久後發生的華僑大屠殺，也僅以「抗日華僑一併檢舉」這則小報導（《朝日新聞》昭和十七年三月四日）處理。以下這類報導反而連日出現：日軍接收萊佛士酒店後改其名為「昭南旅館」（！），在佔領三個月後的五月七日，舉行了山下奉文中將提議的「昭南神社」地鎮祭等。整個新加坡儼然成為一個小日本。

在如此氛圍中，《寫真週報》刊登了以下這種恬不知恥的報導。

「我要出門了！」說完後帶著一

脈うつ國鐵七十年

特急昭南行

彈丸列車が東京のどんな素晴らしいホームから飛出すか、今から想像するさへ樂しみだ―下關行き富士號の出發

『ちやー行つて來ます』とカバン一つで乘込んだ列車が下關、京城、奉天、北京、廣東、ハノイ、サイゴン、バンコクを經て、つひにそのまゝスーッと昭南まで行けたら、どんなに素晴らしいことだらう……だが、この素晴らしい夢は十分私たちが生きてゐるうちに見られる正夢としての可能性をもつてゐる

いや既に特急昭南行列車が計畫されてゐる

こゝに掲げた地圖をみるとよく分るやうに先づその經路は、東京、下關、京城、奉天、北京、漢口、廣東、ハノイ、サイゴン、バンコク、昭南といふことになるのだが、こゝに困ることはその間鐵道が無い區間があることが一つ、日本內地の鐵道と、朝鮮、滿洲國、中華民國の鐵道と、佛印、タイ、マレーの鐵道とそれぞれ軌間（線路の幅）が異つてゐることが一つ、この二つの問題が解決されてはじめて東京仕立の彈丸列車は昭南驛に直通することになる

ではこの問題をも少し具體的に考へると、先づ軌間の問題であるが、東京下關間に新たに朝鮮、滿洲國並びに國際標準軌間（四フィート八インチ）の鐵道が敷設されることは、過日協力會議で鐵道大臣が『既に一部起工しつゝあり、昭和二十九年完成の豫定』と聲明された通りである。その線は直ちに關門隧道を拔けて長崎まで延長されるであらう。問題は朝鮮海峽海底隧道である。その距離からみても隧道として世界空前のものではあるし、潮流の急激な海峽の底のことではあるし、その工事こそ人類始まつて以來の最大の工事であることは言を俟たない。しかし丹那を拔き、關門を穿つた日本の鐵道建設技術である。必ずや萬難を排しても完成して見せるだらう

朝鮮海峽海底隧道は貫通したとする。列車は北九州の、恐らくその頃には北九州に東京、大阪に次ぐ[illegible]生れてゐるに違ひない。その大都市からする／＼と朝鮮海峽の底を潜つて釜山あたりへ顏を出すだらう。正に世紀のダイヴィングだ。京城、奉天、天津を走つて北京に着く。一轉して京漢線を一路漢口へ下る。こゝに第二の難關揚子江が控へてゐる。こゝには對岸武昌との間に揚子江大鐵橋を跨らせる。これは前の海底隧道に比較すれば大した工事ではない。轟然揚子江大鐵橋を渡つて粤漢線をさらに南へ廣東に着く。廣東と佛印の國境の間にはまだ鐵道がない。珠江を遡り南寧から鎭南關まで路線敷設が必要である。一メートル軌間の列車に乘りかへて、こゝから昭南まで路線が標準軌間になれば理想的だが、假りにこゝで車を一度すて、南方の空氣を存分に吸ひこんでから國境を越えドンダン、ハノイを經て海岸線を南へサイゴンに達する。こんどはメコン河が邪魔をするが、これを横斷する路線を敷設しプノンペンに達する。これから先は既設鐵路をバンコクを迂回、マレー半島を南へ／＼、昭南驛に辷り込む

このほかに考へられる他の經路としては、天津より津浦線を下り浦口に至り、揚子江に河底大隧道を穿つて南京に出で、上海を經由杭州へ、さらに浙贛線を西へ、株州で粤漢線に接續し、粤漢線衡陽より柳州經由南寧まで、こゝから佛印に鐵道を新設して結ぶことが考へられる

日本の鐵道開通して七十年、これから何年後にこの夢が實現するかは正確にいへないとしても、東京から昭南行特急の彈丸列車がつつ走る日のことを考へるとき、大型列車であり、また南方直行の列車であるから、冷房換氣設備を完備するものとならう

大東亞戰爭の戰果いよ／＼あがる一方、鐵道方面にこの劃期的計畫があるのは實に愉快ではないか

安倍貞一

12

個包包搭上列車，經由下關、京城、奉天、北京、廣東、河內、西貢、曼谷，直接抵達昭南，若能這樣的話，是多麼美好啊！……然而，這種美夢很可能在我們有生之年成真。喔不，開往昭南的特急列車已經在規劃了。（「開往昭南的特急列車」《寫真週報》第二四二號，昭和十七年十月十四日）

以鐵道縱貫大東亞共榮圈的未來藍圖，想必會帶給讀者一種強烈的印象。說起「大東亞共榮圈」，應該不少人認為這與自己的生活無關。如何讓這些不理睬御用口號的人了解此次聖戰的偉大意義？我想編輯《寫真週報》的內閣情報局一定思考了這樣的問題吧！

總之，夢話還是睡覺時再說吧！說來也不過如此，然而這種給庶民的「夢」，是否在戰爭遂行中，意外扮演了重要的角色呢？

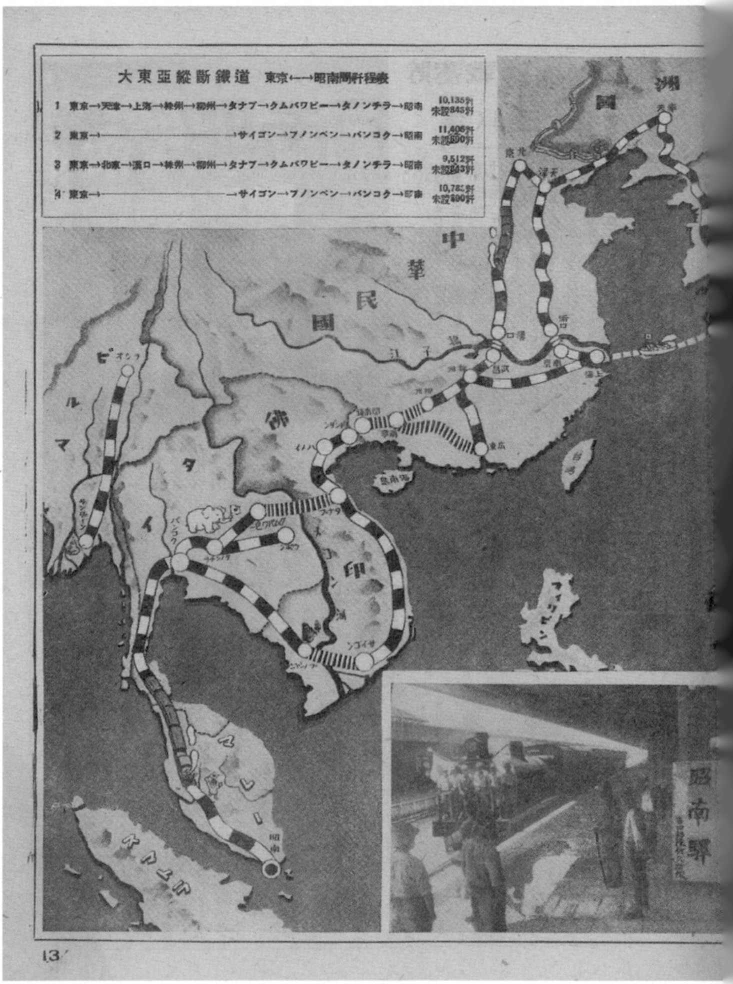

《寫真週報》第242號（昭和17年10月14日）的報導「開往昭南的特急列車」。「昭南」是新加坡的「日本名（?）」。圖中的鐵道路線是「大東亞縱斷鐵道」的計畫路線。

「不過還是想要棉花啊」

在「『大東亞戰爭』首戰連勝，廣大版圖即將納入我大日本帝國之下」這種時局下，最為摩拳擦掌的莫過於生意人了。《經濟人》雜誌(昭和十七年七月一日號，東京日日新聞社／大阪每日新聞社)中，以這些貪婪的大叔為對象，舉行了一場「消息靈通人士」的媒體工作者座談會，名為「談談南方圈的統治與經濟」。

四　需要為期相當長的軍政

藤岡啟(東日總務部長)：統治東印度尼西亞，因為是承繼支配三百年的荷蘭政府之後，因此有相當的難度……也就是說，由日軍指導執行軍政是當前的根本問題，而是否讓它們獨立，是將來的問題吧！

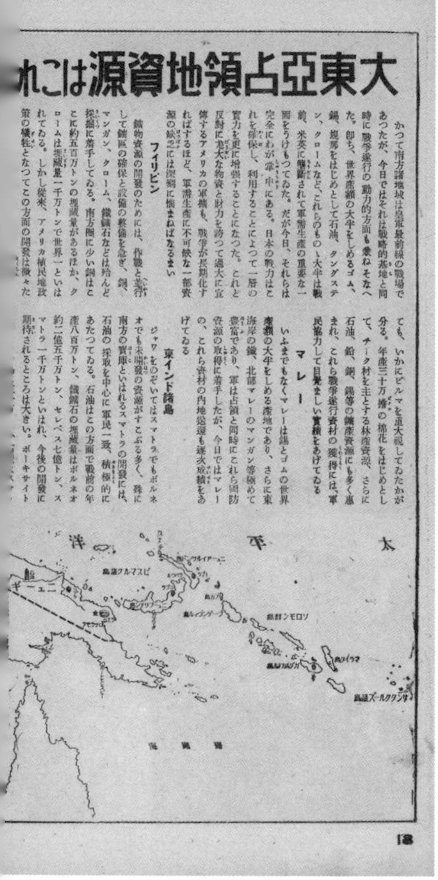
大東亞占領地資源はこれ

かつて南方諸地域は皇軍最前線の戰場であつたが、今日ではそれは戰略的基地と同時に戰爭遂行の動力的方面も兼ねそなへた。即ち、世界產額の大半をしめるゴム、錫、規那をはじめとして石油、タングステン、クロームなど、これらのもの〻大半は戰前、米英に壟斷されて軍需生產の重要な一面をうけもつてゐた。だが今日、それらは完全にわが掌中にある。日本の戰力はこれを確保し、利用することによつて一層の實力を更に增强することになつた。これと反對に尨大な物資と財力を誇つて過大に宣傳するアメリカの軍備も、戰爭が長期化すればするほど、軍需生產に不可缺な一部資源の缺乏には深刻に惱まねばなるまい

フィリピン

鑛物資源の開發のためには、作戰と並行して鑛區の確保と設備の整備を急ぎ、銅、マンガン、クローム、鐵鑛石などは殆んど採掘に着手してゐる。南方圈に少い銅はここに約五百万トンの埋藏量があるほか、クロームは埋藏量一千万トンで世界一といはれてゐる。しかし從來、アメリカ植民地政策の犧牲となつてこの方面の開發は徐々た

ても、いかにビルマを重大視してゐたかが分る。年產三十万擔の棉花をはじめとして、チーク材を主とする林產資源、さらに石油、鉛、銅、錫等の鑛產資源にも多く惠まれ、これら戰爭遂行資材の獲得には、軍民協力して目覺ましい實績をあげてゐる

マレー

いふまでもなくマレーは錫とゴムの世界產額の大半をしめる產地であり、さらに東海岸の鐵、北部マレーのマンガン等極めて豐富であり、軍は占領と同時にこれら國防資源の取得に着手したが、今日ではマレーの、これら資材の內地送還も逐次成績をあげてゐる

東インド諸島

ジャワをのぞいてはスマトラでもボルネオでも未開發の資源がすこぶる多く、殊に南方の寶庫といはれるスマトラの開發には、石油の採取を中心に軍民一致、積極的にあたつてゐる。石油はこの方面で戰前の年產八百万トン、鐵鑛石の埋藏量はボルネオ約二億五千万トン、セレベス七億トン、スマトラ一千万トンといはれ、今後の開發に期待されるところは大きい。ボーキサイト

吉岡文六(東日副主幹東亞部長)：可以說軍政期間將會持續很久一段時間吧。

藤岡：如東條首相所言，我們要評價此處居民對日軍的配合度如何，所以我認為軍政期間應該也需要相當長的一段時間。

比起當時橫行之「解放大東亞」的吶喊(說教？)，雖然在戰勝的狂熱下有點浮躁，但他們仍舊很冷靜地評估資源開發，實在耐人尋味。印尼的獨立取決於「此處居民對日軍的配合度如何」，這種發言很清楚地顯示「解放大東亞」的口號根本是個大騙局。不僅如此，他們也毫不掩飾地表明需

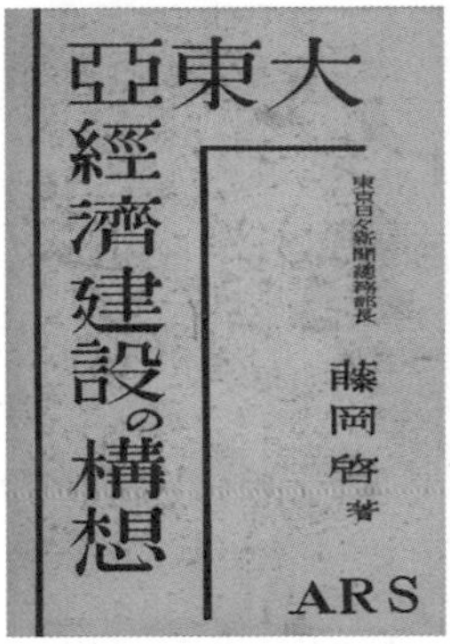

藤岡啟著，《大東亞建設的構想》，アルス，昭和17年(1942)。這是一本奇書，全書充滿妄想地寫著「這裡的資源這麼用，那裡的資源無論如何都想要」。

右：「大東亞佔領地資源是將來的戰力」，《寫真週報》第249號，昭和17年12月2日。政府公報都恬不知恥地說「大東亞戰爭」是資源戰爭。至今還有人說這是「解放戰爭」，真是令人驚訝。

要亞細亞的資源。

吉岡：緬甸的棉產量多少？

井手：記錄顯示少得不像話。（中略）

吉岡：應該是吧。不過還是想要棉花啊。即使在菲律賓那裡將甘蔗耕地的一半乃至三分之一改種棉花，但那裡的甘蔗耕地面積實在太小了……例如說，將三萬町步[2]改種棉花，以支那的計算方式來看，三萬町步只能採收十五萬擔[3]，十五萬擔僅是擁有大約十萬錘[4]的工廠之年消費量。再怎麼樣，至少也想要五百萬擔啊。

大東亞共榮圈只不過是排他的經濟區塊，而從其核心推手——菁英生意人的「寫實」中，不就可以看透「大東亞戰爭」的本質了嗎？

法西斯少女法蘭雀絲卡

昭和十六年（一九四一）一月，日德義三國的少女出現在《寫真週報》（一五一號）上。她們三人由前而後依序是：

貝爾托尼義大利大使館附陸軍武官的千金法蘭雀絲卡

名畫家荒木十畝的愛孫明子

德國大使奧托的千金烏爾蘇拉

封面上三個人排列在一起，她們分別舉著繪有近衛文麿、墨索里尼、希特勒三首魁頭像的羽子板（編按：日本傳統中長方形有花樣的木板）。內文則附有法蘭雀絲卡一臉好奇地看著日本翻線戲與暖桌的照片，還可看見她脫下封面上所穿的大衣後，襯衫胸前的法西斯少女團別針正閃閃發光。我原本以為法西斯少女團是類似納粹德國的BdM（德國女子青年團），但光是制服的設計，其時尚感根本就有著天壤之別。不過這些事其實不重要，我比較好奇的是，到了戰爭末期，這位法蘭雀絲卡後來怎麼了？

眾所周知，法西斯義大利在一九四三年（昭和十八年）七月潰敗。墨索里尼垮台後，被任命為首相的佩特羅．巴多格里奧元帥在同年九月向聯合國投降，團結如鐵的日德義三國同盟也就解體了。問題是，這個餘波對於駐日義大利大使館造成了什麼影響？

法蘭雀絲卡的父親古伊德．貝爾托尼中校是巴多格里奧元帥的著作《衣索匹亞戰役》（金城書房，昭和十七年）[5]的譯者之一。這樣看來，他是巴多格里奧派嗎？還是他投奔了納粹德國領導下、由法西斯黨殘黨成立的義大利社會共和國（所謂薩羅共和國）？——我做了各種調查，但很遺憾，所知僅這些而已。

順帶一提，德國奧托大使的下場很悲慘。刊行這期《寫真週報》時，佐爾格事件[6]尚未揭發。信賴理查·佐爾格並將其聘為私人顧問的奧托大使，在昭和十六年（一九四一）十月事件揭發後隔年，其駐日大使一職遭解聘，戰爭期間他似乎待在北京。想必烏爾蘇拉姐姐也在北京深深感嘆著調職的悲哀吧！

另外，獲贈墨索里尼親手簽名照的「樞軸名畫家」荒木十畝在昭和十九年（一九四四）九月病歿。明子小姐則行蹤成謎。作為日德義反共協定象徵而成為《寫真週報》封面的三位女孩，到底迎來了什麼樣的戰後呢？

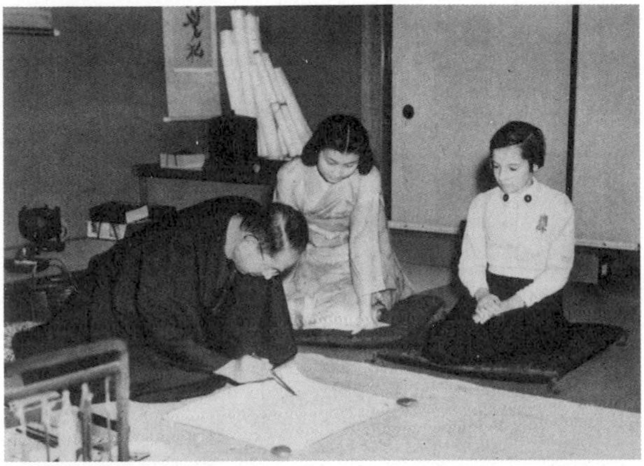

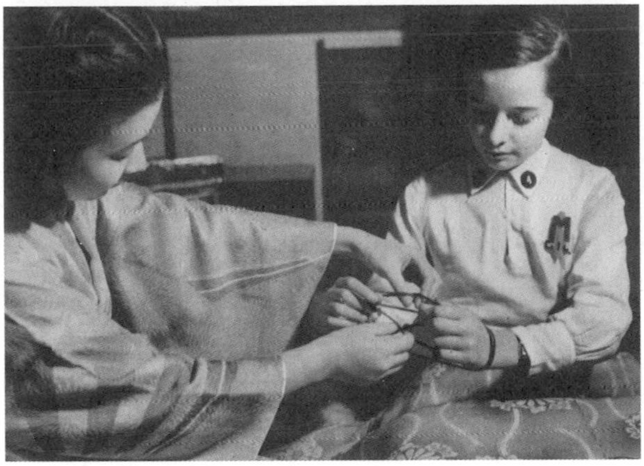

上：「名畫家畫完菊花的輪廓後，筆尖不斷滲出葉子。此一妙技讓小客人如癡如醉」。
下：「溫暖的暖桌也很稀奇，不斷改變形狀的毛線也很稀奇」……攝影師只顧著拍法蘭雀絲卡。沒辦法，實在太可愛了。
右頁：《寫真週報》第151號，昭和16年（1941）1月15日。

「不是父親該做的事」

政府公報《寫真週報》的封面裡，每期（若第一頁是天皇照片時，便會移至封底）都刊登名為「時間的立牌」這種說教系皇國詩的專欄，簡直是令人語塞的政治宣傳：

前途無量
我們的子孫一定可以過著豐裕的生活
然而，這是給子孫的禮物
現在立刻，就想擁有它，
不是父親該做的事

——《寫真週報》二〇五號，昭和十七年一月二十八日

上文刊於開戰兩個月後，正是連戰連勝，舉國得意忘形的時期。我想原意應該想表達勝而不驕，不過「現在立刻，就想擁有它，不是父親該做的事」這種「逆耳話」讀來有點可笑。由此可窺見

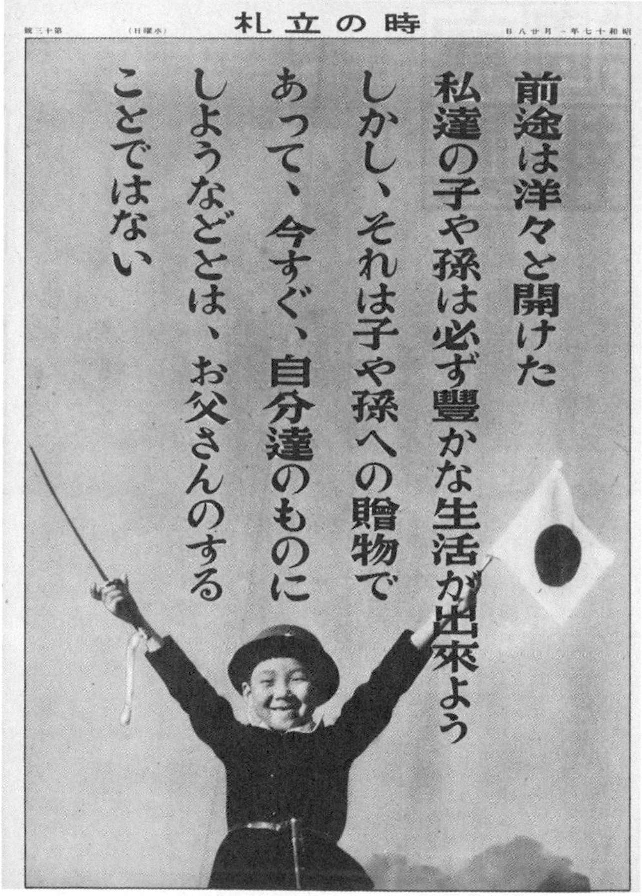

當時國民的心情，應該有許多「父親」是抱著「南洋的資源到手了，喔吔！」的想法吧。

與戰勝氛圍背道而馳的是，其實從昭和十七年（一九四二）一月起，便實施鹽、味噌、醬油的配給統制，及纖維製品的「衣料票制」。同年六月，中途島海戰大敗以後，十二月從瓜達康納爾島撤退，戰局日趨惡化。開戰不到一年，國民生活很快就處於物資匱乏的狀態。「戰時生活」、「決戰生活」等流行語充斥於各大媒體，一改首戰時那種「贏了！贏了！」的氛圍，反而日趨沉重，要求國民過著嚴苛耐乏的生活。此年十二月的「時間的立牌」是這麼寫的：

不能因為缺乏橡膠缺乏砂糖就動不動提起南方
南方建設就在我們的生活當中
——《寫真週報》二五〇號，昭和十七年十二月九日

……真是讓人感到無力的戰時口號呀！

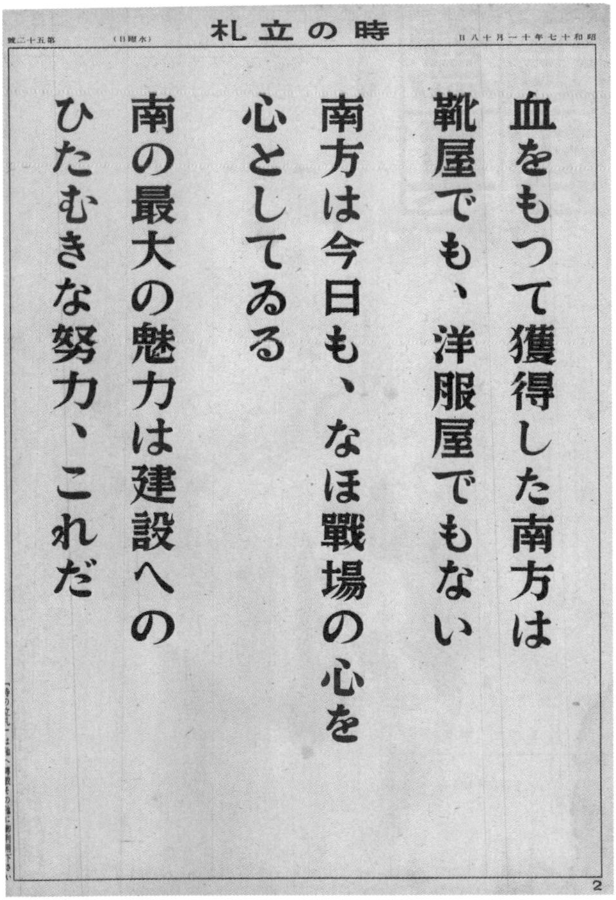

昭和十七年十一月十八日 (水曜日) 時の立札

血をもつて獲得した南方は
靴屋でも、洋服屋でもない
南方は今日も、なほ戰場の心を
心としてゐる
南の最大の魅力は建設への
ひたむきな努力、これだ

彷彿翻臉不認人似的，一改其態度而主張「不要太期待南方資源」的「時間的立牌」。《寫真週報》第247號，昭和17年（1942）11月18日。
右頁：「時間的立牌」，《寫真週報》第205號，昭和17年1月28日。

對南方資源的無限憧憬

隨著「大東亞戰爭」的爆發，日本社會的父親們對南方資源狂流口水，證據之一便是當時大量出版的各種「大東亞資源書」。若在國會圖書館資料庫檢索便會發現，其數量多達一百幾十冊。其中有一本名稱相當露骨的雜誌——《週刊大東亞資源》。昭和十七年（一九四二）七月創刊，正是那個「贏了！贏了！」而得意忘形的時期。其由日刊工業新聞社發行，是至今仍在營運的老字號新聞社。

看來是以生意人為對象的經濟雜誌，兼及海外進出的介紹，因此也附有當地民族風俗報告與歷史讀物等，頁數雖然不多，卻具有「經濟侵略綜合雜誌」色彩的雄厚內容。

我翻閱了手邊同誌昭和十七年十一月十五日號的目次，內容如下：

滿洲資源調查隊的回顧記錄　德田貞一

法屬印度支那的礦產近況　渡邊源一郎

江南之秋　下川集三郎

關於戰時輸送的強化　橫田安二

「圍繞資源」的阿拉斯加　史飯田諄

爪哇戰爭　水戶恒雄

德國佔領地工作日益展開　無署名

大東亞資源講座　金子恭輔

此外，還有「公布爪哇軍政的六法令」、「緬甸族與宗教性」、「紐西蘭知識」等海外短信，圖片則有「觀察喀族生態」（該族居住於安南

南洋はたからのくら

南洋經濟研究所　伊藤知晄

伊勢良夫（畫）

いま　日本の兵たいさんが、いさましいたゝかひをつゞけてゐる　南洋といふところは、日本がさかえるためにも、アジヤがさかえるためにも、またせかい中がさかえるためにも　なくてならないいろ〳〵なものがたくさんある、大きな「たからのくら」だといふことができます。

軍艦をつくるのにも、飛行機をとばせるのにも、自動車をはしらせるのにも、なくてはならない　たいせつな石油や、石炭や、鐵や、ゴム、錫などをはじめ、お砂糖やお米など、いくらつかっても　つかひきれないほど、どっさりあるのです。

この「たからのくら」から、いったい　どんなものが出たり、つくられたりしてゐるのか、これから　おはなしいたしませう。

◇ふきだす石油

「南洋是寶庫」，講談社繪本《大東亞戰爭》，昭和十七年（一九四二）四月。

右頁：《大東亞資源》昭和十七年十一月十五日號，日刊工業新聞社。

山脈）等，內容相當豐富。

貫徹所有文章的則是「哪裡有什麼樣的資源？是否有前瞻性？」這種冷酷的計算，從礦物到農作物，儼然是以產量的數字做成內文。

根據國會圖書館的資料，這本雜誌似乎刊行至昭和十八年（一九四三）年底。隨著戰局惡化，對大東亞圈資源開發的投資無疑已成畫餅。然而這些「大東亞資源學」的資料累積，是日本亞洲區域研究的開端。這些研究成果可說原封不動保留到戰後，形成了日本企業進出亞洲的基礎吧。

看來作為「資源戰」的「大東亞戰爭」並未於昭和二十年（一九四五）八月十五日告終。

教室裡的南洋

戰時的日本，不斷地將與時局同步推移的政治宣傳教材，提供給學校教育現場的媒體，就是廣播。專為學童聽眾播放的是，滿洲事變（一九三一）當時的時局啟蒙節目。其後，歷經中日事變、「大東亞戰爭」直到戰敗，都持續透過電波，將神之國的天啟傳送給全國的好孩子們。

看看昭和十七年（一九四二）的節目表，可見以國民學校為對象的節目包含了《日之丸之旗》、《日本萬歲》、《謝謝士兵先生》、《軍犬的功勞》、《軍艦生活的一天》、《獻給靖國英靈》等。《談談新武器》、《機械化部隊》、《滿洲通信》等則是針對稍微年長的朋友。另外，還有個名叫《環遊東亞共榮圈》的節目，看來很積極培養具有全球視野的皇國民。

在《國民學校廣播教育的實踐》（東京第一師範學校女子部附屬國民學校著，日本放送出版協會刊，昭和十八年）一書中，彙整了運用這些廣播教育節目的教案。舉個例子，我們來看看利用《南洋通信》（昭和十七年十二月十六日播放的節目）的課程，節目從「這裡是帛琉」開始，除了當地「國民學校兒童採收香蕉的聲音」（是哪一種聲音？）、「雷陣雨的聲音」與「談談水果」之外，也有合唱「皇國二千六百年」、「士兵先生啊，謝謝您！」等節目內容，讓聽眾充分感受到往南洋擴張的大日本帝國版圖，而收聽後的指導也很誇張。

教師詢問：「整體來說，你們強烈感受到了什麼？」數名資優生回答：「那裡的兒童擁有對天皇陛下的忠義之心，真令人感佩。」真是完美的劇情。據說課程的「目標」是「三十年間皇化普及，原住民過著幸福的生活，原住民從本來的裸體到開始穿上衣服」，由此讓學生感受到「日本國力的發展」。課程的總結則由教師引導：「說到南洋，原本以為是很遙遠的地方，但自從大東亞戰爭以來，感覺已經變得非常近了……未來將會愈來愈擴大。我們也更加地為國盡力吧！」若有人至今仍然認為讓南洋原住民穿上衣服的大日本帝國也做過好事嘛，這種人應該聽聽此節目，並再度為大御心的宏大感動落淚吧！

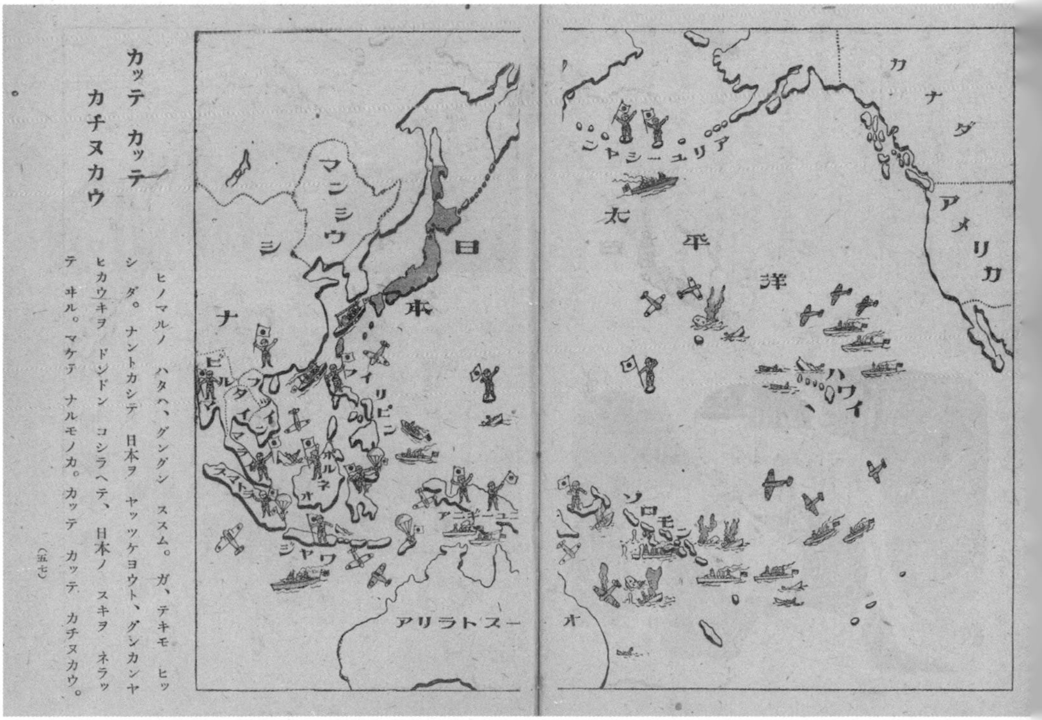

上：設置於雅加達當地人學校的二宮金次郎像。看到這張照片後，我深深感受到「侵略」就是這麼一回事。《寫真週報》第279號，昭和18年(1943)7月7日。
下：自幼便展開帝國廣大版圖的啟蒙教育。《好孩子之友》，昭和18年5月號，小學館。

從《標準支那語速成》看日本軍標準會話

隨著侵略中國，想必末端的士兵也得學習中文，因此出版了許多口袋版「支那語會話」之類的小冊子。因為拿到了昭和十三年（一九三八）浩文社出版的其中一本，便從〈戰爭・軍事用語〉這章來介紹幾個句子：

日本軍は世界中で一番強い／日軍是世界上最強[7]
支那は敗けた／中國打破了[8]

嗯，這些就是最基本的吧！下一個〈偵察〉的章節則很寫實。

「オイ止まれ」／瞎站住
「お前に訊ねる」／我問儞
「本統[9]のことを言はないと命を取るぞ」／儞不肯說實話把儞的命要了
「この辺に兵隊はいくらゐるか？」／這邊兒有多少兵

〈徵收〉篇也很誇張。

吾々は牛、鷄、家鴨等が必要なのだ／我們要豬牛雞鴨什麼的
今どんな野菜があるか？／現在都育[10]什麼青菜
あるだけ持って来てくれ／有多少給送多少來

不僅如此，〈訊問〉篇甚至還有……

お前は何という名だ／儞叫甚麼
何をしてゐるか？／幹甚麼
身体検査をする／搜搜儞的腰
お前は人夫に変　して軍状を偵察に来たのだらう／儞是化裝苦力偵察軍情來的
早く白状しろ／快招認
でないと銃殺するぞ／不然槍斃

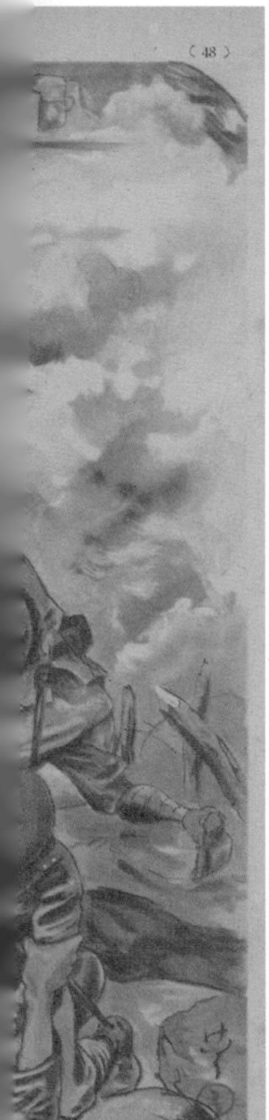

——這是什麼會話腳本啊！可以想像，皇軍士兵一邊翻閱這本會話帖，一邊結結巴巴地訊問，只要搞不清楚狀況就會怒吼：「不然槍斃！」真讓人不寒而慄。

左：《標準支那語速成》，浩文社，昭和13年(1938)。
下：「以煙攻擊碉堡」，引自講談會繪本《攻陷漢口　皇軍奮戰畫報》，昭和13年。

廣播體操的帝國

在我家附近的公園裡，每天早上都有人做體操。我原以為廣播體操只有在暑假期間播放，所以在發現不是如此時感到很驚訝。據說這廣播體操的起源可上溯至昭和三年(一九二八)。我翻閱了昭和十五年(一九四〇)左右的政府公報《寫真週報》時，發現廣播體操的照片異常地多。

從昭和十七年(一九四二)七月二十一日到八月三十日為止，總動員了全國國民舉行「健民運動夏季心身鍛鍊運動」。根據當時《朝日新聞》的報導：

運動第一天，首先從九段靖國神社聖域播放小泉厚生大臣的激勵致詞，並以此為序幕。鍛鍊期間從七月二十一日到八月二十日，每日早晨在全國各地，無論神社、神宮、街頭等，全國民眾參加該地區舉行的「夏季心身鍛鍊廣播體操大會」，努力鍛鍊身體。

最令人驚訝的莫過於暑假期間，全國國民被迫每天早上做廣播體操，這實在令人難以忍受啊……。這種事日本史教科書沒寫呢。我想，當時應該還有點名卡，並由里長、鄰組組長蓋章吧。好個荒謬的國家！

將於第一天的(七月)二十一日早上五點四十五分起，以靖國神社境內為中央會場，小泉厚生大臣將在集合的市內廣播體操會員、鄰組、社區幹部等三萬人面前發表十分鐘的激勵致詞：「請各位抱著與

在大陸、南方超越生死而奮鬥的將兵們一樣的心，努力鍛鍊吧！」接著，由穿著英勇體操服的武井厚生次官，透過麥克風跟著伴奏，「一、二、三」，如此精神抖擻地發出廣播體操號令來帶領全國國民。

——似乎是如此。這是七月十九日的報紙，其對於後天即將舉行的中央集會場面，事先描繪好厚生次官「穿著英勇的體操服」，所以是瞎扯囉，寫得好像已經看過了一樣。

話說，將靖國神社用作廣播體操的中央會場，在一大早聚集三萬人，真是驚人的畫面啊。靖國神社作為國家級活動會場的定位實在耐人尋味。同時，厚生次官大叔穿著一身運動服發號施令，光想就讓人覺得毛骨悚然。

昭和十六年（一九四一）夏季舉行的國民廣播體操大會，名為「興亞奉公心身鍛鍊廣播體操大會」。此時的參加人數共有兩萬人（主辦單位統計）。《寫真週報》第一八一號，昭和十六年八月十三日。

右頁：《寫真週報》創刊號，昭和十三年（一九三八）二月十六日。「仰望日之丸、富士山，小國民在大自然中躍動的健康節奏。鍛鍊吧！身體！提升吧！心！……」附有這種輕快的說明文。

廣播體操與大東亞共榮圈

大東亞一齊放送廣播「一、二、三」

　無論是菲律賓、香港、爪哇、關島還有緬甸，現在廣播體操與內地一樣，是健民運動的第一線。

「沐浴著升起的晨光……」

　由盟主日本播放的廣播體操，共明朗的歌聲，連結了這廣大共榮圈的各個區域，此時大東亞名符其實成為一體，正展開很有魄力的體育演練。

　電波發散著希望與健康的禮物——原住民們顯然很瘦弱的身體，不久後將因廣播體操的普及，與建設的步伐一致而日益提升吧。共榮圈的確立真可說是從廣播體操開始。

——《寫真週報》第二五〇號，昭和十七年十二月九日）

　廣播體操隨著戰爭輸出到亞洲各國。「原住民們顯然很瘦弱的身體」這種高傲的用詞真讓人受不了，也明確展現了站在大東亞共榮圈階級頂點的「盟主」日本是如何看待亞洲。

　時間稍微往前，更誇張的是《家之光》昭和十四年（一九三九）五月號刊登、附在中國廣播體操照片上的說明文：

　一、二、三、四……，自以為已經成為日本人的支那人，很開心地到處做著日式廣播體操。

　自己輸出廣播體操，強行推銷給中國人民，怎麼可以說是「自以為已經成為日本人」！值得注意的還有，廣播體操受到利用，成為「連結了這廣大共榮圈的各個區域，此時大東亞名符其實成為一體」的手段。我以前還真的不知道，每天早上「盟主日本」（！）都向著大東亞共榮圈播放廣播體操呢，簡直是電波的「八紘一宇」。原來帝國主義・日本偏愛廣播體操是有原因的。

「廣播喊一、二、三」，《寫真週報》第250號，昭和17年（1942）12月9日。

謎樣的「熱帶進出力」

據說建設「大東亞共榮圈」的重要課題之一是，「日本人能否生活於熱帶？」在洋溢著「贏了！贏了！」之浮躁氛圍的戰爭初期，大量出版了以移住南洋者為對象的「南方導覽」，由於想在南洋大撈一筆的人數不少，想必很多人在意熱帶生活是否沒問題吧！

從事這項研究的，是撰寫《日本人的熱帶適應性》（太平洋協會編，六興商會出版部刊，昭和十八年二月）的中山英司醫學博士。照理說，耐熱程度因人而異，但他竟然概括為「日本人」的生物學式環境適應能力問題，真厲害。該書的關鍵詞是「熱帶進出力」這個不可思議的力量。

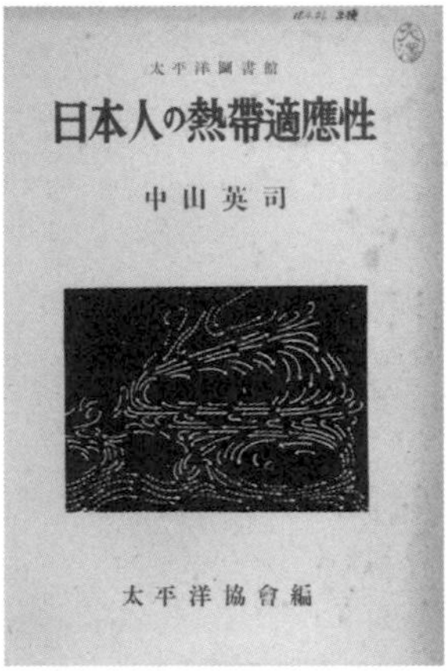

> 日本人若不能活躍於熱帶，就無法期望今後國運有所發展。日本人有無熱帶進出力，直接影響了大東亞建設的成果。在戰鬥力上，已向全世界展示我民族的優越性，這也必須同樣發揮於熱帶進出力。

他開宗明義這麼宣示，等於是命令凡日本人就「必須具備熱帶進出力」，而應該有很多怕熱的人心想，「這下子事情大條了」吧！

中山博士為了以科學驗證日本人的熱帶適應性，對住在帛琉島、塞班島的二一八八名日本人實施了「身體檢查、體力檢查、精神測定、智能檢查、性能檢查」，並收集許多相關訪談。啊！對了，所謂「性能」指的並不是生殖能力，而是手指靈敏度等測驗，請別誤會。

其結果中，值得一提的項目是南洋日本人的「精神狀態」。

> 無法專注／厭惡苦勞（客觀來看

是狡猾）／時常抱著不勞而獲的心態／沒有國家觀念／缺乏教養／動作遲鈍

他一一列舉了這些特徵。與其說是調查結果，不如說是一連串主觀的惡言責罵。「時常抱著不勞而獲的心態」、「沒有國家觀念」，我覺得是非常棒的樂活呀，但這份報告顯示，這對亞細亞盟主大日本帝國來說，卻是一種「天哪！」的傾向。中山博士甚至特別針對「缺乏教養」這點寫道：「與其往來的話，應該會不愉快吧！這是讓有教養的初次渡航者心裡蒙上陰影的原因之一。」看來博士與當地日本居民之間應該發生了什麼不愉快吧。這也是讓人感到「天哪！」的菁英私怨。

「昭南神社鎮座祭」的場景。《寫真週報》第246號，昭和18年（1943）3月24日。
右頁：中山英司著《日本人的熱帶適應性》，太平洋協會編，六興商會出版部刊行，昭和18年。

日本文化的尖兵

大正六年(一九一七)開始販售的丸善雅典娜墨水，是至今仍在販售的經典款鋼筆墨水。在「大東亞戰爭」剛爆發時，這個墨水的廣告連續刊登於《學生的科學》(誠文堂新光社)，真是不堪的玩意兒。

第一張圖片刊登於《學生的科學》昭和十七年(一九四二)七月號。一瓶小小的墨水，竟與我無敵皇軍一起「無敵登陸」，真是被它打敗了。而且還毫不掩飾地自稱為「日本文化的尖兵」，這也有很強的震撼力。果然如父親所説！原來真的有文化侵略啊！

第二張圖片刊登於該誌昭和十七年十月號。雖然將「日本文化的尖兵」改為「文化使者」，但意思還是一樣呢。眼前宛如浮現了登陸的「日本文化」正騎著大象前往內陸、再往內陸逐步進擊的畫面。

第三張圖片刊登於該誌昭和十七年十一月號。隨著戰局勝利而由進擊轉為支配，為了「日語進駐」＝普及日語，墨水的工作好像也變忙碌了。真是好赤裸裸的帝國主義系列廣告啊。

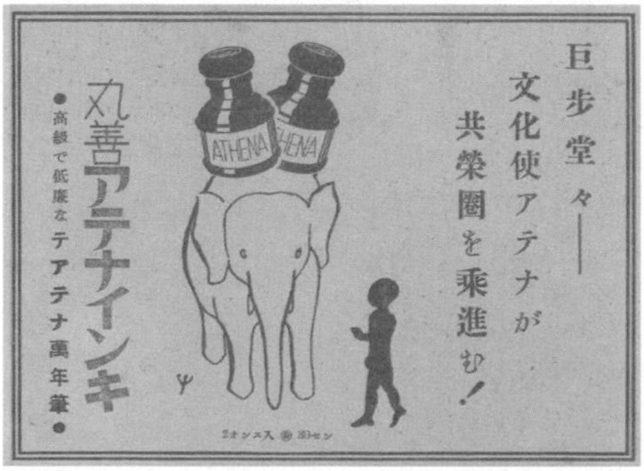

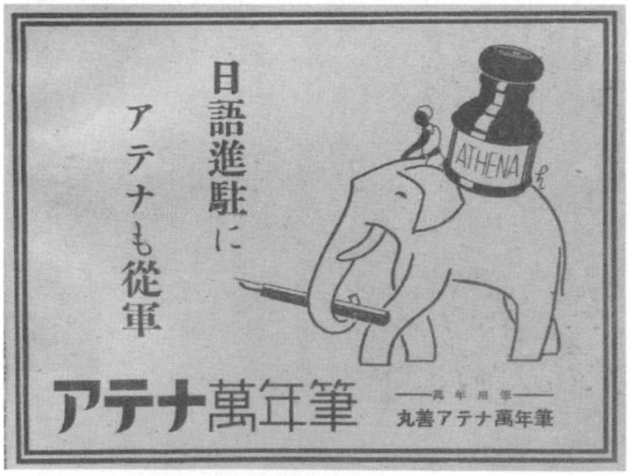

由上至下：《學生的科學》昭和17年(1942)10月號、昭和17年10月號、昭和17年11月號。

四、終將贏得勝利的決戰生活

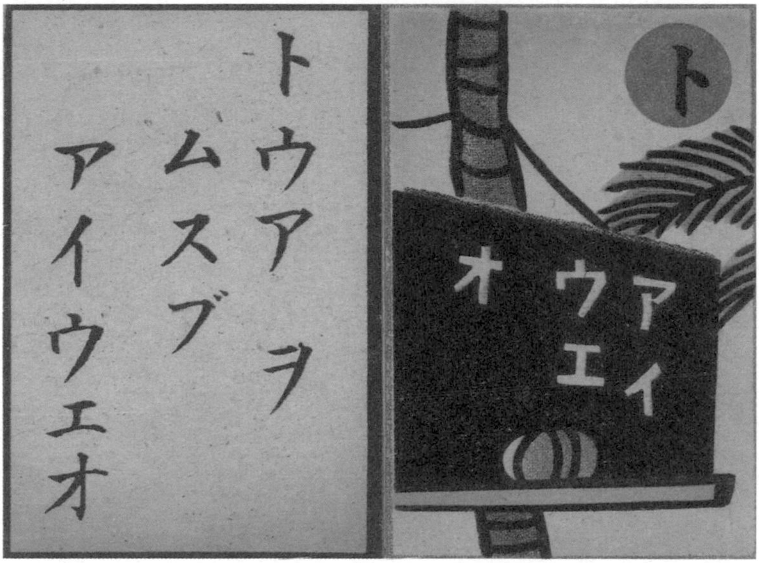

《主婦之友》式的決戰生活

空襲終於開始了，在配給物資逐漸匱乏的昭和十九年（一九四四）前後，《主婦之友》雜誌不厭其煩地「提議」各種決戰式銃後（戰線後方）的生活型態。其與時局關係密切，光從排列出來的特輯標題，便能窺見「大東亞戰爭」的戰況。

這種漸漸邁向自我滅亡的激動情緒，不禁令人想畫個逐步攀升的曲線圖。每個標題都只是膾炙人口的時局用語加上「生活」，全是些莫名其妙的詞彙。不過，若從煽動空洞氛圍的「言靈」（編按：語言所具有的神奇力量）技術來看，可說達到了神乎其技的境界。

自昭和二十年（一九四五）起，《主婦之友》開始企畫一些根本是自暴自棄、莫名其妙的特輯，如「勝利的全力以赴生活」、「勝利的努力生活」、「勝利的特攻生活」等。順帶一提，該雜誌在昭和二十年四月號以「一億總特攻的生活」為題，刊登了矢野常雄防衛總司令部參謀・陸軍中佐的談話。

> 請各位想想特攻隊勇士母親、夫人的事。她們很樂意把自己最重要的孩子、夫君獻給國家。我希望這場戰爭結束後，也能制訂除了華族之外的「特攻族」；無論如何，只要一想到這些人，應該就不會產生獨善其身的想法或行為吧。從今天起，徹底丟棄一身一家的物欲吧！

總之，所謂「特攻生活」，似乎就是「徹底丟棄」個人利害。姑且不吐槽這算哪門子「特攻」，但繼「華族」後創設「特攻族」的構想簡直令人啞然失笑。在戰敗已迫在眉睫的時刻，不但對其自身的軍人責任毫無反省，還呼籲一億總特攻的精神，這種沒有神經簡直到了

右上：「為了勝利的戰爭生活」，《主婦之友》昭和19年(1944)5月號。
中上：「敵前生活」，《主婦之友》昭和19年10月號。
左上：「突擊生活」，《主婦之友》昭和19年11月號。
右下：「一億特攻生活」，《主婦之友》昭和20年4月號。
中下：「勝利的全力以赴生活」，《主婦之友》昭和20年(1945)1月號。
左下：「勝利的努力生活」，《主婦之友》昭和20年3月號。
右頁：「勝利的特攻生活」，《主婦之友》昭和20年7月號。

無藥可救的地步。揮舞著這類「特攻」權威主義的劣根性，經過戰後六十餘年，至今仍連綿不絕，像巴甫洛夫的狗一樣，只要聽到「特攻」就情不自禁地感動落淚的前首相等，甚至帶有陽具文化思維的前東京都知事[1]，靠自己的一廂情願製作了「特攻」電影。然而，在知覽（特攻平和會館）裡像笨蛋一樣熱淚盈眶前，是不是應該先好好認清大日本帝國其實是連國民都無法保護的卒仔啊。

母親的教育諮詢

《主婦之友》雜誌設有「母親的教育諮詢」專欄，這是可以窺見當時部分教育情形的貴重資料。昭和十九年（一九四四）四月號刊登這篇迫切詢問的投稿：

美國出生的十四歲長男——要如何引導他呢？

問：美國出生、十一歲時回日本的長男，去年未能成功進入中學，現在就讀高等科一年級。這個孩子很聰明，三歲時就能背誦教育勅語，但歸國以來，因為受到無同理心的校長、脾氣很差的訓導刁難而失去了學習的興趣。應該如何引導他呢？（谷子）

答（答覆者霜田靜志老師）：認為小孩今天這副模樣全是老師的責任是不對的。……回國後，儘管您認為做了足夠的日本式教育，但小孩的心裡仍殘留美式的東西，這可能是被老師們嫌棄的一大原因。真正日本式的心態，是從小在日本式的環境與傳統裡不知不覺養成的。請您好好反省孩子不足之處，勿怨恨老師……請您也好好教導孩子，以進入中學為目標而前進。

三歲左右的小孩，不管是誰都很像神童，以後都會變凡人，所以不要太在意。——若是現在的話，會這麼回答吧，但她運氣太差，回答者是絕不反抗上司、奴隸根性深入骨髓的人。

答覆者霜田靜志（一八九〇—一九七三）是兒童輔導的先驅，也是實踐自由教育著名的兒童心理學者。直至今日，其戰後的著作《孩子的自由與教養》、《實踐不責罵教育——對孩子的愛與理解》，仍是兒童教育的經典，深受好評。但他在戰前竟然做了這種荒謬的答覆……。

「但小孩的心裡仍殘留美式的東西，這可能是被老師們嫌棄的一大原因。」真是過分的說法。說到底，根本不知道霜田所謂「真正日本式的心態」究竟為何物？竟然

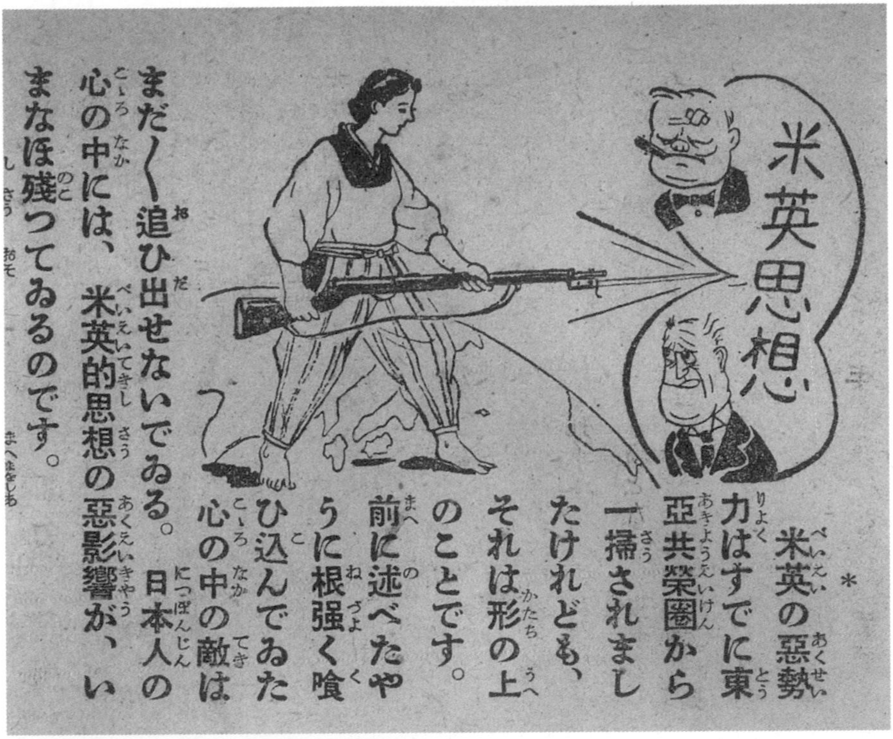

上：「打敗心中的美英思想吧！」《主婦之友》昭和18年（1943）1月號
下：《主婦之友》昭和19年（1944）4月號

可以用這種很含混的標籤來寫教育處方籤。沒有具備這種不可思議的「心態」，就被說成是「孩子的不足之處」，做母親的應該很困擾吧。意思是說，在當時的日本，只要出生地點不同，儘管受到教師的刁難，也得默默忍受並「反省不足之處」吧！

神靈附體皇道營養學的犯罪

〈日本絕不會營養不足〉這篇很奇妙的文章刊登於《婦人俱樂部》昭和十九年（一九四四）六月號。當時已嚴格限制配給食糧，而銃後的母親們則拚命在黑市或到鄉下採購，以籌措家庭的營養來源，甚至餵食嬰兒「蝗蟲粉」。光從標題來看，這篇很像妄想電波之類的東西。

這篇奇文的作者是醫學博士．教學鍊成所鍊成官杉靖三郎（一九〇六－二〇〇二年）。順帶一提，「教學鍊成所」是以「天皇機關說」事件為契機，由勅令設置的國民精神文化研究所發展、改組而成。它在政治、教育、勞動、大眾媒體等國民生活的所有面向上，引導著神國日本意識形態的大宣傳，是個相當荒謬的研究單位。

「日本絕不會營養不足」……我原以為，該不會是找到了新的食糧來源吧？結果竟是：

「我國自古以來便知曉減少食物乃健康之道，也是勤勞之道，『修身』應先從節制飲食著手。」

「我國武士道所磨練的飲食生活威儀，乃建立於『武士窮餓也是悠

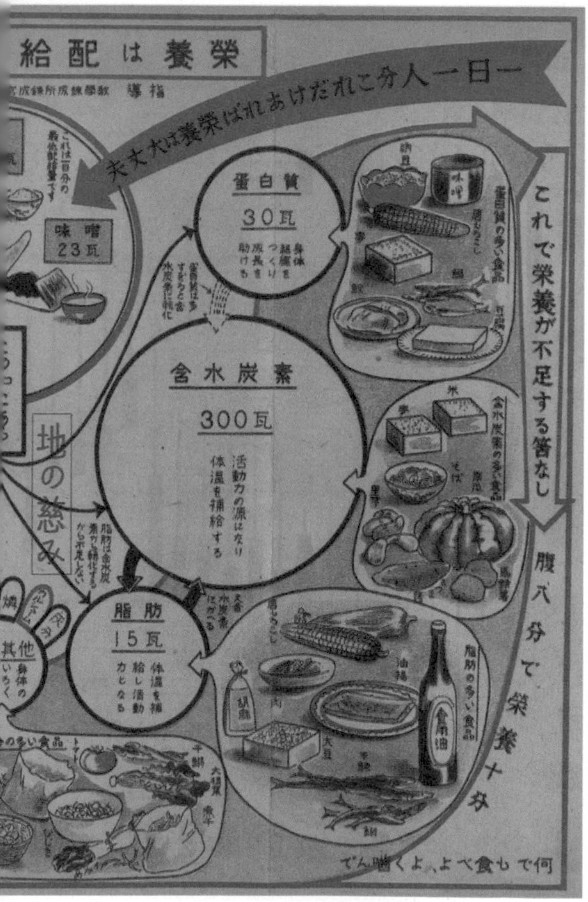

哉姿態』、『餓肚子也面不改色』等對口腹之欲的克制。」

咦？這不就是「勸餓」[2]嗎！

根據杉博士的高見，過去的營養學是偏重肉食的西式學問，從日本營養學的見地來看，無論粗食、少食，日本人皆能忍耐。什麼跟什麼啊，只不過是將「營養不足」的基準降低而已嘛。這種皇道營養學當道，害得忠良臣民餓到都快變成「肉身菩薩」了。

杉博士說：「其實不足的不是食糧，而是對食糧的反省。也是對飲食的巧思。」、「日本人……無論戰爭持續多久，絕不用擔心營養不足的問題，而能淡定地繼續努力。」要國民靠精神力克服空腹，永遠戰鬥下去，真是偉大的日本精神主義啊！也許他是吃棉絮拌醬油吧！

戰後這位荒謬博士依舊相當活躍，除了醫學專著之外，也寫了不少書，如《高雅的性愛》、《從照片看性生活技巧》、《杉靖三郎的知性性愛論》等。原來口腹之欲需克制、下腹之欲得高雅。嗚呼！

「營養只靠配給便足夠」之圖。《婦人俱樂部》昭和19年（1944）6月號。雖說「只靠配給便足夠」，但因為配給之物時有時無，應該不能這麼大膽斷言吧……。不過值得注意的是，配給的內容與份量，都市和農漁村有很大的差異，因此配給量不能一概而論。

大政翼贊會式的結婚典禮標準

我手邊有本名為《婚喪喜慶的新樣式》的不可思議文書，由名古屋市與大政翼贊會名古屋市支部共同發行，時間是「大東亞戰爭」即將爆發的昭和十六年（一九四一）十月。

名古屋市的官員與大政翼贊會竟連婚喪喜慶的作法都要插嘴，真是有夠雞婆。這是一本閱讀前就令人火大的文書，而他們發想的「顯揚我國獨特家族制度美風」的新式結婚儀式，究竟是什麼樣子呢？

（1）相親：（甲）相親地點選在自宅、媒人的家庭，或與此類似的地方。在劇場、料亭等華麗高調的氛圍下相親，有違建立永久踏實和睦家庭的精神，而且較容易看到對方的缺點，因此往往沒有好結果。

喔喔，原來如此！相親要避免去劇場、料亭，我來做一下筆記……，嗯——關你屁事啊！

（5）結婚儀式：舉行儀式時一

定要遙拜宮城，而且不可忘記在神前、佛前向祖靈報告。在我國，結婚不單是一己私事，而是繼承祖先偉業，並將此傳承給子孫，以扶翼天壤無窮皇運的公事。

什—什—什麼！原來我神國日本的結婚，已變成「繼承祖先偉業，並將此傳承給子孫，以扶翼天壤無窮皇運」的咒術儀式啊！

此外，這份文書還充滿了諸多奇妙的規則，如「相親照片、新郎新娘紀念照須六寸以下」、「盡量取消蜜月旅行」等。紀念照的尺寸倒無所謂，但實在無法接受取消蜜月旅行！立即要求撤回！……但我這麼激動也沒用，這個「取消蜜月旅行」的命令，可說是我日本遺臭萬年的白癡公文書吧！

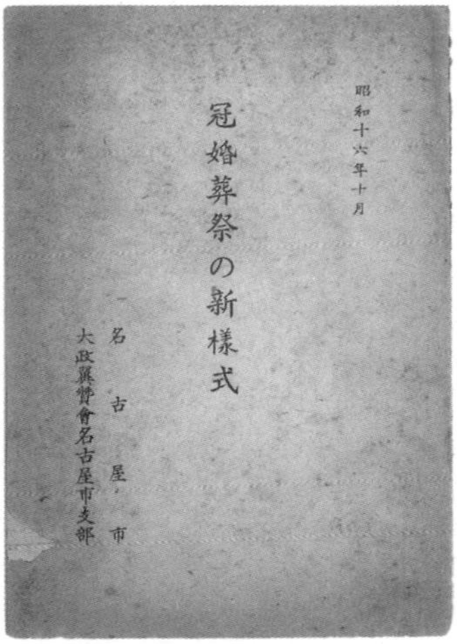

《婚喪喜慶的新樣式》，名古屋市．大政翼贊會名古屋市支部，昭和16年(1941)10月。
右：〈今後的結婚如是辦〉，《寫真週報》第218號，昭和17年(1942)4月29日。該文呼籲「互相交換健康證明書吧」。以健康檢查確認身體的健康，並由「優生結婚相談所」發行「結婚資格證明書」。竟然有「結婚資格」這種東西，好個惡托邦啊。

在空襲下育兒

在空襲下育兒是當時最迫切的問題，像是〈空襲下孕產婦須知〉（《主婦之友》昭和二十年一月號）、〈生產與空襲不能等〉（《主婦之友》昭和二十年四月號）、〈嬰兒也穿上防空服裝〉（《婦人俱樂部》昭和十九年十月號）等，也有不少很實用的文章，如：在濕氣重且陰冷徹骨的防空洞裡生活如何保護小孩。

有關嬰兒的營養方面，〈代用乳（非奶類營養）的作法與餵食法〉（《主婦之友》昭和十九年十月號）、〈人工營養兒的大豆粉營養法〉（《婦人俱樂部》昭和二十年三月號）等文章，是很詳細的指南。若讀一讀當時母親們的苦勞，則會讓人想哭。順帶一提，所謂「代用乳」是炒米、小麥、大豆等的粉末，加上柴魚鬆、魚、蝗蟲、幼蟲等的蛋白質，以及蔬菜乾、砂糖、鹽等，再以熱開水沖泡。嗚呼！

當然，也有徹底發揮皇國日本拿手的無用精神主義者，如《主婦之友》〈戰時下孕婦的使命〉、〈孕婦的精神鍛鍊〉（昭和十八年九月號）、〈戰勝敵國美英的母親吧〉（昭和十八年十月號）、〈在「育兒生活」上戰勝敵方吧〉（昭和十九年八月號）等標題躍然入目，可見大叔軍人的說教系荒謬育兒論正大行其道。

在空襲即將猛烈展開的時期，甚至出現了這種不負責任的說教：「防空不只是讓小孩免於受害。只有成長於戰場的小孩，才能有活生生的戰鬥體驗，並將此作為基礎加以活用，以便將來成為國家的強兵，上戰場效命。不可讓小孩害怕戰爭，更不可讓他們抱著盲目的和平思想。以空襲為戰時下精神鍛鍊的鐵砧並加以活用，我深信，這種為人母

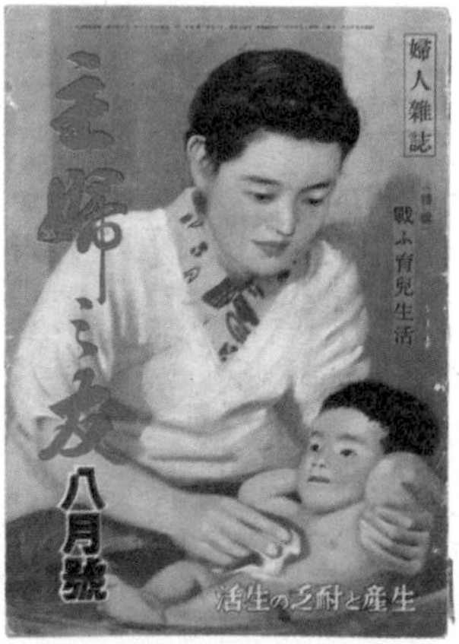

的態度，就是『兒童防空』的根本。」（《主婦之友》昭和十九年八月號）讓人一眼看穿，這是敗北局面的逞強，甚至已經超過不肯認輸而達到價值顛倒的地步了。

我想，被強加這種「空襲體驗」的母親與嬰兒應該都受不了吧！

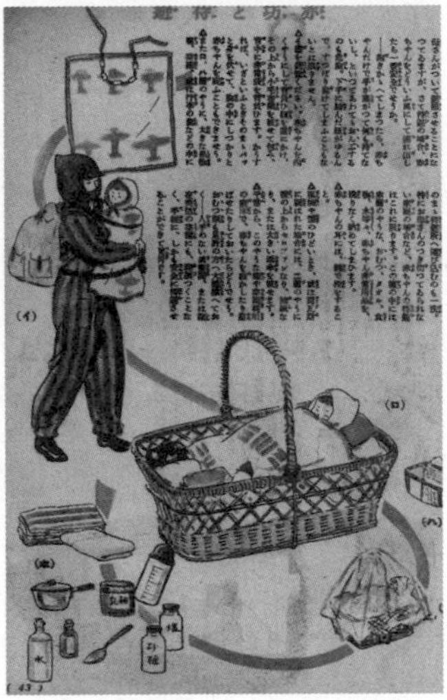
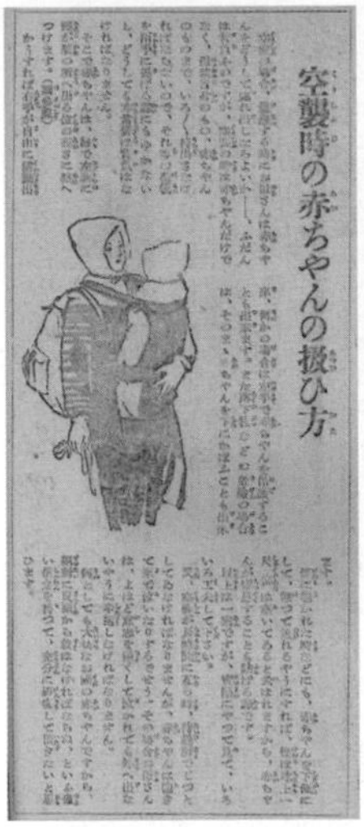

空襲時の赤ちゃんの扱ひ方

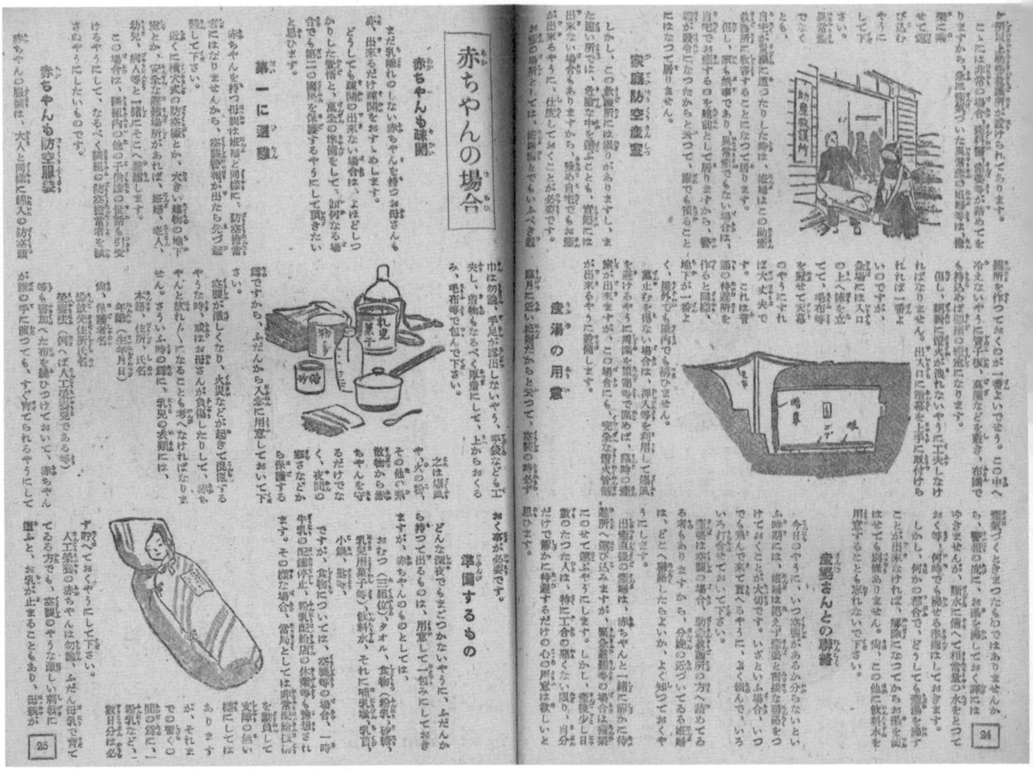

赤ちゃんの場合

赤ちゃんも疎開

第一に退避

赤ちゃんも防空服装

準備するもの

家庭防空壕

産湯の用意

産婆さんとの聯絡

右上：引自《主婦之友》昭和19年(1944)8月號，空襲時抱著嬰幼兒避難方法之圖。

左上：引自《婦人俱樂部》昭和10年(1935)10月號，避難時懷抱嬰兒的方法。

下：《婦人俱樂部》昭和19年10月號，很詳細地解説嬰幼兒避難必備之物等。

右頁：《主婦之友》昭和19年8月號，特輯是「戰鬥的育兒生活」。

取得廚房戰爭的勝利吧！

《婦人俱樂部》在昭和十九年（一九四四）八月號刊登了一篇短文〈廚房戰爭的取勝之道〉。作者是東京帝國大學工學部航空原動機學科教授・工學博士富塚清。他是日本開發原動機的先驅，戰後投入二行程循環引擎的研究，與本田宗一郎並稱為日本機車開發之神。

「銃後也是戰場」的狀況日益深化，以往被視為銃後裡最後方的廚房工作，也進入了名符其實的戰爭狀態。

然而，儘管用寫的、說的努力提倡「廚房戰爭」，也難以產生真實感，我認為這就是廚房戰爭的特質。最關鍵的原因在於看不到敵人的蹤影。

「看不到敵人的蹤影」是理所當然的，說到底，根本就不存在「廚房戰爭」這種「戰爭」吧。

只要把眼睛——不是肉眼，而是心眼——轉向日本之外，就可以清楚看到對手。敵人不外乎就是敵國美英的主婦等。

出現了！大日本帝國最終偵察武器——「心眼」才看得到的敵人，而且對手是美英的大媽們……。真是個壯烈的超自然戰爭。

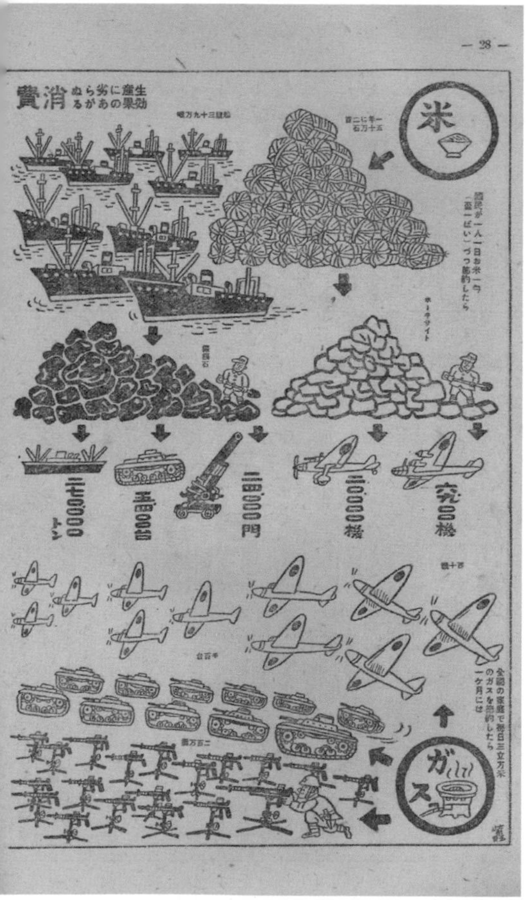

諸位大姐們的敵人已經很明確了。……然而，與美英的主婦為敵時，以為做到那種程度就算勝利了嗎？……因為我聽說，她們從家庭裡產生更多更多的餘裕，直接為軍需生產方面提供了很大的助力。她們利用在家事節省的時間，學習了比諸位大姐還厲害的科學與技術……我想諸位大姐也聽過，像航空工業等，有近百分之五十以上出自於她們之手。

總之，他想說的是，將隸屬於家事的女性勞動力（特別是「主婦」）動員到戰爭體制中，其多寡決定了「廚房戰爭」的勝負。這就是富塚博士硬擠出「廚房戰爭」這個「奇戰」的問題意識。

在這個國家總力戰的時代，就連設在家庭最深處的廚房都是戰場，婦人則成為「廚房戰爭」的士兵——這種現代戰爭的本質，透過博士的言論，可說是顯露無遺。

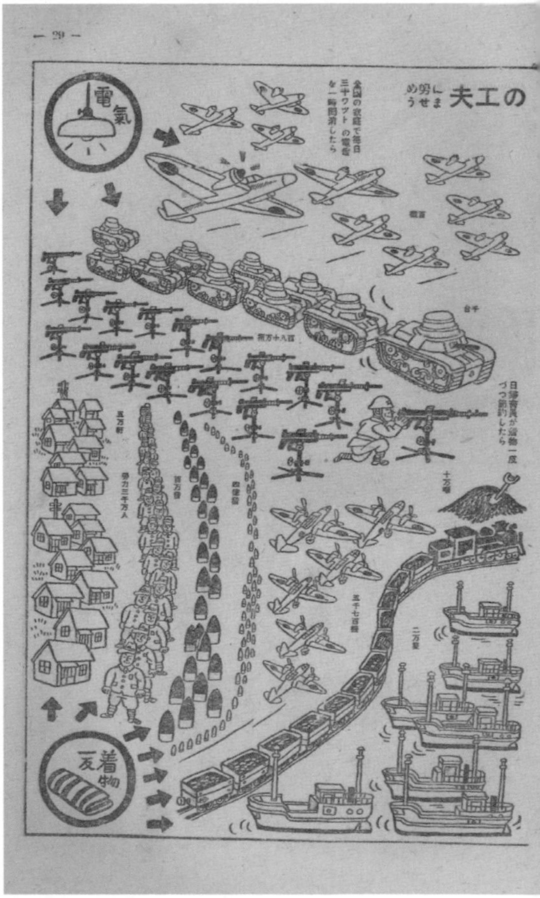

右：圖解藉由主婦在消費方面所下的工夫，便能將這麼多軍需物資送往戰場。推薦四個「工夫」：米、瓦斯、電力、衣物。《日本婦人》昭和十九年（一九四四）四月號。
下：引自《婦人俱樂部》昭和十九年八月號「廚房戰爭中的日美主婦」之圖。好恐怖！真不想捲入這種畫面裡。（笑）

將廚房要塞化吧！

「將廚房要塞化吧！」在本土空襲已迫在眉睫的昭和十九年（一九四四）夏天，《主婦之友》八月號的封底出現了這樣的口號。

「廚房」防護對策要綱

為了將「廚房」業務發揚到最高的境界，同時無論遭到什麼樣的空襲或災害也能確保其機能，應該要藉由整備及防備「廚房」，將「廚房」徹底武裝化。

「廚房的武裝化！」真是讓人讚嘆不已啊。內文中附有以下淺顯易懂的解說：

廚房是掌管一家營養的重要作業場所，更是帶給全家希望與元氣、迎接明日快樂勞動的「原料」工廠。因此這個重要的廚房，在空襲之下也必須徹底防護。「廚房的要塞化」就是負責人——主婦最迫切的重要業務。

「全家明日快樂勞動」，以防空指導的前言來說，是相當少見的開朗口吻。「希望」、「元氣」等是昭和十九年（一九四四）時很少使用的詞彙，但竟出現在這樣的文章裡，實在令人驚訝。

這篇文章的內容是，因為廚房集中了電力、瓦斯、油等容易起火的要素，所以平常須勤於整理、清潔以備空襲，如前述引用的「廚房業務」這種不知是軍人用語還是官方用語的珍奇概念都出現了。**廚房正是主婦的決戰場**。因此主婦平常在廚房的工作不外乎是主婦特有的防護訓練。

如此，試圖將「廚房要塞化」的同時，也須開朗、明亮且快樂地為每日炊事下工夫。

「廚房要塞化」這個口號，本身就說明了可惡的敵國美英已迫近我們頭上，主婦頂多只能守護自己的城堡，戰況已經惡劣到這種程度了。儘管如此，軍部直到文章的最後一行都不認輸，還畫蛇

左上：「廚房的防空」，《主婦之友》昭和19年(1944)8月號封底。
右上：「警報下的廚房」，《主婦之友》昭和19年9月號封底。
下：「生活戰爭」之圖。在主婦哺乳、裁縫的房子外面，處處是悽慘的戰場。本圖說明了「到處都是戰場，一切的生活都是戰爭」。房屋裝上坦克車履帶以輾過敵人，好驚人的景象啊。《日本婦人》昭和19年4月號。

添足地加上「開朗、明亮且快樂地」這種雞婆的話。

這期八月號出刊一個月後，《主婦之友》九月號的封底附圖介紹了「警報下的廚房」。此圖顯示，照理說廚房是「主婦的決戰場」，已經好好地「要塞化」了，但婦人們卻只能勉強帶著避難袋與食糧逃離。看來，軍部的天真僅維持一個月就被迫大幅修正方向了。

決戰型襯衫

家人的衣服由母親製作——或許在今天看來令人難以置信，但直到三十年前左右，這都還是理所當然的事。更何況在成衣從店裡消失的「決戰下」，如何拆解碎布或破衣，重新拼湊成一件衣服呢？對此，婦人雜誌競相介紹製作的訣竅。

雖在戰時下，但昭和十八年（一九四三）仍有所謂的「時尚」。這張圖片是《婦人俱樂部》昭和十八年二月號刊登的「以碎布製作的拼接設計婦人用／少女用兩件式套裝」。好時髦啊！當穿著烹飪服的大日本婦人會成員在二重橋前高喊萬歲時，竟然還有女性可以享受這種「設計」的餘裕。

然而，此後雜誌上就不再出現「設計」這個詞彙了……，荒謬的事還在後頭；光從該誌挑選幾個主要內容來看，就有：「三、四歲男女防空服」、「少年少女戰時服」、「便利的婦人用戰時日常服」、「夏季決戰便服」、「夏季防空服全套」、「褲裙附綁腿的活動服兼防空服」、「防空頭巾兼作手提袋收納附屬品全套防空服全套」、「決戰型襯衫」、「必勝防空睡衣」（以上引自昭和十八年至二十年《婦人俱樂部》），羅列出名稱好厲害的服裝。它們全都是舊衣、舊布再製的衣服。這些戰時衣物，被定位為「主婦的衣料戰爭」，呼籲：「在今日衣料也是兵器。只要我們放棄訂作新衣，就能夠把所需的人手與材料轉變為兵器，這便是一種很大的貢獻。」（《婦人俱樂部》昭和十九年七月號）

順帶一提，所謂「決戰型襯衫」，是將「女校時代所穿、尺寸太小的舊襯衫添補碎布」，重新修改為腰身較寬的衣物。加上細皺褶掩飾接縫處，這種苦心讓人想流淚，但根本不知道「決戰型」究竟是哪一部分？令人意外的是，沒有內衣類，雖然有「以舊浴衣製作的男子下袴（＝內褲）」，但

右上：「以碎布製作的拼接設計婦人用／少女用兩件式套裝」，《婦人俱樂部》昭和18年（1943）2月號。

左上：「冬季婦人兒童用防空服裝全集」，《婦人俱樂部》昭和19年（1944）1月號。

右下：刊登於《婦人俱樂部》昭和19年6月號的「夏季決戰便服的製作方法」，似乎下了一些工夫，於是穿著短袖，帶著防空頭巾與長手套，也能搖身一變，立即轉換成防空服裝。

左下：引自「夏季決戰便服的製作方法」，介紹決戰便服的各種樣式。此處藉由主婦的設計與工夫，讓時尚有發揮的餘地。《婦人俱樂部》昭和19年6月號。

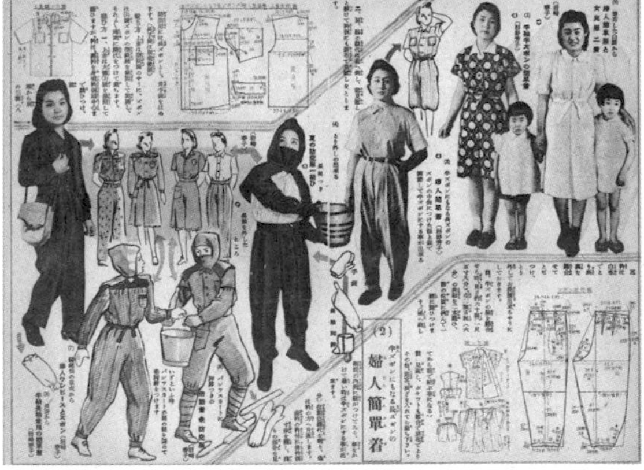

好像沒有「必勝胸罩」、「決戰型內褲」，可惜啊……

必勝防空睡衣

昭和二十年（一九四五）二月號的《婦人俱樂部》介紹了「必勝防空睡衣」的製作方法。比起「決戰型襯衫」，從名稱看來「必勝防空睡衣」就略遜一籌，但防空睡衣＝夜間遭空襲也能直接避難的「睡衣」，這種發想真不簡單。

此防空睡衣有三種設計：嬰兒用、兒童用、婦人用，彷彿可以看到在空襲中拚命保護幼兒的母親身影。這個「防空睡衣」是與防空頭巾一體的連身睡衣。其特徵是，當夜間空襲警報響起，立刻逃到外面也無需更衣。

大人用的還有鋪棉款，精心設計成直接穿著逃跑也不會擔心寒冷的款式。嬰兒用的則有「防空棉被」的配備，可立即以棉被包起來避難的優質產品——雖然如此，其基本宗旨都是為了方便避難。

不過，此「防空睡衣」的報導開頭竟然出現語調激昂的引言：

殘虐美鬼的狂轟濫炸不分晝夜，如今內地已成為血戰場。我們必須抱持旺盛的奮戰精神，守護天

皇之國。

做好萬全準備，夜晚安穩就寢，一旦敵機來襲，立即下床展開防空活動，在此介紹這種敵襲下的必備用品——必勝防空睡衣。

懇請重新檢視您的睡衣。並請您透過改造、更正來做好有事即應的準備。

引言隻字未提「遇空襲時如何逃難、如何防身」等詞彙，從頭到尾只強調這是款鼓舞「奮鬥精神」的「睡衣」。

由於「防空睡衣」的名稱總讓人覺得是被動的狀態，而凸顯了「敗戰」感，因此前面特地加上「必勝」。但這樣還不夠，於是又加了虛張聲勢的引言及毫無內容的煽動話語，只不過是這樣。

在此，大日本帝國特有的真心話與場面話顯露無遺，每天淨讀這些文章，肯定會瘋掉。無論如何，哪怕一個人也好，如果能靠這件睡衣保命的話就好了，但實際情形又如何呢？

赤ちゃん用 子供用 婦人用

必勝防空寝巻の作り方

▲残虐な米鬼の盲爆は晝夜の別なく繰返され、今や内地は血の戰場と化した。私共はあくまでも旺盛な敢闘精神を以て、すめらみ國を守り抜かねばなりません。

▲周到な準備を整へて、夜は安らかに床に就き、敵機来らば、直ちに跳ね起きて防空活動に移る敵襲下必備のものとして、こゝに必勝防空寝巻を御紹介いたします。

▲どうぞもう一度あなたの寝巻を御検討下さい。そして改造なり、更生なりして、有事即應の身じまひをとゝのへ下さい。

(1) 赤ちゃん用防空寝巻

突然、夜中に警報が出たら、お母さんは御自分と赤ちゃんの身拵へに、一層大騒ぎでせう。平常からこのやうな寝巻をお着せになつてゐれば、安心して熟睡も出来ませう。

日常は、頭巾をはづして手足を出して置きます。股下がたくさん明けてありますから、おむつの取換は樂に出來ます。火急の場合は頭巾を被せて、前につけた紐を締め、手足はすつぽりと中へ入れてしまひます。このまゝおんぶか抱つこして避難いたしますが、三つ四つ位でしたら、手足を出してこのまゝあんよ出來ます。

材料 表裏共、絣巾三米六十糎（九尺

右頁：必勝防空睡衣與防空棉被的裝備想像圖，《婦人俱樂部》昭和二十年二月號。
左：「必勝防空睡衣的製作方法」，《婦人俱樂部》昭和二十年（一九四五）二月號。

不為人知的國民服

戰後不久的大眾小說常見「穿著卡其色國民服的男人……」之類的描述，這可能是要凸顯某種人物形象——無衣可穿，於是仍繼續穿著戰時製作的國民服。那麼，國民服是怎麼樣的服裝呢？

《主婦之友》昭和十五年（一九四〇）十二月號的附錄「勅令新制定的國民服製作方法」，從國民服的由來到如何在家自製，都有非常詳細的解說。讓我們來看看吧！

這個「國民服」，原本是由昭和十五年十一月一日公布的「國民服令」所制訂。

第二條　國民服在過去一般是穿西裝及其他便服的場合穿著。
第四條　國民服禮服在過去一般是穿燕尾服、長外衣、晨禮服，以及與此相當的禮服之場合穿著。

國民服之於大日本帝國男子，彷彿取代了西裝等日常便服及燕尾服等禮服，而成為代用服裝。

該書卷頭如此宣稱國民服的性質：

從法律來制訂一般庶民的服制，無論在我國歷史或外國史上，都是前所未有的事。因此，國民服不應只是流行，或依個人喜好而任意製作，應該遵照勅令制訂的形式穿著，此乃國民義務。這與過去對服裝的觀念有很大的差異，穿著的男子們必須充分體認到這一點，而家庭成員的理解也是很重要的。

「遵照勅令制訂的形式製作並穿著，此乃國民義務」真是令人拜服啊，古今內外制訂國民制服的國家「是前所未有之事」……，這是驚人的統制欲與同調壓力，我們的祖先真的照單全收嗎？真是令人難以置信。

右上：將一般西裝改造為國民服是相當普遍的，《婦人俱樂部》昭和18年（1943）10月號。

左上：「據勅令新制定的國民服製作方法」，《主婦之友》昭和15年（1040）12月號附錄。模特兒穿的是國民服乙型（右，立領式）、同甲型（左，扣子解開後變成翻領式）。

右下：國民服較為人所知的是類似中山裝的立領式，其實還有穿在外面的「中衣」。如照片左上，領子是「袷」，《主婦之友》大讚：「將日本自古以來的傳統活用於現代。」不過……總覺得怪怪的。

決戰下的副業

雖說是副業……但並不是「上課、會議時偷偷進行的其他工作」，而是如今已變成死語[3]的「主婦等在家事空檔時做的有給職」。

戰爭時期，「儲蓄報國」的口號熱烈呼籲儲蓄，但因為現金收入不多而難以實行。因此在當局支持下，推動了「長期戰裡將贏得勝利的副業・家庭副業」。當時《主婦之友》在號稱「月薪生活者之妻的副業增加收入實驗」中，介紹了各式各樣副業成功的例子，讓我們來看看吧！

「縫上鐵盔用帽子的帶子——聽說在法屬印度支那地區，士兵們的鐵盔因太陽直射而灼熱萬分，因此於鐵盔上再套上一個類似斗笠的帽子。我的工作就是在這個帽子上縫上人造皮革的帶子與填寫姓名的白布。」（昭和十七年一月號）進駐法屬印度支那後，南方用軍需品的需求量急遽大增吧。完成一個帽子約需三十分鐘，一個工資四錢，月收入二十日圓（相當於現在的三萬二千日圓）。嗯。

「修補海軍的服飾——以縫紉機修補海軍士兵的工作服、褲子與帽子等的破損處，是個極為簡單的工作。」（昭和十七年三月號）此人月收入達三十日圓以上。但還有更厲害的！

「軍用扇子的穿孔——在貼合的扇子紙張之間，以篦穿製放入扇骨的小孔，三天就能學會。」（同前）她的月收入竟高達四十日圓，躍上了戰時副業界的「勝利組」。話說，所謂的「軍用扇子」是個奇怪的產品，文中說明，「大量生產送給南方戰線的士兵、印有東條首相筆墨

的日之丸扇子，讓我工作接不完」，我的天啊！日本軍部竟連這種事也耗費金錢與資源……。

「編製興亞袋——以玻璃紙編織有七寶紋的耐用美觀購物袋，最近甚至出口到南方各地。」（昭和十八年二月號）一天頂多只能製作兩個袋子，一個袋子工資五十錢，即使每天編製也不及軍用扇子。看來，隨著大東亞共榮圈的形成，日本大大小小的商品也很積極地輸出呢。

此外還有「飛機零件完工日給六十錢」、「縫製軍用水壺的袋子月入十二、三日圓」等，其中還有「日本刀（軍刀）的刀柄綁繩月收三十日圓」，連這種東西都是副業，實在驚人。看來軍用品是相當吃香的副業，很多主婦都爭先恐後地參與。就這樣，「戰爭」入侵了家庭的每個角落，「銃後」的主婦們支撐起家計與戰爭。

《主婦之友》昭和18年（1943）5月號。「儲蓄報國號」的標題好閃亮啊。

右頁：製作飛機「鄰組工廠」的大媽們。在鄰組[4]之間成立一個小規模的工廠，以批發式家庭代工的形式，由幾個鄰組承包零件加工。這可說由軍需相關副業發展而成的模式。照片攝於立川市內的工廠。《主婦之友》昭和19年（1944）5月號。

恐怖的「躍進遊戲」

雖說是「戰爆聯合攻擊敵營」……但這並非大家熟悉的大本營發表[5]，而是昭和十八年（一九四三）時，京華國民學校（後來的京華小學校，一九九三年廢校）裡兒童之間流行的遊戲。

是年八月，《朝日新聞》刊登了「躍進遊戲」的連載。第一回的連載開頭，《朝日新聞》的記者做了如下介紹：

> 戰爭最能敏銳地打動童心。……時代與童心，戰爭與遊戲——在路旁、學校操場窺探日本少國民描繪的美麗連結。

總之，這個企畫介紹了決戰下的兒童們，進行著什麼樣的軍隊家家酒。所以取了「躍進遊戲」這種英勇的標題。

連載第一回，便是文章開頭提到的「戰爆聯合攻擊敵營」遊戲。首先，分成紅、白兩軍，並各自分配角色：爆擊機二人、戰鬥機六人、偵察機二人、高射砲一人、砲彈一人。紅、白兩軍在各自的基地上插上隊旗，旗子被奪走的話就輸了。扮演飛機的人背著貼上紙張的圓形紙箱，那張紙被撕破的話，即表示被擊墜，在戰鬥中跌倒的話算是自爆，與隊友機接觸則是撞機。基地的正面設置了高射砲，由他發射扮演砲彈的人（笑），砲彈人接觸飛機的話便是擊墜。文中也附有在操場上陷入熱烈「空戰」的赤膊兒童照片。

戰爆連合で敵地攻擊
躍進遊戲 ①

《朝日新聞》昭和18年（1943）8月17日。

其實，這個遊戲不是兒童發明的。發想者是京華小學校友，當時任職於陸軍航空本部囑託的長澤義男君（二十七歲）。說到底，此款大人想出並提供給兒童的軍隊遊戲，是不折不扣的官製戰爭遊戲。這是連兒童遊戲的設計也「符合戰時下」的訓育時代。

五、一切都是為了勝利

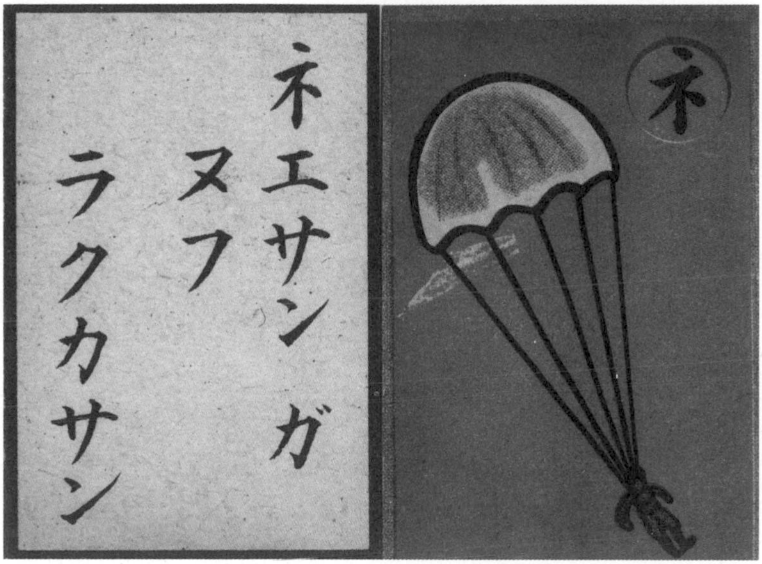
ネエサンガ
ヌフ
ラクカサン
ネ

國民精神總動員@大阪

以日本史辭典查詢「國民精神總動員」，有此說明：

〔國民精神總動員運動〕日中戰爭時期的官製國民運動。在日中戰爭開始後的一九三七年八月二十四日，第一次近衛內閣決定〈國民精神總動員實施要綱〉，為促進國民的戰爭協力而展開官製國民運動。（《日本史辭典》，岩波書店）。

光是這個說明，完全不知道做了什麼或幹了什麼好事？到底要如何「總動員」國民的「精神」？……從以前我就覺得非常不可思議。當時的休閒活動、體育、大眾歌舞謠相關海報，都很無厘頭地印上「國民精神總動員」的文字，真是範圍好廣的運動啊！——過去我的理解大概僅止於此。

在此即將介紹的《國民精神總動員大阪府實施概況》，可窺見這個運動。這是一份大阪府完成於昭和十四年（一九三九）的報告，從這份充滿官僚式龜毛的珍貴文件，可知當時的官方如何「總動員」「國民精神」。

首先我們看看其概略。從昭和十二年底到十四年初，大阪府主辦、協辦的主要「運動」如表所列。（見附表）

令人驚訝的是，「國民精神總動員道路河川愛護強調週」連道路、河川都要愛護，這種誇張的愛國心真是讓人拜服。另外，「非常時割草強調週」也是如此，「非常時＋割草＋強調」這個組合很像解剖台上縫紉機與蝙蝠傘的相遇，總之是個超現實的活動。這個運動到底要做什麼呢？主要是割除道路雜草、清潔水溝、整理河堤等，此外，還有張貼各種海報、發送宣傳單、廣播宣傳、作文募集等，這和現在國土交通省地方辦公室做的那類浪費公帑的活動沒什麼兩樣。

總之，這些活動不外乎是地方公所既有的各種活動，刻意冠上「國民精神總動員」、「非常時」等文字，在中央政府面前製造出積極炒熱「運動」的假象。公所內各部門絞盡腦汁，想出自身要如何進行「國民精神總動員運動」，真是個牽強的活動。儘管如此，「國民精神總動員」這個大義名分與既有活動結合之後，雖然只是除草而已，卻演變成好像展現了國民精神與報國之道一樣。可見這是個對應日益激化的日中戰爭所進行的國民總動員（不僅精神，也包括肉體），與官僚式自我保護主義的奇妙組合。

大阪府實施的主要國民精神總動員運動

主要活動名稱	
昭和十二年（一九三七）	
國民精神總動員工廠防火週	12/1-7
昭和十三年（一九三八）	
國民精神總動員大演講會	12/10
年底年初的活動	1/1
生活反省日（前一年）	12/31
新年奉祝的時間	1/1
國民精神總動員燃料報國週	1/17-23
燃料報國大演講會	1/17
薪炭瓦斯發生裝置及配備該裝置的汽車實演展覽會	1/20-22
薪炭瓦斯發生裝置及配備該裝置的汽車實市內踩街	1/21
國民精神總動員增進農業生產強調週	1/24-31
國民精神總動員「肇國精神強調週」	2/11-17
國民精神總動員強調週耐寒鍛鍊運動	2/11-17
國民精神總動員道路河川愛護強調週	3/9-15
國民精神總動員非常時貿易展覽會	3/23-29
國民精神總動員春季體操會	4/15-5/15
自治報國運動	4/25

大阪府愛國勤勞奉仕	4/1-8/31、9/1-翌年3/30
國民精神總動員天長節奉祝	4/29
國民精神總動員健康週	
健康展覽會	5/19-25
結核預防·母性小兒展覽會	5/17-23
營養展覽會	5/17-23
國民精神總動員大阪府儲蓄報國強調週	6/21-27
家庭報國展覽會	6/16-27
大演講會	6/22
町內會部落會：儲蓄報國座談會	6/21-27
各市區婦人團體：儲蓄報國婦人座談會	6/21-27
各公司工廠商店：儲蓄報國懇談會	6/21-27
學校校長：儲蓄報國、訓話、作文、書法、學校會	6/21-27
遞信局：印章·海報	6/1-27
放送局：演講、戲劇、萬才（譯按：雙口相聲）	6/21-27
儲蓄獎勵與家庭報國大演講會	6/22
國民精神總動員全國安全週	7/1-7
支那事變爆發一週年紀念活動	7/7
一戶一件廢物獻納運動	7/7
國民精神總動員大阪府經濟戰強調週	7/21-27
國民精神總動員大阪府紙類廢品回收運動	7/27

聖德景仰展覽會	7/18-29
國民身心鍛鍊運動	8/1-20
物資動員演講會	8/15
國民精神總動員大阪府廢品回收運動	8/17、8/27
非常時割草強調週	
割草強調週	8/18-23
總動員割草日	8/19-20
舉辦時局懇談會	
第一回各市區町村	8/15-26
第二回各市區町村	9/12-10/4
銃後後援強化週	10/5-11
漢口攻陷之際的各種國民活動	10/27
國民精神作興（譯按：奮發）週	11/7-13
長期建設大演講會	11/10
國民精神作興時局懇談會	11/8-15
大阪府經濟戰強調週	12/15-21
工廠安全日運動	
昭和十四年（一九三九）	
新年奉祝	1/1
大阪府日本精神發揚週	2/5-11
日本精神發揚週耐寒心身鍛鍊運動	2/5-11

國民總動員的展演

當然，大部分的國民精神總動員運動確實是符合非常時期涵養「日本精神」、「肇國精神」的企畫。例如昭和十三年（一九三八）二月十一日（＝紀元節）至十七日舉行的「肇國精神強調週」，其旨趣如下：

興隆日本的建設在於肇國精神的顯現。藉此事變下的紀元節，設定國民精神總動員肇國精神強調週，以強調國民精神總動員核心——國體觀念的明徵[1]與日本精神的提升，並將此具現於日本整個社會。

現在紀元節已經變成「建國紀念日」這種同樣非科學的「節日」，但它在戰爭時期卻是很確實地運用於提升戰意。

這個紀元節奉祝運動還附帶一項舉辦於二月嚴寒之時的「國民精神總動員強調週耐寒鍛鍊運動」。

耐寒鍛鍊運動實施項目：

1. 宮城遙拜
2. 廣播體操
3. 五分鐘跑步
4. 建國體操
5. 默禱願武運長久感謝皇軍將士

實施時間每朝六點半起約三十分鐘。

從配合紀元節奉祝的「耐寒鍛鍊運動」之實施概況，可知參加總人數為一七二萬九三九人，廣播體操會場多達三九三處。撰寫報告的官員則以如下自吹自擂的文字收尾。

衝破曉雲遙拜東天，真正呈現出皇國日本之姿，冒著寒風，心裡惦記著出征將士的勞苦，顯現緊張的銃後生活，這是時局下著實令人感動萬分的情景。……未來將全面對二百萬府民中的青壯年階層實施國民體操，我確信不久後，本府這樣的目標將會實現。

其目的不在於改造二百萬府民成為耐寒之人，最終目標是「真正呈現出皇國日本之姿」，並藉由大量動員來「顯現緊張的銃後生活」。這些大眾集會和大眾動員可稱為由上而下組織化的法西斯運動，但看來未引起大眾的狂熱。

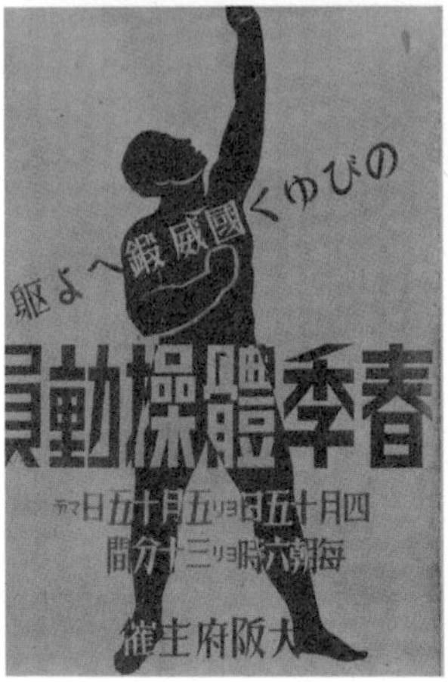

《國民精神總動員大阪府實施概況》收錄的大阪府各種總動員運動的海報。每次舉辦「xx週」時就會製作這些宣傳海報，看來預算很充裕。

大增稅直到勝利的那一天

戰爭很花錢。因為很花錢，所以要增稅。昭和十三年（一九三八）施行的「國家總動員法」，便是為了遂行日中戰爭而將全日本的勞動力、物資、甚至媒體，動員至總力戰體制的法律。事實上，「支那事變特別稅法」的大增稅也同時施行中。這種事可沒寫在日本史教科書裡！

在《誰都看得懂的國家總動員法速成》（法政學會編，東寶堂書店刊，昭和十三年四月）的第二部〈事變特別稅法速成〉中，刊登了有關此次增稅特徵的解說。在「支那事變特別稅法」方面，除了所得稅、法人稅的增稅之外，還新增了物品特別稅，導致衣物、化妝品甚至收音機、汽車等所有的生活用品都成了課稅對象。

課稅對象包括：

「自動鉛筆」（為何？）
「收音機及零件」（連零件都要！）
「霓虹燈管及變壓器」（連變壓器也要？）
「枴杖與鞭子」（用途完全不同吧！）
「碁石、象棋」（棋盤的話就ok吧！）

——羅列了一堆莫名其妙的東西。其中最惡劣的是對「火柴」課稅。當時別說是薪木、木炭，就算要用瓦斯，點火也需要火柴。對這麼重要的火柴竟課以「一千支五錢」的稅金，真令人吃不消。

速成手冊上甚至還寫了如此誇張的說明：

> 火柴每千支課以五錢稅金。
> 各位可能沒想到連火柴都需要繳稅，所以這個新稅成為最大的話題。
> 據聞大藏省很久以前就考慮過對火柴課稅。事實上，間接稅最主要的目標就是大眾一定會使用，而且必須是容易徵收到稅金的東西，因此火柴是個好主意。

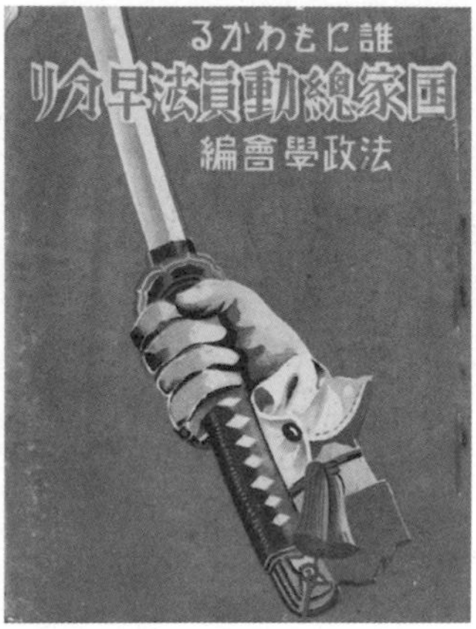

不僅如此，還火上加油地說：

此次增稅不知道會維持多久。對於長期戰，國民也必須有充分的覺悟。

若是在不同的時代，這種惡稅肯定會像秩父困民黨一樣引發武裝抗爭。[2]但為時已晚，人們早就連反叛的手段都喪失了。

右上：《任何人都看得懂的國家總動員法速成》，法政學會編，東寶堂書店出版，昭和13年。封面劈頭竟然是白刃軍刀……。可能是要讓讀者想像指揮官揮著白刃下令「突擊」的畫面吧。左上：都大增稅了，大家還笑嘻嘻，一看就知道是很虛假的納稅推廣漫畫。《家之光》昭和13年(1938)4月號。左頁：呼籲國民儲蓄的廣告。《寫真週報》第201號，昭和16年(1941)12月31日。

寫眞週報
勝つために國民貯蓄
國民貯蓄奬勵局
生命保險會社協會
內閣印刷局印刷發行
(本書の大きさは國定規格A4-(週報倍判))

五、一切都是為了勝利

提升空襲下的出勤

隨著空襲愈演愈烈，勞動者的出勤率也愈來愈低——想想這也是理所當然的事，但對於當時的企業界來說，卻是一大問題。

經濟雜誌《鑽石》為了分析「出勤率低下」的傾向與對策，在昭和二十年（一九四五）三月十一日號策劃了〈提升空襲下的出勤〉特輯。雖然是三篇只有文字的短文，但仍可窺見當時民眾的生活感受。

文章開頭寫道：「如今生產即戰場——職場成為決戰場。工作的人必須一邊聽天空敵機的爆音，一邊面對其崗位職責。」真是令人生厭的職場。

> 早上出勤時響起空襲警報，會降低員工、事務員的出勤意願。因為他們要麼擔心路上交通停擺，要麼預想自己的工廠及職場會遭到空襲而有生命危險，於是決定「曠職」。

——作者將其視為「缺乏工作意欲」，不過正常人卻理所當然地認為這是「因為危險所以作罷」，但看來這種道理也行不通。「午後發生空襲，四點左右解除警報，許多人都不會把防空避難的姿態轉換為工作模式，就直接下班回家了。」所—以—啊，這有什麼不對嗎？

> 不僅導致生產效率低下，也造成交通堵塞，員工更浪費了自己珍貴的時間。
>
> 與其急著回家等電車，不如下定決心留在公司上班，等待人少的電車，這樣不是比較有意義嗎？接下來白天愈來愈長，這種感覺愈發深切。

——唉呀唉呀，根本的問題明明不是解除交通阻礙、交通混亂等，而是「即使空襲下也要工作」，但從引文來看，不就是「勸導空襲下彈性上班」嗎？而且「接下來白天愈來愈長……」，相較於事態的急迫性，這會不會太悠哉了……。

這本《鑽石》雜誌的發行日是三月十一日。很不巧地，東京在前一天三月十日遭到大空襲，燒成一片焦土。也就是說，既沒有要出勤的人，也沒有該去上班的公司。看來「提升空襲下的出勤」的文字，徒然地被吸入焦土裡了。

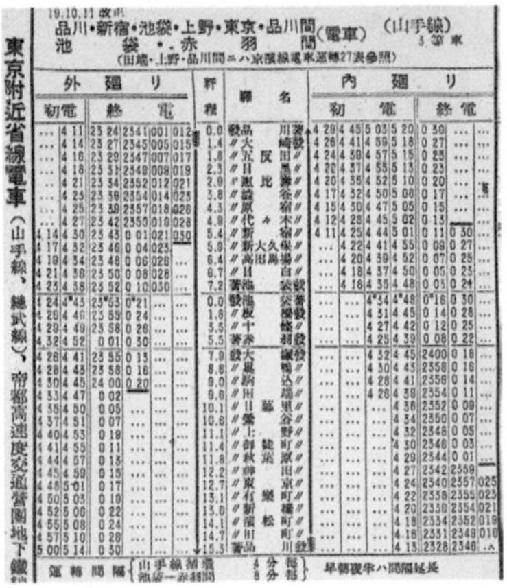

上：《鑽石》昭和20年（1945）3月11日號，鑽石社。
下：昭和19年（1944）10月的山手線時刻表。此表顯示山手線每隔四分鐘發車，但一旦發布空襲警報就不一定會依照時刻表。

戰爭與安全

昭和十八年（一九四三）八月，在「增強戰時生產」的口號下，國民徵用令及總動員法進行了修正，而以軍需產業為中心的勞動力動員，其因應國家徵召而加入「產業戰線」的色彩則愈發濃厚。被徵用而動員的對象為民間工廠，但形式上這些工廠好像也被國家徵用了。因此，身為「使用者」的各企業社長也被國家「徵用為社長」，形成了勞＋資＋國家三位一體的戰時增產體制。

然而，基於國家總動員法動員所有勞動適齡男子，便意味著將大量不夠熟練的勞動者送往工廠。在戰局惡化的情況下，未接受充分教育就被送往軍需工廠的「產業戰士」頻頻發生事故。

對新進員工的安全教育成了國家迫切的課題。昭和十八年九月《戰時安全訓》（武田晴爾著）出刊時，也是施行改正徵用令而新人開始陸續被送往工廠的時期。順帶一提，這間出版社是現今「產經新聞」的前身。拿著鐵鎚的員工後方有台戰車，此日本式擬社會主義寫實主義的封面，給人一種不太妙的感覺，但內容則更荒謬。卷頭的序文是這麼寫的：

> 如今很清楚，我們的生產成績如何，成了決定皇國興廢的關鍵要素，我們早已不能消極地遵循我們是銃後之人這種的天真想法，必須將每日的職場想像成決戰的新戰場，想出必勝戰略並贏得不敗的生產。為達到此目的，提升精神力最為要緊。換言之，要磨練大和魂，並在生產戰上戰鬥到底。

職場也是「生產戰」的戰場，所以在那裡工作的人就是「產業戰士」。大和魂竟左右了生產力，真是可怕的超自然製造業。

開宗明義就丟出這種荒謬的精神論，作者武田晴爾的頭銜是「厚生省研究所產業安全部長」。他從

國家に奉納する勤勞は神聖である

昭和初期就是厚生省技官，是產業安全管理專家，戰後也出版了《安全管理指標》、《產業安全概說》等著作。總之在神國·日本產業界主導安全管理的老大就這麼神靈附體了，難怪日本會輸。

上：引自同書插圖，「奉獻於國家的勤勞是神聖的」(！)
下：武田晴爾著，《戰時安全訓》，產業經濟新聞社，昭和十八年。

產業青年必携
戰時安全訓
厚生省研究所產業安全部長
武田晴爾著

戰鬥的日本國家身體

日本自古就有祈求生產職場安全的心。整個職場綁滿了注連繩[3]，向神明乞求驅除各種罪惡汙穢的心，這與張貼驅魔神符來祈願職場安全的心，都是日本自古以來的習慣。

這是前篇提及之《戰時安全訓》裡的一段。開頭就提到一個美麗傳統——日本自古以來便依賴神明祈求職場安全，這種說法是為了什麼呢？是為了將可憎的「歐美安全思想」一掃而盡。

美英的安全運動，當然是產生並發展於美英這些主張個人思想的國家，因此其伏流是個人主義自由主義……他們討論安全的根本，並非正邪善惡，而是得失利害。……這種極低俗幼稚的惡劣想法，絕不適合日本的國情。

……我深信，我們現在必須立足於純日本清淨的心，完成安全思想的一百八十度轉換。

我還真不知道工廠的「安全」竟有歐美流與日本流之分。根據武田老師所說，以利弊來討論「安全」，是「功利利己主義」、「低俗幼稚的惡劣想法」及日本人不該有的行為。那麼，武田老師所謂帶來「一百八十度轉換」的純日本安全思想又是什麼呢？

……我們是陛下的臣民，身體無法任意妄為，無論是建築設備或機械裝置，既是事業主的，也非事業主的。一切都應歸於陛

生産兵の同志打ちはよせ

下。若不慎或因過失而發生災害而傷及身體，或破壞、燒毀設備，則是身為臣子說不過去的不忠……這麼想的話，諸君的身體就既是諸君的身體，也不是諸君的身體。是戰鬥的日本國家身體。

「戰鬥的日本國家身體」，好厲害的說法啊。

日本國內所有的物品和人，都是天皇的↓所有東西都必須為了天皇而使用↓所以守護職場安全是臣民的義務……，這裡表現出高度荒謬的天皇制產業安全思想。沒想到連這種地方都出現天皇制。對現場的勞動者來說，勞動災害即為「不忠」，這也太難堪。而所謂「戰鬥的日本國家身體」，竟是這麼奴隸式的東西。

下：引自前一篇《戰時安全訓》的插圖，「一人的脱序打亂了全體」。啊！真是讓人心安而不禁露出微笑的景象呢。
右頁：引自《戰時安全訓》插圖，「生產兵之間別自相殘害」。看起來很痛。

奢侈是人類的敵人

戰爭時期出版史或壓迫史裡一定會出現一個男人——情報局情報官鈴木庫三這號人物。他以檢閱與用紙統制掐住了出版社的脖子，操控出版及大眾媒體統制，擁有相當大的權勢。為了不讓他不開心，動不動就藉由讓他登上版面以努力拍馬屁的，就是《主婦之友》雜誌。事實上，主婦之友社在昭和十六年（一九四一）刊行了鈴木庫三撰寫的《家庭國防國家問答》這本荒謬的書。

這位鈴木在《主婦之友》昭和十七年一月號發表了〈新生活的建設〉一文。開頭的小標是「奢侈是人類之敵」——這種說法真讓人昏厥。

> 隨著支那事變燃起的國民精神運動裡，出現了各種標語。其中很有意思的是「奢侈是敵人」這個標語，我認為它的確直指核心真理。
>
> ……此標語不僅是我國與日本民族的真理，也必須是全世界、全人類的真理。這個標語的有趣之處正在於此。

「奢侈是敵人」這個有名的標語，仔細想想也是很奇怪的口號，而將此稍微改造變成「奢侈是人類之敵」後，就愈是散發荒謬的臭氣了。

> 此次世界大動亂有各種原因，而其中的一大原因，是世界經濟遇到了瓶頸。世界經濟遭遇瓶頸的主因，如前所述，為英美人極為奢侈的生活，從這點來看，便可說英美人是世界人類之敵。當然不只英美人，所有奢侈的人都是老實生活者的敵人。毫無疑問的，同時也是人類之敵。

根據鈴木所說，與其對抗英美，不如和世界普遍存在的「奢侈」鬥爭，這才是「大東亞戰爭」的目的。此事當然有其操作象徵的面向，亦即以「奢侈」為敵，好讓國民接受非常時期下的耐乏生活，但非常明顯的是夾帶濃厚私怨的歪理。

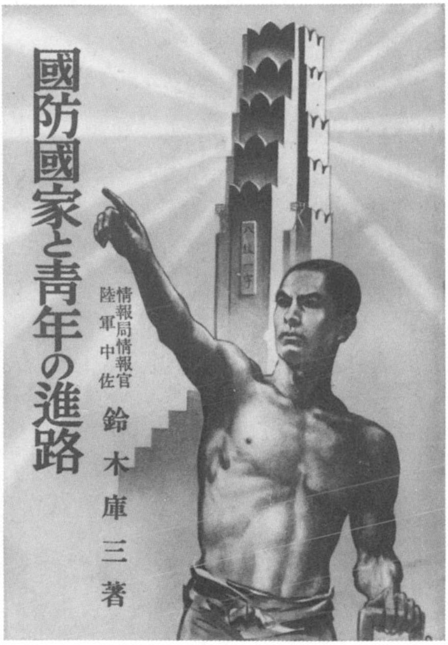

右上：《國防國家與青年的出路》，大日本雄辯會講談社，昭和16年(1941)。
左上：《告國家總力戰之戰士》，陸軍情報部編，昭和14年(1939)。
右下：鈴木庫三
左下：《世界重建與國防國家》，朝日新聞社，昭和15年(1940)。

昭和十八年巡查部長的考題

戰爭時期仍有警察官的升級考試。《警察思潮》昭和十八年（一九四三）五月號，便刊登了昭和十八年度長野縣巡查部長考試的試題。

申論題分為「憲法及行政法」、「刑法・刑事訴訟法」等基本問題，以及「治安警察」、「經濟警察」等各部問題。

例如：在「刑法・刑事訴訟法」的範疇，便有以下的題目：

二、簡單說明以下詞彙

1.戰時竊盜
2.間接正犯
3.首服
4.領置（譯按：扣留）
5.變死（譯按：橫死）

「戰時竊盜」如今已是死語，它是戰時刑事特別法規定的犯罪：「戰時燈火管制中或敵襲危險等，發生動搖人心的狀況時」，竊盜是「無期徒刑或三年以上有期徒刑」，強盜則是「死刑或無期徒刑或十年以上有期徒刑」等，課以較平常還重的刑罰。順帶一提，所謂「首服」，是「向告訴權者告知自己的犯罪事實，並由其處置」。

此外，「治安警察」部則有以下申論題。

一、說明最近左翼運動的方法及其型態

二、說明以下詞彙

（1）東方同志會（2）協和會會員章（3）佐爾格（4）食料營團（5）扣押報章雜誌

我實在很想吐槽，昭和十八年還存在「左翼運動」嗎？不過因為像橫濱事件（昭和十七年九月）一樣，什麼都把它操作成「左翼運動」，所以對警察來說，「還有左翼運動」吧！總之，我很好奇這些問題的標準答案。

有關「東方同志會」則有說明的必要。它是反東條派首領中野正

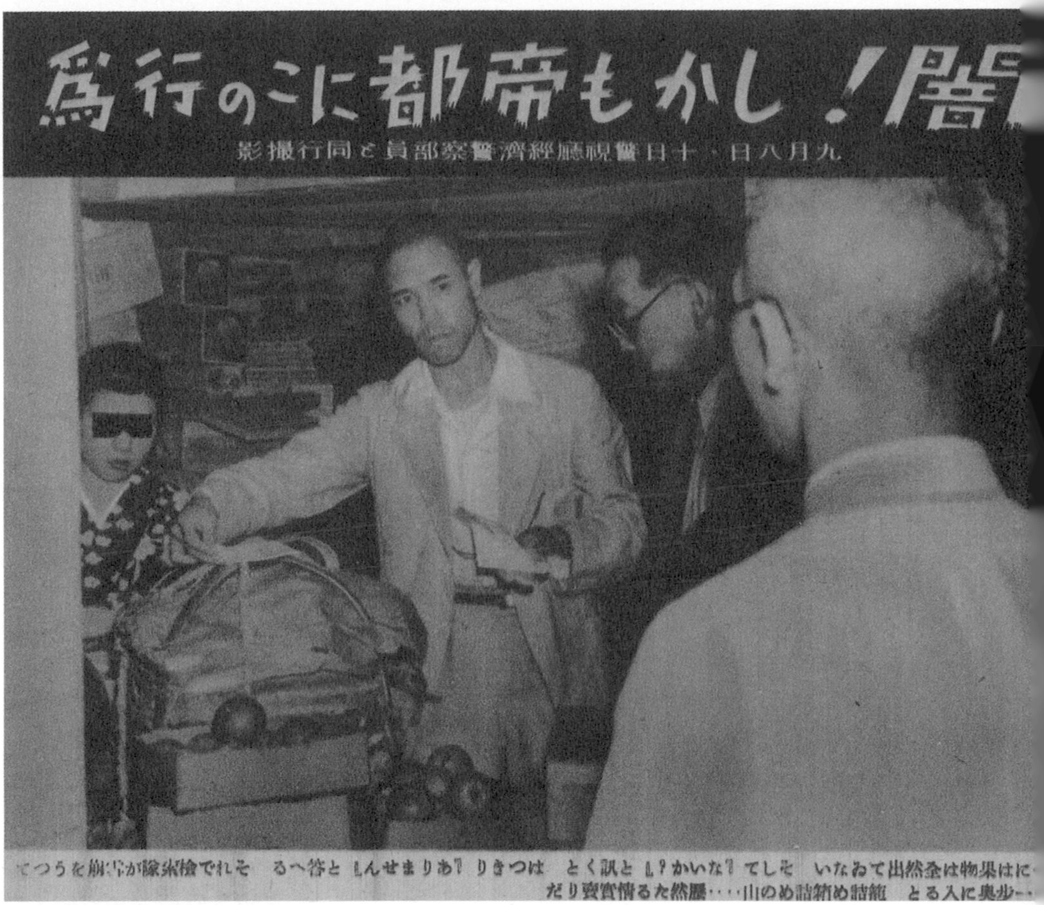
闇！しかも帝都にこの行為
九月八日・十日警視廳經濟警察部員と同行撮影

剛率領的黨派，昭和十八年十月二十一日，反東條派一併遭到檢舉。中野正剛於被釋放的二十六日深夜自盡。該雜誌是在此事件發生的五個月前發行，而這份考題還出現在巡查部長升級考試上，可見東方同志會很早就成了治安警察注意的團體。

上：〈黑市交易！竟在帝都出現這種行為〉報導經濟警察的檢舉情形。《寫真週報》第二三九號，昭和十七年（一九四二）九月二十三日。
下：《警察思潮》昭和十八年（一九四三）五月號，警察思潮社。

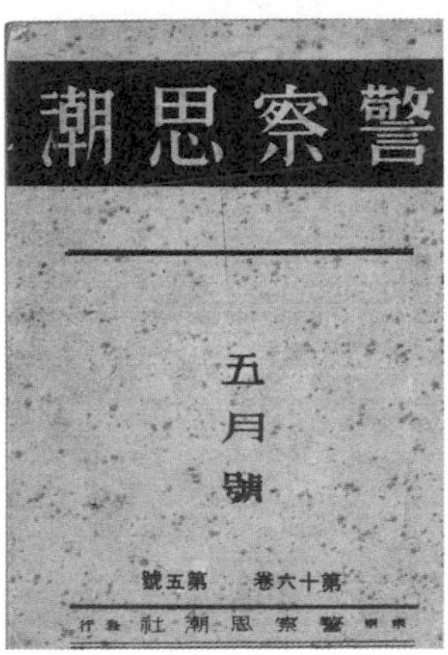
警察思潮
五月號
第十六卷第五號

決戰下的住宅

作家宇野千代女士在年輕時，曾以編輯者的身分創辦了《風格》這本傳奇女性雜誌。戰時統制時，《風格》改題為《女性生活》，持續出刊至昭和十九年（一九四四）初。我發現這本《女性生活》雜誌連載了幾次「決戰型住居」的設計建議。

執筆者是武藏工業高等學校教授藏田周忠。從戰前以來，他一直是傳統民家相關建築學研究上著名的建築師。這些文章是根據他長年累積的研究，針對如何以最少的資材打造舒適的「決戰型住居」，提出了非常具實驗性且實用性很高的設計建議。

例如，我們來看看這篇〈親子三人生活的決戰型住宅〉吧！這是還滿可愛的房子。平房・無衛浴・無車庫，在當時的庶民住宅裡頗為常見，因此沒什麼好驚訝，但每個提案都是將住宅用地的一半作為菜園，深刻反映出苦於嚴重缺糧的時局。房數也僅有一間七張榻榻米大小的房間。不僅如此，為了「節約瓦斯」，還設定以薪炭做為廚房燃料。院子有防空洞（待避洞），讓人安心。原來因為其概念是節約資源與最小的居住空間＋防空洞，所以才叫「決戰型」呀……。

話說，連住宅都稱為「決戰型」，真令人驚訝。

比起戰後大量建造的文化住宅（2K）、煤礦住宅，其房間雖窄小，看起來卻很舒適，可能是因為有一片寬敞菜園的關係吧。如今看來，會不會在環保住宅之類的脈絡下於現代生活中復出呢？我不禁有這樣的想法。仔細想想，「決戰型住宅」還比小弟我家寬敞呢……（泣）。

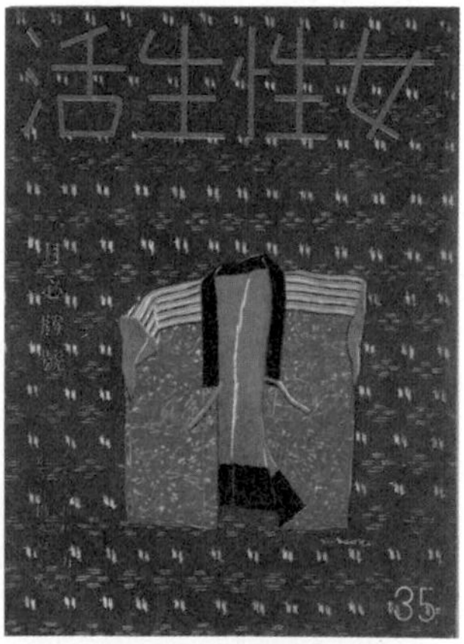

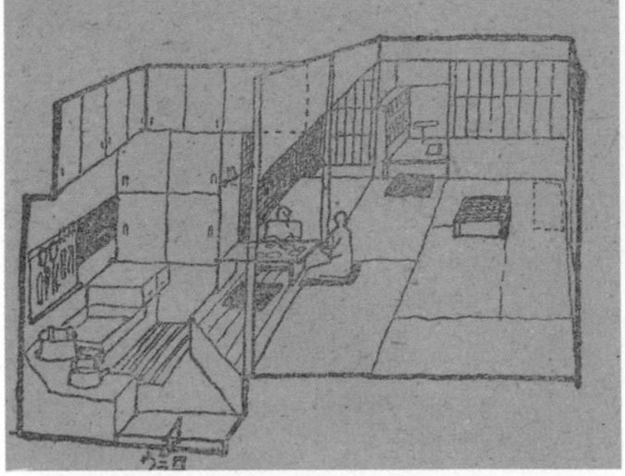

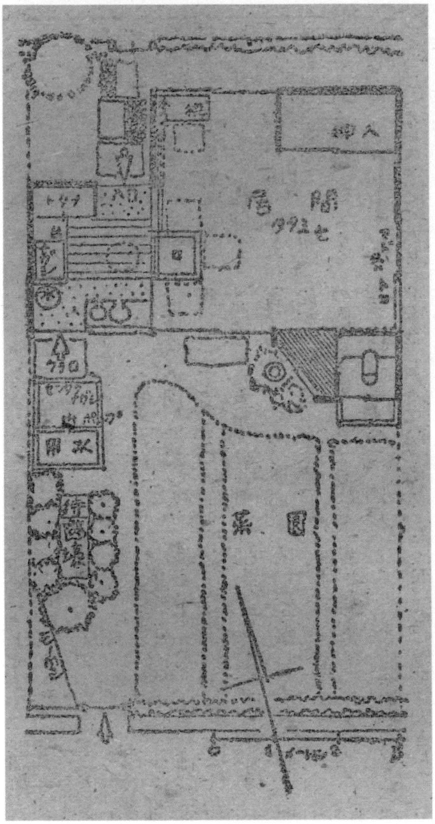

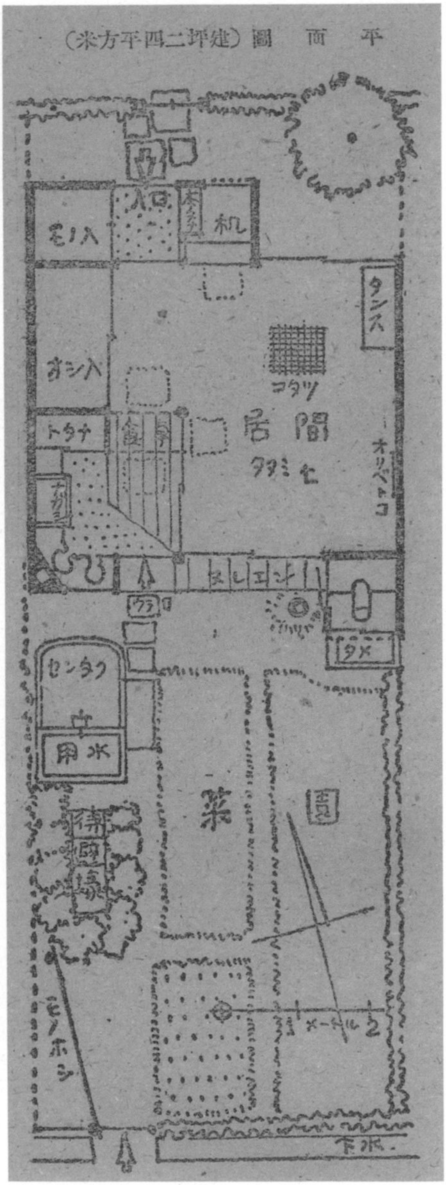

右：「決戰住宅」平面圖，刊於《女性生活》昭和19年(1944)2月號。
左上：右邊決戰住宅的室內透視圖。
左下：更加壓縮住宅空間的決戰住宅平面圖。《女性生活》昭和19年3月號。
右頁：《女性生活》昭和19年2月號，風格社。在當時的雜誌中，算是封面設計特別傑出的。

在家造飛機吧！

在家造飛機吧！這種奇妙的呼籲，躍上了《主婦之友》昭和十九年（一九四四）十月號的版面。哇！真不愧是技術大國日本！好厲害啊！（棒讀）

一台飛機需要大約三千個零件。……這些零件中，約有半數可在家製作。連這些可以在家製作的零件，都交給工廠生產好嗎？

……已有不少主婦燃起了這種決心，在家庭或鄰組工廠、社區工廠等，默默製作飛機零件。

天啊！我皇軍的飛機竟然要靠家庭手工業製造呀！這麼故作驚訝也沒辦法。我原以為，已經被逼到連最重要的兵器生產都得依賴主婦動員才能實現，但仔細閱讀文章才發現，這其實是「家庭副業」的延長。

東京都小石川區指谷町村越先生家的工廠，是改造玄關泥地的戰時型一坪工廠。老闆毅然決然放棄上一代的麵麩店，轉而投入為了勝利的增產，太太、妹妹也來協助，如今已成為名符其實的熟練工人。……四台小型旋盤終日演奏著英勇的進擊譜。單調的螺絲切割作業也是製造重要飛機零件的一環。此一坪工廠的建設費僅需一百圓，而一家四口的月收入將近一千圓，真是太棒了。

不難想像，在昭和十九年末，已無法取得材料繼續經營麵麩店。昭和十九年當時的一千日圓相當於現在的三十萬日圓左右（根據日本銀行的企業物價戰前基準指數）。一家四口整天面對旋盤，一個月三十萬日圓，也太艱辛了。不過以當時的消費生活來說，如《主婦之友》記者所寫，可能算是「很棒」了吧。這篇文章的開頭，很用力地寫下這種慷慨激昂的煽動宣言：

「在陸軍兵器補給廠工作的婦人部隊」，《婦人俱樂部》昭和18年10月號。婦人們正在製作重機關槍、炮彈、望遠鏡等。除了一部分人之外，幾乎所有的人都還穿著烹飪服。
下：「在陸軍兵器補給廠工作的婦人部隊」，《婦人俱樂部》昭和18年(1943)18月號。負責「安裝戰車零件作業」的夫人們。在工廠都穿烹飪服真令人意外。

擊敗吧！擊敗敵人吧！美鬼已近在眼前。吞下同胞血潮，恨也恨不完的敵人美國。我們全體女性現在就團結起來面對敵人吧！開拓邁向勝利的突擊之路吧。

這種「美鬼可憎」的煽動與「一個月一千日圓」的生意經並存著，流露出此家庭副業特輯不可思議的庸俗。

「不可種植的罌粟」栽培方法

翻閱《婦人俱樂部》昭和十七年二月號時，不禁在某頁停了下來。因為協力國策〈利用空地栽培藥草〉的頁面上，赤裸裸刊登了鴉片的製造方法。

無論是大麻或菲洛本[4]，在大日本帝國都是合法的，因此這沒什麼好驚訝。況且實際上，滿洲、樺太(庫頁島)都曾依國策栽培鴉片。但我沒想到的是，竟連內地家庭的菜園也栽種鴉片。

在此節錄最令人在意的栽培方法——就只是，真的只是從歷史資料的角度來看。執筆者為厚生省東京衛生試驗場糟壁藥用植物栽培試驗場試驗圃場長若林榮四郎。

罌粟的栽培方法

採自罌粟的鴉片是重要的藥用原料，但事變以來，無論民間或軍方的需求量都大幅增加，且愈來愈難以取得，因此政府大力推廣。只要向府縣的衛生課申請，便能取得免費的種子。

竟然不只是「官方許可」，還發送種子！而且免費！真想申請。

如平畦或麥田般，整地作畦，直線播種，秋天播種間苗三次，春天二次，每株間隔四到五寸，需頻繁除草，肥料是堆肥、人糞尿、雞屎、草木灰等，什麼皆可。

這根本就是鴉片田的製作方法嘛。在壁櫥裡或陽台上栽種就不行嗎？

草高一尺五寸時培土一次，腋芽應全數盡早摘取，一株僅留下一個花蕾，花謝了且長出罌果時，需在尚未成熟時以小刀割傷，並將溢出的汁液以篦刮到碗裡，曬乾後敲碎至儲存罐內，這就是鴉片，一畝步約可採收二百至二百五十公克。

——一畝步約為一公畝。二百五十公克的收穫量若以零售價格來計算，應該是相當可觀的金額。換言之，厚生省在鼓勵相當專業的鴉片製作。另外，這篇文章也很貼心地告訴讀者鴉片的收購行情。話說，竟然還有地方可以收購啊！實在太驚人了。

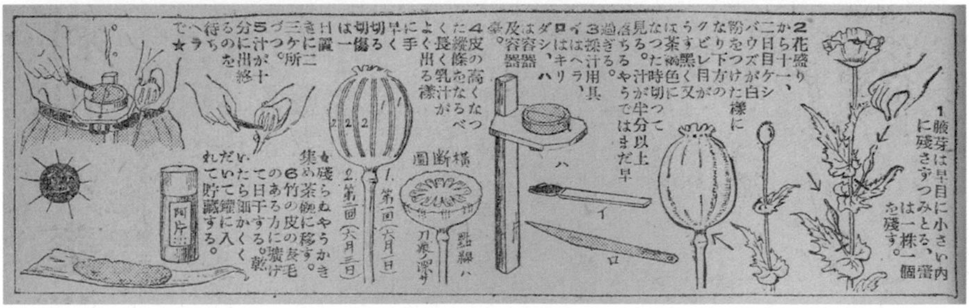

上：在厚生省與（當時的）樺太廳指導下，樺太生產的「藥用罌粟」田照片。《寫真週報》第243號，昭和17年（1942）10月21日。

下：光看〈利用空地栽培藥草〉的標題，萬萬沒想到空地已變成鴉片田吧。《婦人俱樂部》昭和17年11月號。

為了戰爭的升學戰爭

即使在戰時，大日本帝國稱不上是高度國防國家，而仍舊是高學歷國家——將旺盛的出人頭地欲望當成燃料，慘烈的升學戰爭與現實的戰爭同步進行。升學產業也如今日般相當興盛，《螢雪時代》（旺文社）、《學生》（後改題《升學與學生》，研究社）等幾本雜誌都存活到戰爭末期。

在那個幾乎沒有全國規模之同世代交流的時代，升學雜誌的投稿欄提供了一個溝通平台。以前的學生擁有相當驚人的自信心。

> 喂！以陸士預科為志願的老兄們，還在磨蹭什麼？再加點油！你們應該只顧著讀書？稍微做點運動吧！想想在那寬敞的練兵場，終日進行演習的預科生吧。我希望早日穿戴上那頂帽子、那套衣服、那把劍……那位軍神加藤少將不也是陸士畢業的嗎？……我不會輸給報考陸士的諸位老兄們喔。老兄們啊，好好努力，在那朝霞的校園見面吧。——陸士預科攻擊隊員，《學生》昭和十七年（一九四二）十月號〈讀者會〉專欄的投書

引文中，「陸士預科」指的是陸軍預科士官學校。從現在的角度來看，我很想說：「你不就只是想進陸軍士官學校cosplay而已嗎？」不過，當時「那頂帽子、那套衣服、那把劍」可能很帥氣吧。那時候，讀者群為中等學校學生的升學雜誌，充滿了想讀陸海軍學校的中學四、五年級生（相當今日的高一、高二）很青——澀的投書。

> 滿天下以陸士為志願的諸兄啊！我輩仍是三年級的小弟，但想成為光榮的將校學生。我輩一年、二年級報考二次陸幼，但兩次都因武運不佳而蒙上敗北恥辱。然而，我輩不會因此被打敗。諸兄啊，我皇軍在東南西北

獲得驚人的戰果，其原因之一，便是月・月・火・水・木・金・金的忍耐與努力……期許諸兄的奮鬥。——奉一中健男兒，《學生》昭和十七年十一月號

——就是有這種陸軍幼年學校落榜兩次，卻堅持夢想、再度挑戰陸士，簡直著了魔似的人。「奉一中」應該是滿洲國的奉天一中吧。他那麼想當軍人啊……。不過，他失敗的原因，顯然是「月・月・火・水・木・金・金的忍耐與努力」這種超級精神主義的備考方式。一定是因為沒有「土・日」(週六、週日)，頭腦活動才會停滯吧。這副德性別說升學戰爭，真正的戰爭也不可能打贏。

右：《學生》昭和17年(1942)10月號。特輯是〈學制改革及其影響〉。
左：Senba太郎(センバ太郎)畫，《螢雪時代》昭和18年(1943)2月號。針對日本進駐法領印度支那進行的經濟制裁(包括凍結對日資產、全面禁止輸出石油等)，日本將此稱為ABCD包圍網。指的分別是A(美國)、B(英國)、C(中國)、D(荷蘭)。漫畫所要呈現的是，「大東亞戰爭爆發後，日本已經打破ABCD包圍網，但考生仍然苦於英語」。有關戰時的英語教育，請參照本書〈決戰下的實戰英語作文〉、〈英語是日本語〉。

為支配殖民地而設立的學校

話說，與遂行「大東亞戰爭」有所連結的教育機關，當然不僅軍方相關學校而已。當時的升學雜誌還策劃了〈為了以南進為志願的諸君〉、〈成為進出南方踏腳石的學校〉、〈大東亞戰爭催生的學校與學科〉等特輯。

一個個列舉的話會沒完沒了，有不少如今已變成幻影的學校與學科。

國立拓南塾（由拓務省移管至大東亞省，統合為大東亞錬成院）
明治大學專門部興亞科
法政大學大陸部
明治學院高等學部東亞科
日本大學專門學部拓殖科
國學院大學專門部興亞科
拓殖大學專門部開拓科
興亞工業大學（今千葉工業大學）
東亞專門學校（由財團法人廣池學園設立。今麗澤大學的基礎）
興亞專門學校（今亞細亞大學。首任理事長是攻擊「天皇機關說」的菊池武夫男爵）
南洋學院（以「培育南方建設領導人」為目的。在法領印度支那西貢）

……上述展現露骨殖民地主義的學校群，都刊登於《學生》雜誌的招生簡章上。若包括（滿洲）建國大學、東亞同文書院大學、北京興亞學院，還有各種專門學校、私設塾等，數量更是驚人。當然，以這些學校為志願的諸君，都是有點熱情過頭的皇國少年。

以A11東外（作者註：東京外國語學校，後來的東京外國語大學）為志願的諸君！只剩兩個月

來自大東亞共榮圈的留學生們運動會一景。日本侵略海外，為了以日本式教育培育亞洲下一代領導人，許多留學生來到日本，照片是「星十字競爭」。「中心繫在一起的繩子分別綁在五個人身上，一聲令下，各自去搶面前的旗子。」就是這種沒出息的競賽。《婦人畫報》昭和18年(1943)1月號，東京社。

右頁：《學生》昭和18年1月號。一個學生在海邊對著元旦日出高舉著日之丸。仔細想想是相當非寫實的封面。他應該沒什麼朋友吧……。

了。就算死也要努力啊！！……我要到南方當教師，不只原住民，也要將大和魂灌輸給華僑的師弟。……啊！我們的東外啊！今年我一定要打敗你。——南海的松陰[6]，《學生》昭和十八年（一九四三）一月號

——我就明講吧！不要造成別人的困擾！順帶一提，你那充滿感情的筆名「南海的松陰」，幫幫忙好嗎？以「解放亞細亞」的大義名分高喊興亞主義與八紘一宇思想，但誰不知道，實際上是在末端支撐殖民地支配的亞流知識分子根性，與這種討人厭的菁英主義及出人頭地欲望有著密切的關係。我深切希望南海的松陰君名落孫山。

這就是決戰旅行體制！

戰時也不乏「旅行」雜誌。由東亞交通社，即後來的JTB[7]刊行，雜誌直截了當地命名為《旅》。我手邊的昭和十八年（一九四三）六月號，封面印了很大的「旅行指導雜誌」字樣。這種不厭其煩的指導精神有點萌。不過話說回來，其實也很多餘。以下文章則說明了驕傲的大日本帝國臣民公共禮儀未開的狀態。

這就是決戰旅行體制，五月起於靜岡實施

名古屋鐵道局靜岡管理部以決戰旅行體制強化運動為名，五月開始在軍部警察、翼贊會等協力下，實施旅行道德提升運動。這不只是宣傳、空喊口號而已，將會積極強力執行，展開以下廣範圍的綜合性實踐運動。

一、實行通學生一個座位乘坐三人。
二、勵行中央乘車一列乘車。
三、勵行通學生讓座給一般乘客。
四、在主要車站施行軍官民一體的空襲下旅客避難訓練。
五、禁止通融三等客乘坐二等席。
六、勵行自行帶回車內飲食垃圾，同時進行車站內、候車室內的清潔運動。透過擴音器呼籲旅客。

「決戰旅行體制」之說，因為是將「決戰」與「旅行」兩種乍看下有點距離的概念合為一體，因而帶著一種不可思議的語感。總之，這意味著「即使在決戰下也會旅行」。不管怎麼說，決戰旅行體制的內容讓人發噱，看來大日本帝國的臣民從以前就不會讓座給別人。

當時，車內廣播的提醒好像是這樣：

《旅》，昭和18年（1943）6月號，東亞交通社。該社果然是大企業，每期雜誌封面模特兒的衣著都很講究，看著看著讓人不禁想去旅行。

右頁：刊登於《寫真週報》，戰時車廂內的照片。地上堆積如山的是便當盒。雖然將垃圾放置於座位底下是旅行禮儀之一，不過既然這麼骯髒，何不設置垃圾桶呢……？當時旅客做何感想？不禁產生這種雞婆的擔憂。

各位旅客，請保持候車室、車內的清潔，候車室內是各位的庭院也是房間。請務必將飲食垃圾丟入垃圾桶。另外，車廂內沒有垃圾桶，勿隨地丟棄，請自行帶回。火車將逐漸取消車廂清潔，因為需將車內清潔人手用於更重要的地方。請務必將各自的飲食垃圾自行帶回處理。

從《寫真週報》等來看，當時車廂內到處都是垃圾，在總動員體制下，「火車將逐漸取消車廂清潔」，可以想見車內的不潔程度將更加嚴重。話說當時的學校應該很頻繁地灌輸學生「道德」才對，但卻還是這副德性，究竟是怎麼一回事？「很有公共心且禮儀周到的戰前日本人」傳說，差不多該退場了吧。

驅逐羅馬字、英文字吧！

《週報》的投書欄，潛伏了這種荒謬的日本意識形態至寶：

英文字驅逐論（昭和十八年一月六日號）

在街上、家裡，我們的周圍充斥著羅馬字、英文字，尤以看板與包裝紙為甚。當共榮圈的人們來到日本，看到這些畫面會作何感想？你真能斷言，他們不會認為日本和他們一樣，受美英「文化」支配，進而削弱對指導國日本的信賴感嗎？

從街上、家裡及我們的生活中，驅逐無益的羅馬字與英文字，並以我們本來的文字，填滿我們的街道與生活吧！——某退伍兵

我知道這位大叔討厭「羅馬字、英文字」，但大聲疾呼「驅逐吧」的根據卻很薄弱，而且有點好笑。他提倡向「共榮圈的人們」展現驅逐ABC之「指導國日本」的偉大，也不像二十世紀人類的發言，而是種令人發噱的國粹主義。以為獵殺文字就能解決根深柢固的文化殖民主義，這種想法未免也太單純了。若不對明治以來我大日本帝國推動的歐美文化輸入政策展開根本的反省，也是徒勞。

話說回來，把美英文化與羅馬字視為一體，這個尊皇攘夷的傢伙真令人噴飯，我甚至想說一下這種無聊的話：「友邦的納粹德國、法西斯義大利也在使用羅馬字，怎麼辦？」。

該雜誌不知是否以這篇投書為契機，在其題為「驅逐美英音樂」的一月二十七日號，公布了情報局與內務省製作的「禁止美英音樂唱片」一覽表。

不僅如此，同年二月三日發行的《寫真週報》（《週報》姊妹誌）則策劃了「從看板抹殺美英色彩吧」、「這是賣給日本人的日本商品嗎？」這類大特輯，展開「將美英色彩一掃而空」的大合唱。

據情報局所云，這些大活動也

「趕走美英唱片吧」，《寫真週報》257號，昭和18年(1943)2月3日。「耳邊仍響起美英爵士樂／網膜仍映著美英風景／從身上發出濃濃的美英味／這樣還想打贏美英嗎？」大日本帝國如此呼籲國民。

下：「從看板抹殺美英色彩吧」，《寫真週報》第257號。「這絕非紐約、倫敦的街頭，而是日本街頭，且我們正在與美英打仗。結果我們日本街頭上英文看板氾濫……讓我們斷然去除這些諂媚美英的看板吧。」意思是憎恨美英，連看板都憎恨。

是「思想戰的一環」，但我不懂為何掃除看板上的ABC就能戰勝。這就是言靈之國・神國日本才有的神靈附體總力戰的一面。

模型報國

即使在戰時也還留存的狂熱嗜好之一，是「模型製作」。我手邊的《科學與模型》雜誌，發行於昭和十八年（一九四三）十月。在山本五十六長官搭乘的飛機被擊墜後，這種悠哉的雜誌竟然仍持續刊行。

隨著戰局惡化，模型迷的青少年們陸續被徵召上戰場。對模型業者來說，戰爭當生意材料還可以，但實際開戰後客人都消失了，這種矛盾如今也存在。不過那時出現了新的客源，就是國民學校的老師們。

這本雜誌的發行所，是當時模型大廠商朝日屋理科模型店的子公司「科學與模型社」。朝日屋的三大主力商品是「軍艦模型組裝材料：金剛・榛名級、妙高・那智級……」；「軍艦模型國民學校補充教材：陸奧、初雁……」；「國民學校補充教材的新兵器模型組裝材料：列車砲、高射砲、會跑的潛水艦……」[8]。國民學校的補充教材是「軍艦」與「新兵器」的模型，真令人驚訝。那麼，究竟是什麼樣的課程呢？

調查後發現，根據昭和十六年的國民學校令，在初等科、高等科共同科目的「藝能科」裡，除了音樂、書法、圖畫之外，「工作」科目初次登場。透過工作涵養皇國民意識，使其學會「科學之心」。因此，新設「工作」科目的主要教育內容，必然傾向軍艦、戰車、「新兵器」這類的軍事教材。

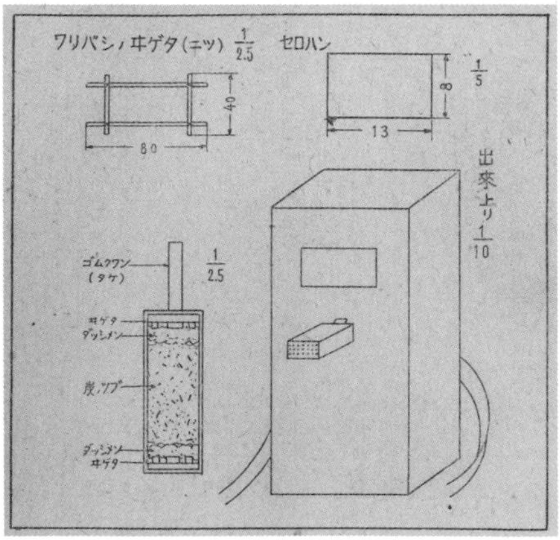

《科學與模型》昭和十八年六月

號中〈國民學校藝能科工作教材解說〉所介紹的「模型防毒面具」，奇異程度可謂出類拔萃。

> 本教材綜合使用較多材料，乃至做模型防毒面具，以此學會使用化學裝置的構造，涵養兒童的結構能力與國防思想，且資防護訓練。

這就是教材的目的。製作者是當時的大阪府立鹽草國民學校校長金井某。校長親自捲起袖子製作防毒面具，真讓人佩服得五體投地。這麼高尚的防毒面具究竟長什麼樣子呢？如附圖所示，怎麼看都很像變態先生會戴的紙袋。是想像力發揮到極致的造型。這個「防毒面具」到底能涵養出什麼樣的「結構能力」與「國防思想」呢？應該只有神知道。

《科學與模型》昭和18年(1943)1月號，科學與模型社。
右頁：模型防毒面具的完成預想圖。也許刊登在初等科圖畫教科書上的是同樣的東西，《科學與模型》介紹其製作實例。

禁止草莓牛奶！

當時的政府公報《週報》的投書欄「通風塔」，刊登了這樣的投書。

真正的戰爭生活

我們十分了解大東亞戰爭的現況，以及困難重重、需要耐苦的未來，對此也做好了心理準備。

因此我們深信，貫徹戰爭生活，是在大東亞戰爭戰鬥到底的我等銃後人之最大義務，最近頻頻高喊貫徹戰爭生活，我對這句口號極為關心，然其過於觀念性，缺乏我們應該怎麼活下去這類具體的內容。

不過，在大聲疾呼的今日，冬天竟然還允許販賣冰淇淋，最近甚至有部分人享受了草莓牛奶，但另一方面卻有不少苦於牛奶不足的母子。這只是一個例子，平日生活中還有太多類似的情形。

深切希望當局具體指點戰爭生活，立刻驅逐違背並阻礙戰爭生活的因子。——三四郎，《週報》昭和十八年四月十四日號

這篇投書的前半表明對「戰爭生活」的決意，後半則宣示對「草莓牛奶」的憎惡，這種大言壯語與對「冬天冰淇淋」指指點點的狹窄視野，毫無矛盾地結合了，非常有意思。

而且文章相當具有攻擊性，甚至還說，希望當局「立刻驅逐違背並阻礙戰爭生活的因子」，這種偏執已經超出日本式同調壓力的民族傳統框架，實在太驚人了。別那麼感情用事嘛，坦率點享受「草莓牛奶」就好啊（瑪麗皇后上身）。

客觀來看，這位老兄不過是以「為了國家」的藉口，將平常對他人的不滿、鬱憤發洩出來。甚至投稿至老大的政府公報，這種猛烈的「幹勁」，即使顧慮當時的情形，也令人覺得有點病態。這樣的「病態」其實就是民族主義病，將自己與國家一體化，單純的個人情緒＝抱怨，不知何時變身為以戰爭勝利為目的的大義名分，是這種深深困擾著旁人的病症。

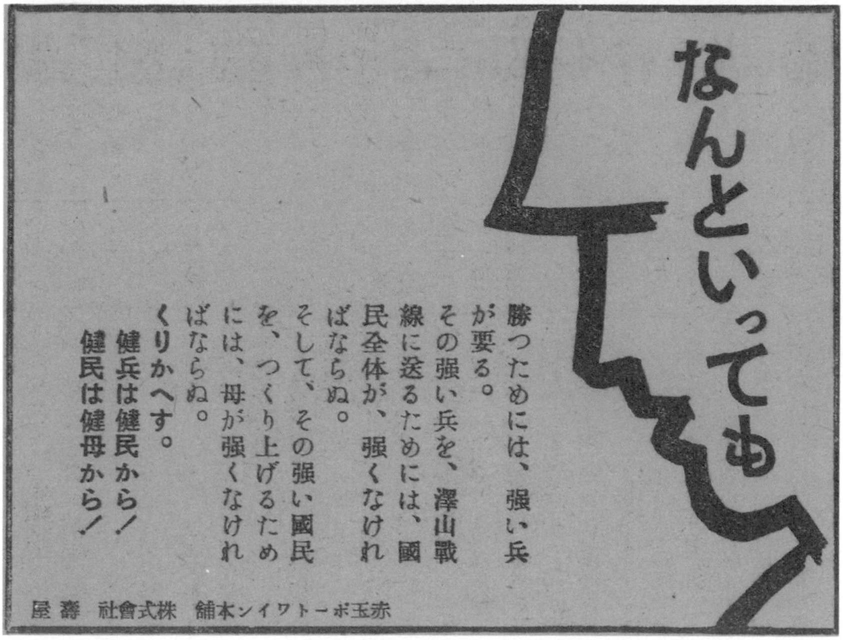

「牛奶糖也在打仗」，森永牛奶糖的廣告，《東京朝日新聞》昭和14年(1939)11月26日。森永相當敏銳地呼應時局變化，為了配合激發戰意的潮流，搞出很無厘頭的廣告詞。

下：赤玉紅酒的廣告，《家之光》昭和17年(1942)12月號。強調「健兵出自於健母！」這種國策口號，但將重點的「赤玉紅酒」擠壓到角落，好像也是躲開那種「非常時期怎麼可以享用奢侈品」批評的方法。廣告主的壽屋是現今的三多利。

戰爭與點心店的使命

「戰爭開始後，點心店究竟會變怎樣呢？」昭和十二年（一九三七）七月盧溝橋事件爆發後，全國的點心店都相當震撼。本來就在「非常時局」之下，對奢侈品的批判聲日益高漲，更何況該如何克服今後可以想見的物價統制、物資統制，不難想像點心店老闆心中籠罩烏雲的模樣。

為了一掃業界的不安，當時點心業界專門誌《製菓實驗》（製菓實驗社）在同年九月，立即策劃了「戰爭與點心」的特輯。果然是點心特輯，裡頭刊載很多瀰漫異香的文章。

以愛國心妥善應對時代吧

舉國面對空前未有的難局之

「注入愛國心／製作會讓勇士開心的點心吧！」在此介紹的點心由上而下依序是「餅乾」、「水果糖與巧克力糖」、「焦糖點心與夾心餅乾」、「黑糖糖果、梅乾糖、海苔仙貝、氣球仙貝」。《製菓實驗》昭左頁：《製菓實驗》昭和十二年（一九三七）九月號。特輯標題是〈時局對策研究號〉。

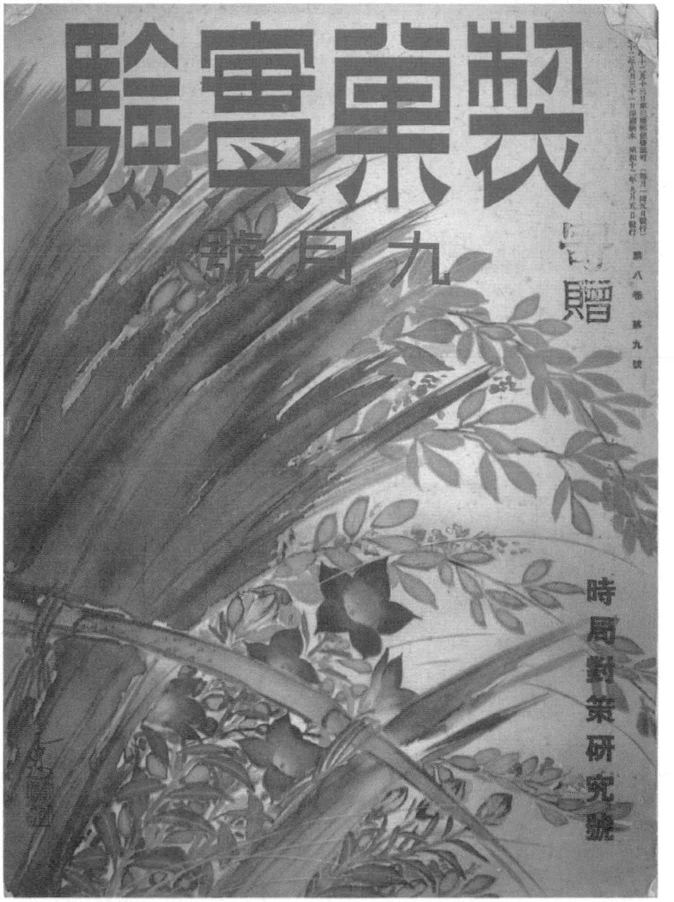

秋，身為經營者，最忌諱的是不正與貪欲。

支那事變是膺懲暴戾支那的聖戰，同時，對內則應為掃滅非愛國的支那流惡德分子的道德戰。

點心店啊！師傅們啊！與時共進吧！這是我們平常就在雜誌上呼籲的事。而且以時代來說，沒有如今日般這麼重大的時代了。

本雜誌深切希望，諸彥持有對此時代的正確認識，抱著熾熱的愛國心，為維持業界全體的名譽與信用而奮鬥。

從這篇製菓實驗社社主金子倉吉的卷頭語開始，就已是相當狂熱的「點心報國」宣言。雖然這可說是點心業界的生存策略，但竟然喊出「掃滅非愛國的支那流惡德分子的道德戰」這種過分的話，真是令人不寒而慄。話說，「非愛國的支那流惡德分子」到底是什麼呀？實在很想用這種千金小姐的口吻反問，無論如何，這算是連KGB[9]都會感到驚訝的點心業界社會肅清宣言吧！唉呀，讓一介點心業界專門誌主編瘋狂到這種程度，戰爭真是可怕呀！

令人悲傷的微笑慰問帖

銃後的人們為鼓勵前線士兵們而製作了「慰問袋」。當物資充裕時，會在裡面放入點心、乾糧、兜襠褲等日常用品。令人驚訝的是，百貨公司還將罐頭、面紙之類的物品以及美女照片等，打上「慰問用品」的名稱商品化。當內地物資缺乏時，沒有東西可以放入「慰問袋」，於是便增加了信件、作文、手工布偶等，這些比較不需要費用的東西。

該把什麼東西放入慰問袋呢？銃後女性好像相當苦惱，婦人雜誌幾乎每期都刊登了「慰問袋」手冊。不僅如此，即使是年幼的少女也是銃後的重要人力，軍方當局亦積極鼓勵兒童們的手藝與作文等。

刊登於《少女俱樂部》的〈微笑慰問帖〉，可說是製作慰問品的參考書，諸如雜誌相聲（！）、搞笑短劇、雙關語、笑話，以及寫給前線士兵閱讀的作文範例等，充滿令人冷汗直流的「開朗」。

例如〈猜謎〉：

「為了戰勝所需，會發出聲音的箱子是什麼？」（答：存錢筒）

「絕對不敗的山是什麼山？」（答：KachiKachi山／かちかち山[10]）

「獨眼狸[11]長得像潛水艦，是什麼？」（答：烏龜）

「敵方的戰果公布」解釋為「五支針」[12]，是什麼意思？（答：假）

「守護東亞」解釋為「鏡餅」[13]，是什麼意思？（答：一天比一天堅固）

……心情愈來愈沉重。甚至如附圖的猜謎畫（答：我們也會工作），也引人同情落淚。

手藝專欄則刊登了「嬰兒布偶」、「臼太郎」等吉祥物的製作方法。一想到少女們用心製作的幾千個「臼太郎」在戰地遭遇了什麼樣的命運，就更讓人心痛。

ゐもんぶくろと
いつしよに
荒居 稔
川上 四郎 畫
ゐもんぶくろ
ゐもんぶくろ
おとうさんへ送る
ゐもんぶくろ
のりや
おちやや
ほしいかや
支那ごのじびき
ふうせんや
ぼくのづぐわや……
ゐもんぶくろ
ゐもんぶくろ
おとうさんへ送る
ゐもんぶくろ
ぼくもそつとはいつて
せんちへ行きたい

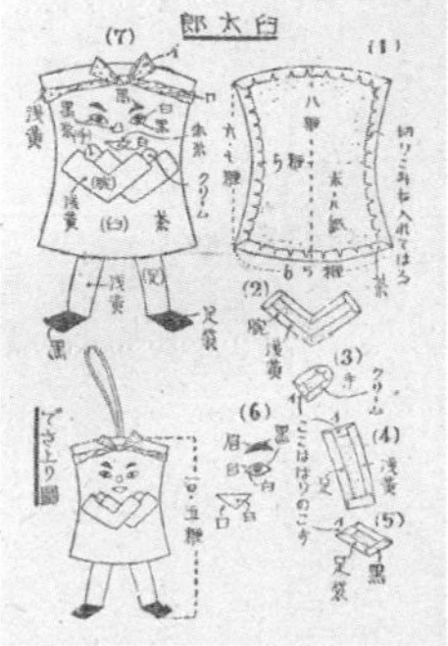

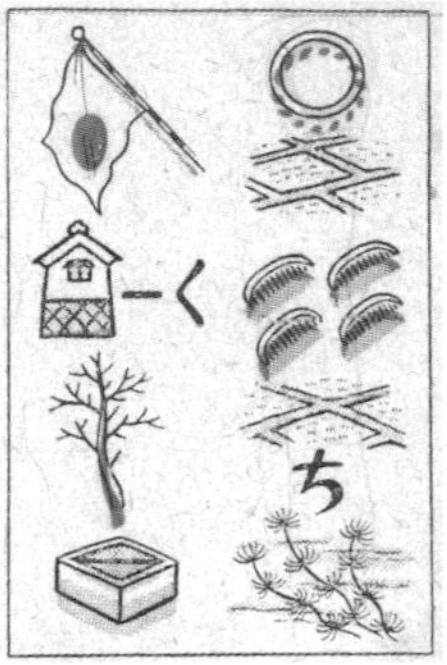

ニコニコ慰問帖

「ニコニコ慰問帖」について

前線の兵隊さんは、どんなに苦しい戰爭をしてゐる時でも、「銃後は安心だ。」といふことをきくと、勇氣百倍するときいてゐます。私たちは、をりあるごとに、まごころこめた慰問文を、慰問帖を、慰問袋をお送りして、前線の兵隊さんに安心して戰つていただかねばなりません。

この「ニコニコ慰問帖」は、みなさんが慰問帖を作る時のお手本にもなり、またこの雜誌をそのまま前線へお送りになつても、兵隊さん方に喜んでいただけるやうにと思つて編輯したものです。これをお手本に、みなさんのちゑをしぼつて、おもしろい慰問帖をつくり、どしどし前線へお送りしてください。知つてゐる兵隊さんのない方は、作つた慰問文や慰問帖を、次の所へ送れば第一線にとどけてくださいます。

陸軍は　東京都牛込區市谷本村町　陸軍恤兵部
海軍は　東京都麴町區霞關　海軍省恤兵係

上：〈同慰問袋一起〉一文，訴說著兒童深切希望同慰問袋一起前往戰場與父親見面的願望。《幼年俱樂部》昭和17年8月號。
右：「微笑慰問帖」，《少女俱樂部》昭和19年1月號。留著鬍渣的士兵先生帶著微笑，透過紙杯電話與少女聊天，圖案令人印象深刻。
中：「微笑慰問帖」，《少女俱樂部》昭和19年(1944)1月號。右圖是是吉祥布偶臼太郎的製作方法。這號人物可能是該雜誌自創，僅出現過一次。左圖是猜謎畫。

在百貨公司買慰問袋

將慰問袋送給戰地的士兵們，暫且不說已經沒東西可放入袋子的戰爭末期，在內地尚有餘裕的日中戰爭至「大東亞戰爭」初期，好像有不少人在百貨公司購買「慰問袋」套組，各百貨店也開發自創慰問袋。看來燃燒著愛國心的婦女們，很努力地將現成的慰問袋送往戰地。

點心業界專門誌《製菓實驗》昭和十二年（一九三七）九月號裡有個問卷調查，內容是全國著名百貨公司的慰問袋裝入了哪些點心。

三越本店（東京日本橋）冰砂糖／水煮紅豆／糖果

松坂屋（東京上野）松坂屋糖果（罐裝）／羊羹

伊勢丹（東京新宿）黑糖糖果／冰砂糖／米菓

南海高島屋（大阪難波）罐裝栗米糕／罐裝水果糖／罐裝冰砂糖

阪急百貨店（大阪梅田） 阪急糖果／明治糖果／罐裝栗米糕

玉屋百貨（福岡市東中洲） 博多

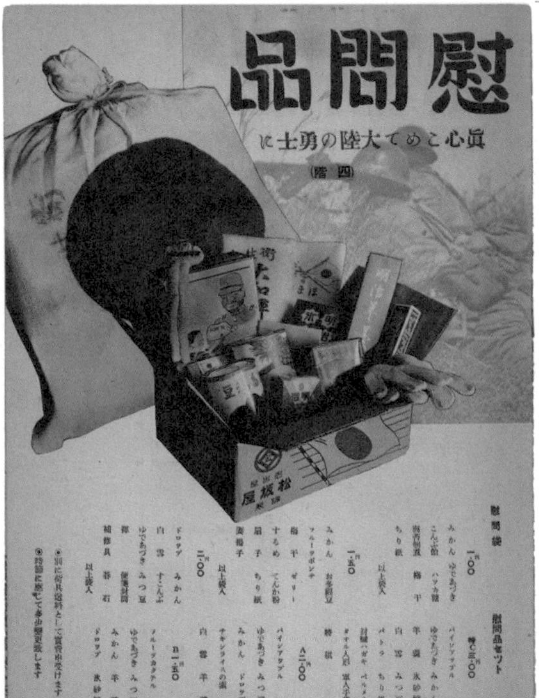

百貨公司販賣的慰問品套組。除了罐頭食品之外，也放入「面紙」、「天花粉」14、「扇子」、「牙籤」、「圍棋」、「軍人手套」等，價格從一至二日圓不等。名古屋松坂屋百貨，昭和14年（1939）8月的型錄「松坂屋新聞」。

銘菓「玉錦」／巧克力羊羹／森永糖果／冰砂糖

……每一家都大同小異，比較特別的是，北海道老字號的百貨店五番館（後來的札幌西武百貨），放入了特製昆布點心「後志之香」／使用北海道奶油的「奶油糖」等，其說明如下：

> 我們想推薦慰問用點心，特別以鄉土士兵較熟悉的鄉土製品為主題。

真感人。

無論如何，一直收到這些慰問袋，感覺很快就會蛀牙，但其實這些慰問袋也很周到地用於對北支那當地居民的綏撫工作。看來，戰爭與點心的關係意外地密切。

『多謝々々 日本兵隊さん大好きある』
〇〇部隊本部にて

「伸出手吧，給你日本糖果」「多謝多謝。我最喜歡日本士兵」，圖片說明這麼寫著。話說，寫到中國人時一定會出現「－er」（兒音）的民族刻板化印象，真令人受不了。《製菓實驗》昭和12年（1937）9月號卷頭畫。

徵用有閒婦女吧！

戰爭時期，情報局編輯、每週刊行的準政府公報《週報》，也在卷末設置了讀者投稿欄「通風塔」，當中大日本帝國精選的白癡投稿層出不窮。這本只比《官報》稍微好一點的雜誌是珍貴的資料，可藉此了解當時情報局對人們要求什麼、希望讓他們說什麼。

徵用有閒婦女吧！（昭和十八年一月十三號）

在第一線，決戰又決戰，皇軍士兵持續浴血奮戰，在銃後，國民全力奮鬥，如此時節，街頭巷尾仍有不少婦女令人懷疑「這真的是決戰下的國民嗎？」，實感萬分遺憾。政府立刻徵用有閒婦女，使其在國家所需部門勞動吧！——高山市　照嵐生

這個對「婦女」指指點點的投稿者，與該婦女之間「是否發生了什麼事啊？」此文充滿這種私怨系大義名分的臭氣。

女性的新年服飾（同年同號）

情報局捕捉的「有閒婦女」之圖。《寫真週報》第二五一號，昭和十七年（一九四二）十二月二十六日。圖片說明：「請這種人去美國吧」。開戰一年後，果然仍有富裕階級。

看到許多善男善女慶祝新年並祈願武運長久，真令人感到欣慰。然而，那服飾、那姿容，令人不禁懷疑，這是認清決戰下時局的模樣嗎？

在不知何時發生空襲的時刻，像那樣子真的可以拿水桶防火嗎？那種日本髮型，可以戴上防毒面具與鐵帽嗎？——大阪 一鄉軍

這也是與婦女相關題材，不外乎是皇國歇斯底里的鄰居大叔，陰險地批評他看不順眼的女孩。「那種日本髮型可以戴上防毒面具與鐵帽嗎？」也太多管閒事了吧，過年稍微打扮有什麼不好？你這樣還稱得上是日本男兒嗎？

「女性的戰場」，在愛知縣豐田汽車工廠工作的女性。《婦人公論》昭和17年4月號。
下：「不談燙頭髮的是非。然而，心比髮型、外觀更為重要。將時間與金錢獻給國家，才能自豪地說，我是銃後之花」。《寫真週報》第251號，昭和17年12月26日。所以把燙頭髮的女性當作壞人吔。

「妳的妝會不會太醒目了？」

大日本婦人會的大媽們，也睜大眼睛檢視人們的生活。她們注意到街頭女性華美的服裝與化妝。昭和十八年（一九四三）八月十日，當時的商工省制訂了纖維製品製造限制規則，限制衣服、布料的種類，禁止生產長袖（指袂長）和服與長腰帶。二十天後，大日本婦人會將每月八日（大詔奉戴日）定為「短袖・燈籠褲日」，忠實遵循國策，並著手全國性的長袖驅逐運動。

利用堡壘攻擊法

日婦千葉縣支部，目賀田副支部長提案，採用皇軍的堡壘攻擊法進行長袖驅除運動已取得成效。這是一種策略，只要大部隊開始船底型總進軍，即使是有一、二位表示反對的舊體制堡壘婦人，也會因大趨勢的壓力而不敢走在街上，如此便可輕易攻陷。——《日本婦人》昭和十八年九月號

很多大媽踩街，一看到穿長袖的女人便進行攻擊，真是可怕的作戰。實際上有證言指出，真的有人拿剪刀站在街頭一一剪掉長袖。對「長袖」的怨念真是驚人。即使到了敗勢明顯的昭和十九年（一九四四），此運動仍未退燒，還演變成以「生活的決戰化」為口號，將守備範圍擴大至化妝和髮型。

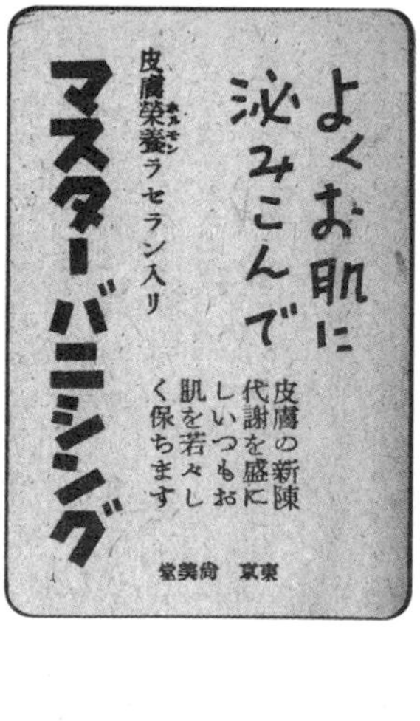

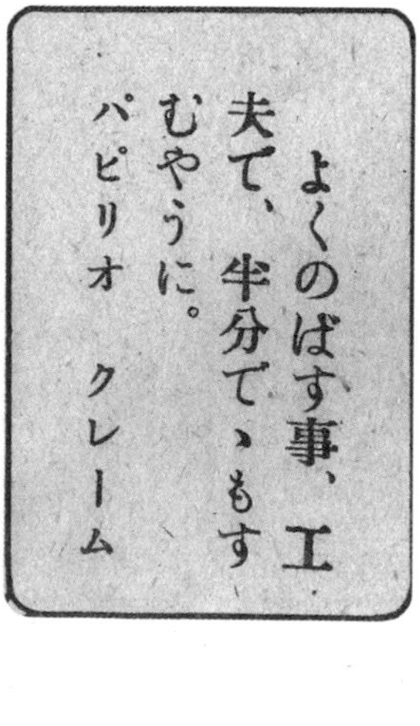

街頭的長袖驅逐運動。圖片旁寫著：「為什麼不剪長袖？日婦（大日本婦人會）東京都支部長德川彰子夫人以下的理事們終於忍無可忍，在31日挺進銀座展開全面性運動。」《讀賣寫真版》，昭和18年8月31日。

右頁：刊登於《婦人俱樂部》，戰爭時期最後的化妝品廣告。由右至左：master vanishing, Papilio cream, LAIT cream。

用紙彈藥邁向決戰生活

日婦山形縣支部，會員在大詔奉戴日的七月八日，出動至市內九個地點，將寫著「妳的妝會不會太醒目了？」、「妳的髮型不能再簡單一點嗎？」、「服裝樸素一點吧！」的紙彈藥遞給行人，已取得成效。二《日本婦人》昭和十八年九月號

雞婆能量大噴發。只要化妝、髮型樸素一點就能戰勝……大媽們很清楚事實並非如此。因而重點可能是一種示威，她們想恫嚇那些試圖以時尚對社會「決戰生活化」做點反抗的女性，使其屈服於國策。看著這些大媽，便會脊椎反射式地想起「穿著體育服拿著劍道竹刀站在校門口的導護老師」，他們也許是大日本婦人會大媽的後代吧。

向生殖決戰毅然蹶起！

大日本婦人會的大媽們由上而下進行的戰爭協力，從銃後的慰問、勤勞動員，最後走到了將每個人的生殖行為奉獻給國家的地步。

一掃適齡未婚者

日婦土浦支部於六月二十一日召開理事會，除了討論貫徹戰爭生活、消化彈丸郵票[15]之外，也任命三十名結婚委員，決定與方面委員積極合作，一掃二十五歲以上的男性與二十三歲以上的女性未婚者。——《日本婦人》昭和十八年九月號

人為的「一掃」未婚者，虧他們想得出這種高招。那些喜歡當媒人的鄰居大媽們，將國策作為大義名分而趁機總蹶起[16]，真不想遭到這種大媽的毒手。

以未婚者名簿接受結婚徵召

日婦松本支部與同市方面委員會合作，為增強人口以獲得戰勝，抱著結婚也是應召的心情積極牽線。方法是，全市各區備有未婚者名簿，讓區內的適齡未婚者不得不抱著「邁向喜事總進軍」的心態，現在為了準備名簿，全市日婦會員正忙得不可開交。——《日本婦人》昭和十八年九月號

結婚就像收到召集令一樣……，是誰叫妳說出這種的妙言啊？「邁向喜事總進軍」真是驚人的大攻

勢，彷彿日婦會員的大媽正仔細盤點每晚的夫妻生活，好恐怖。

當時的婦女雜誌，頻頻出現「以小孩貢獻國家」等口號，「七個小孩全都培育為皇國將兵的母親」、「將五個孩子都培養成海軍軍人的母親」被抬舉為日本婦人的楷模。

免費診斷不孕會員

日婦岡山縣支部，邀集結婚三年都沒有小孩的會員，舉行演講會並發送診察券進行診療，致力於增強人力資源。——《日本婦人》昭和十八年九月號

在總力戰體制下，婦人被定位為製造皇軍士兵的「生產機器」，結婚三年沒有小孩，可能就被視為罪惡吧。甚至可能連夫婦行房實戰指南都抓手抓腳地教導呢！

右頁：被選為「榮耀孩子人數日本第一」的北海道，北見富永林治（四十五歲）、Sagami（サガミ）夫妻。是十男四女的大家庭。
左：「荒鷲之妻荒鷲之子」。荒鷲指的是圖片上未能見到的飛行員父親，這個畫面是母親教導小孩們，未來要像父親一樣成為荒鷲。《婦人俱樂部》昭和十五年（一九四〇）十月號。

拓南塾的特別講義

國立公文書館收藏了一份文書，是管轄「拓南塾」的拓務省拓務次官致陸軍次官的〈有關委託拓南塾特別講座事宜〉。所以是委託陸軍派遣講師呢。這個特別講座似乎舉辦在隔週的星期五上午十點至十二點的兩小時。拓南塾創設第二年時的特別講座內容如下：

5月9日　南太平洋諸島情況參謀本部豊福大佐
5月16日　一、荷屬東印度兵要地志及軍情
　　二、上方勤務之意義及勤務者所需能力
　　同上
5月23日　菲律賓情況及情報勤務同上矢野少佐
5月30日　美國情況同上
6月6日　南洋大陸系的地誌概要同上手島中佐
6月13日　英美合作的對日包圍態勢同上
6月20日　歐洲情報同上橫山少佐
6月27日　蘇聯情況同上林中佐
9月12日　全支那情況同上高澤少佐
7月11、18日　防諜相關事項陸軍省大森少佐
9月5、19日　宣傳相關事項參謀本部藤原大尉
8月15、22日　謀略相關事項參謀本部矢部中佐

——光看「拓南塾」這個名稱，讓人聯想到類似開拓農民養成塾，但從特別講座的內容來看，這根本就是情報員的養成講座。尤其是「謀略相關事項」也未免太露骨了。他們是開拓農民，同時也承擔了融入當地居民的諜報員任務吧。實際上，有人自該塾畢業後服務於緬甸軍政部，接著被派到從事印度、緬甸獨立工作的「光機關」，其手記也在網路上公開了。

戰後，有關這個「拓南塾」，其畢業生在出版回憶錄時如此描述：「(和甘迺迪總統提倡的一樣)以開拓為目的的部隊」，但如同美國的「和平部隊」，拓南塾也是培養具備謀略、宣傳等能力的殖民地支配尖兵的機關。

拓南塾的講座風景。這是題為〈於沼津臨海訓練時宮崎教官的講座〉的照片。《拓南塾史》拓南塾史刊行委員會，1978年。

六、言靈的戰爭

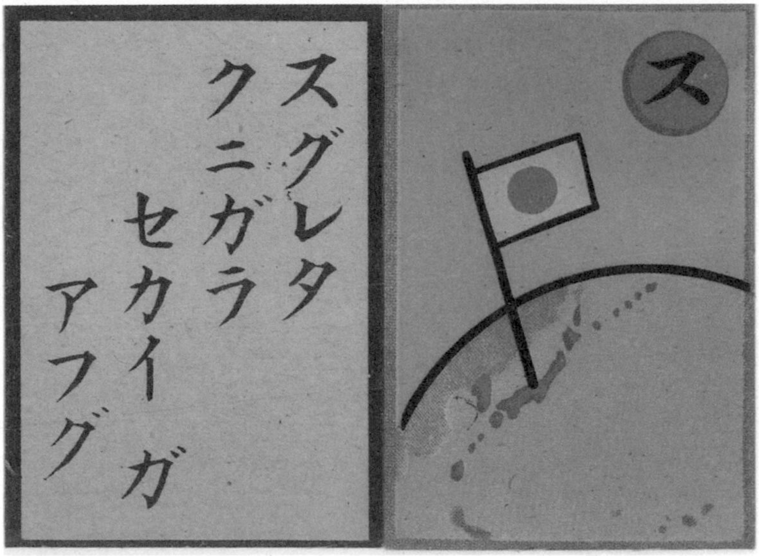

日本果然是神之國

大日本雄辯會講談社的綜合雜誌《現代》昭和十九年（一九四四）六月號刊登了一個企畫，名稱直截了當地就叫「神國日本座談會」。出席者倉野憲司、新美忠之、高橋峻、佐藤喜代治四人，都是以神官養成大學聞名的神宮皇學館大學（當時名稱）的教授和副教授。

座談會前半段因為討論「為了脫離美英思想，就必須脫離美英式的言詞……」，而出現以下對話。

新美：……有「七海」這種說法，這類詞彙依然是一種翻譯語言。可能是美英人把它和幸運七的「七」與海連結起來所形成的詞彙。將這種詞彙毫無批判地翻譯並使之普及於國民之間……做出這種事的人應無法真正指導日本國民。……

倉野：完全同意。

「七海」是否真的來自「幸運七」，我一點興趣都沒有，但這個座談是分貝相當高的荒謬發言大爆發大會。

座談會裡，在倉野教授提出「我認為我們在此有必要檢討神國真正的意義在哪裡」的問題之後，每個人便任意談起「神國的意義」。

佐藤副教授率先發言：

理論性地思考何謂神國固然也是一種學問……（中略）……但不如沉浸在神國的深刻氛圍裡，這是不是我們首要的問題呢？

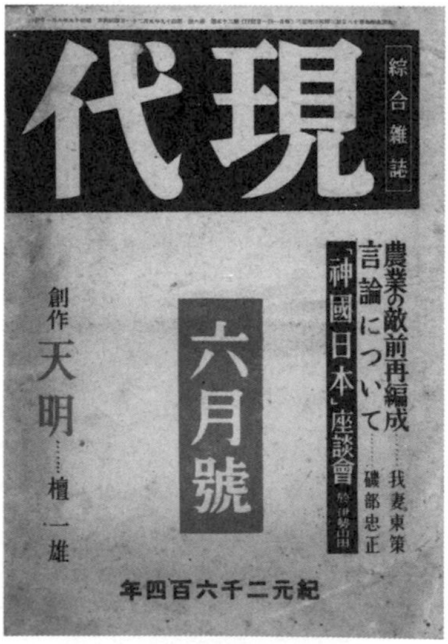

——我的天啊，「神之國」竟然是一種氛圍啊！對此，高橋副教授拋棄良知，讓我們見識到了何謂男人。

雖然我可能會被視為瘋子……，除非將狐狸、雷、蛇視為神並且相信，否則外國人不會接受日本是神國這件事。如支那的書籍所寫，日本人相信奇怪的東西，連承認的膽子都沒有的話，怎麼讓外國人接受呢？

——了不起！說到這種份上，才有「神之國」的感覺嘛。不過，到了二十世紀還被泛靈論支配的國家，無論如何還是太遜了……，而且說到神明竟然是狐狸與蛇之輩……。

右頁：綜合雜誌《現代》昭和十九年（一九四四）六月號刊登了「神國日本」座談會特輯，大日本雄辯會講談社。

左：說到神明，果然還是這種巨人神武天皇似的圖片，才會因身為偶像而受到喜愛。〈時局大寫真帖〉，《講談俱樂部》昭和十五年（一九四〇）新年號附錄，大日本雄辯講談社。

塞班島玉碎……「真令人愉快」

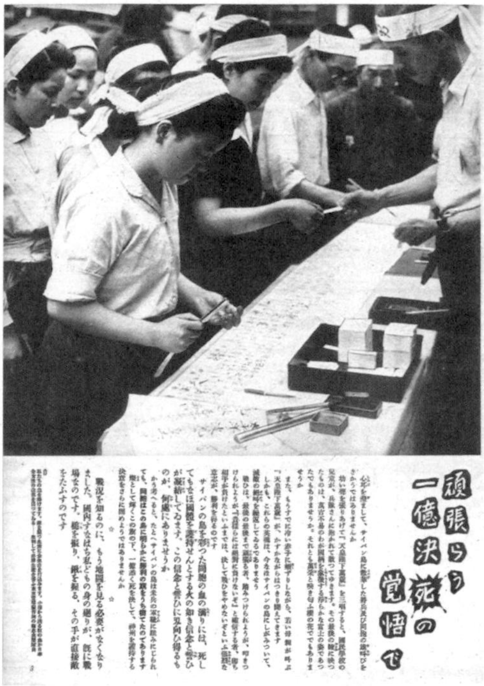
頑張らう
一億決死の覚悟で

昭和十九年（一九四四）七月，約三千名防守塞班島的日本軍因遂行「萬歲突擊」而玉碎。據說，留下的日本移民也從北部的斷崖投身自盡，將海面染得血紅。令人驚訝的是，有人對此悲劇高興地說出「真令人愉快」的感言。到底是哪個鬼畜呢？不是別人，就是那位右翼巨魁‧頭山滿老先生（一八五五－一九四四）。

當時最荒謬的綜合雜誌《公論》十月號刊登了以下這則採訪。

——（記者）聽說對於塞班島全員戰死的問題，老師您說「真令人愉快」，並讓您的家人掛上山櫻墨繪，觀賞良久。

光是這一段，就讓人不禁驚呼「蛤？」，頭山老先生的回答如下：

頭山：因為這是獸族之民（＝美國嗎？）做出極為殘忍的事，也發揮了他們的本性。儘管做吧！正因為他們這麼做，最後的下場也會很慘，如果這樣就好。無論他們對我們如何又殺又剮，都沒有一個人投降，這是最令人開心、最令人愉快的事。為道而生，為道而死。死於忠孝乃臣子大義，沒有比這更令人高興的事了。由此可想見光明的未來。

……總之，就是皇國臣民該高興死於忠孝之道。對軍人、居民全滅的悲慘集體自決感到「愉快」、「高興」，頭山老先生果然非常人。然而不管怎麼想，一般讀者一定很「傻眼」，當時的日本社會，可能瘋狂到連這種言說都能若無其事地公開了吧！

這則採訪刊登一個月後，昭和十九年（一九四四）十月五日，老先生在御殿場的別墅往生了，享年九十歲。

此則採訪的標題是「神州不滅」，若按頭山老先生的做法，日本人應該已經滅亡了吧，但我還是想說：「殺了那些命令殺人的人吧！」（埴谷雄高）

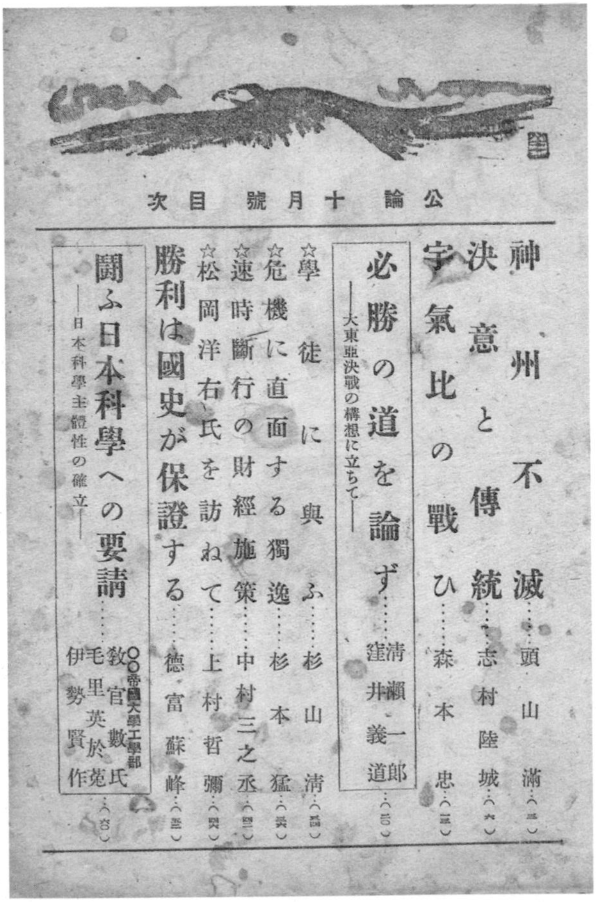
公論　十月號目次

神州不滅……頭山滿…（三）
決意と傳統……志村陸城…（六）
宇氣比の戰ひ……森本忠…（一五）
必勝の道を論ず——大東亞決戰の構想に立ちて——……清瀨一郎　窪井義道…（二〇）
☆學徒に與ふ……杉山淸…（三四）
☆危機に直面する獨逸……杉本猛…（三六）
☆速時斷行の財經施策……中村三之丞…（四二）
☆松岡洋右氏を訪ねて……上村哲彌…（四八）
勝利は國史が保證する……德富蘇峰…（五三）
鬪ふ日本科學への要請——日本科學主體性の確立——……○○帝國大學工學部教官數氏　毛里英於菟　伊勢賢作…（六〇）

《公論》昭和19年10月號的目次。以頭山老先生的專訪〈神州不滅〉為首，排列充滿決心與氣魄（笑）的文章。第一公論社發行。

右頁：「奉獻我們的血。我們以全部的生命投入打擊敵人的生產。從小指滴下的紅血，說明日本全體女性的決心——以血印誓言必勝生產的東京萱場製作所的盡忠突擊隊員。」塞班島玉碎後，各職場舉行總蹶起集會，甚至還有誇張的神靈附體職場製作了血印狀。順帶一提，東京萱場製作所是汽車、飛機的零件廠商，即現今的「KAYABA（カヤバ）工業株式會社」。

靖國神社的「寇敵擊攘必勝祈願祭」

在大東亞戰爭期間，無論是佛教、神道、基督教，或許是仿效古代「元寇」[1]的故事，幾乎所有的宗派、教團都舉行了「必勝祈願祭」。昭和十四年（一九三九）年訂定「宗教團體法」後，隸屬於戰時統制下的宗教團體在昭和十五年（一九四〇）由國家權力進行整理與統合，並結成宗教翼贊會。接著，在昭和十九年（一九四四），進一步發展為文部大臣擔任會長的「大日本戰時宗教報國會」，標榜確立「皇道宗教」，積極擔當遂行戰爭翼贊運動的其中一翼。

從今日來看，說什麼靠神打贏近代戰爭，簡直是頭殼螺絲掉了好幾根。看來，日本宗教人的靈力早就大大衰退，到了最後也沒能吹起神風。

在敗勢濃厚的昭和二十年（一九四五）五月，依勅令第二百八十四號在靖國神社舉行了「寇敵擊攘必勝祈願祭」。但很遺憾地，相關資料幾乎沒有留存下來。根據《靖國神社略年表》（靖國神社社務所，昭和四十八年），有以下的記錄：

昭和二十年五月九日　舉行寇敵擊攘必勝祈願祭至十六日。

只有這麼一行記錄。因為「寇敵擊攘必勝祈願祭」此名稱英勇得奇妙，讓人十分好奇到底做了哪些祈願。《略年表》中唯一提及內容的，僅昭和十九年（一九四四）八月的「擊滅美英必勝的祈願活動」。

昭和十九年八月二十一日　舉行擊滅美英的必勝祈願活動，三十一日結束。職員自晚間八點起，穿著白衣、袴（和服），在拜殿迴廊邊奉誦大祓詞邊繞行，並於九點結束（夜

間活動），接著翌晨四點開始，穿著淨衣服裝，在本殿迴廊，同樣邊奉誦大祓詞，邊繞行一小時。（晨間活動）

——沒什麼嘛，只有夜、晨各一小時而已……，我所想像的，是更嚇人的詛咒戰爭呢，還真讓人有點失望。順帶一提，靖國神社還分別於同年十月四日至十一日、十一月七日至九日、十二月七日至十二日、十二月二十七日至隔年一月九日，數度詛咒鬼畜美英。原以為這個祈禱多少發揮了些許作用，結果在「寇敵擊攘必勝祈願祭」結束一週後的昭和二十年（一九四五）五月二十五日，靖國神社遭到空襲，造成遊就館內部與倉庫全部燒毀等災情。正可謂「詛咒別人，報應自身」。

情報局編輯
三月十四日・第三六三號
寫眞週報
時の立札
怒りをこめ
祈りをこめ
くぢけぬ心あるところ
必らず勝つ
盡忠報國

右頁：大日本婦人會福岡縣、山口縣、宮城縣三支部的部長，正在參拜靖國神社並宣誓「我們為靖國英靈總蹶起」。《日本婦人》昭和十九年（一九四四）二月號。

少年敲打奉納給靖國神社的巨大「盡忠報國太鼓」。據說這個太鼓是「全國青少年團各捐獻一錢來製作，近期奉納給靖國神社的大太鼓」，我找了很多資料，但不知其戰後去向，會在靖國神社的某處嗎？《寫真週報》第三六三號，昭和二十年（一九四五）三月十四日。

奇譚！《戰鬥神國》

直到昭和二十年（一九四五）戰敗為止，神社神道因被當作國教（所謂「國家神道」）而隸屬於內務省神社局（昭和十五年改組為神祇院）的管轄。神職（神官）由國家任命而享有官吏的待遇，但由於薪資由各神社的經費支付，因此會因「工作地」的神社大小而產生所得落差，聽說有不少神官陷入了極貧的生活。

先不說這個，此神祇院獨自從各地神職收集「大東亞戰爭」下「與神社相關、有點感人的軍國美談」，並製作美談集，以進一步提升戰意。其成品就是這本《戰鬥神國》（神祇院編，日本青年教育會出版部，昭和十八年十二月）。

這本書一開始就讓人快要昏倒，以體驗談的體裁羅列了「神社御守保護我免於中彈」的系列傳說。

・貼身攜帶女學生贈送的御守，結果為我擋下了敵彈。

・因被擊沉而漂流海上之際，出雲神社的御守讓我確信一定能夠生還。

——從這些似乎耳熟的御守體驗談開始，接著出現以下內容。

・陸軍中佐在戰地得了傷寒、高燒昏迷時，夢見了春日大社，結果病癒，於是寄送答謝信件與貢品。

・一名海軍士官因在出發前向平安神宮祈願航海安全，後來雖遭遇猛烈炸彈的攻擊，卻一發也沒被打中，而且魚雷都閃躲軍艦。因身為艦長代理而前來致謝。

——等等，刊登了多則「信不信由你」的故事；若「大東亞戰爭」的本質——靈異戰爭在此浮現出來……，就更有趣了。

該書最後如此結尾：

超越生死，從容地為悠久大義而生——死而成神，仍為皇室國家盡力，這就是神國日本特有的生死觀。（中略）我祈願和護國神祇一起，永生報君報國。

如此一來，所謂「戰鬥神國」，指的就是死者永遠守護的國家……。

神祇院編《戰鬥神國》，日本青年教育會出版部，昭和18年(1943)。下：發行者、發行年代不詳的明信片。圖片說明寫著：「女學生們參拜祭祀神武天皇的官幣大社宮崎神宮。」穿著水手服的少女們一起低著頭，真是驚人的畫面。

戰時下「殺生戒」的走向

戰爭期間，淨土真宗系出版社興教書院刊行了「戰時布教文庫」，其第一卷便是《立信報國》（昭和十二年九月刊）。已有各種研究文獻談及淨土真宗系各派的戰爭協力，除非看過實際的史料，否則無法掌握當時的「氛圍」，這真是凡夫的悲哀。

此書最突出的是卷頭論文〈佛教與戰爭〉（佐佐木憲德），該篇文章針對佛教儘管有殺生戒的大原則，卻積極協力「支那事變」的教團立場一事，盡可能地利用和尚特有的歪理大放厥詞，真是有趣。

殺生戒這個勿奪人命的戒條，直接與當前問題的戰爭有關。若遵守殺生戒而不奪人命，就無法戰爭了，身為國家的一員，對此會感到非常困惑吧。

不用感到困惑啊，只要遵守釋迦牟尼的教誨就好。

佐佐木將戰爭稱為「折伏」。彷彿戰爭都是正義與邪惡的鬥爭，所以必須將它視為正義折伏邪惡的過程。

例如戰爭，如果是正義的戰爭，即以折伏逆化的心術方法進行，目的只有一個，對於惡逆非道暴慢的敵國施以膺懲大鐵鎚，使之反省自覺並回歸正義的大道。

換言之，他的邏輯是：因為對方是「惡逆非道暴慢」，所以我們的「鐵鎚」就變成正義了。然而，儘管是正義的戰爭也會死人，也必須殺人，那怎麼辦呢？

……戰爭當然會死人，也要花錢，是很不容易的事。然而不打仗的話，正義將從世界消失，正道將遭到埋沒。因此，從菩薩的願行來看，為守正義、護正道，必須舉起槍劍，殲滅惡逆無道的魔軍。（第十二頁）

總之，他確切表明，因為要「守正義」，所以可以殺人，戰爭的其中一方一定是正義，這種世界觀極為單純幼稚。不僅如此，他還深信自己所屬的那方總是正義的，只能說佐佐木是「淨土真宗版胖虎」。若親鸞善上人聽到這些，肯定會唏哩嘩啦地落下淚來。

雖然宗派不同，但和尚也進行軍事訓練。照片是比叡山延曆寺學習僧侶的訓練畫面。《寫真週報》編輯部取了一個有趣的標題——「戰鬥帽的山法師」。《寫真週報》第198號，昭和16年(1941)12月10日。

右頁：戰時布教文庫第一輯《立信報國》，興教書院，昭和12年(1937)。

神靈附體戰爭與皇國婦道

戰敗一個月前的昭和二十年（一九四五）七月，《主婦之友》策劃了一個簡直徹底瘋了的驚人特輯，題為「勝利的特攻生活」。「特攻」怎麼會是勝利呢？什麼跟什麼啊啊啊啊？

在物資缺乏之際，其總頁數為三十頁（順帶一提，「大東亞戰爭」爆發前的昭和十五年十二月號是三二八頁）。過去曾以彩色印刷愛國美人笑容的封面，如今成了鋼筆畫風的黑白圖，並開始使用和內文一樣粗糙的紙。看來，只有特輯標題仍勉強用力地虛張聲勢。

此輯內容以宮城Tamayo（タマヨ）（一八九二－一九六〇）執筆的〈敵方登陸本土與婦人的覺悟〉為首，還有以下的文章：

〈與皇國共同突破苦難〉
〈最後贏得勝利的防空洞生活〉
〈焦土菜園指南〉

光看標題就覺得「你已經輸了」……是完全被壓倒的氣氛。

> 敵方登陸本土、展開本土決戰，無論從地利或兵員來看……，我方絕非不利。…若一億人一個都不剩地成為忠誠的結晶，並由男女混合的總特攻隊來戰鬥，毫無疑問皇國必勝。——宮城Tamayo（タマヨ），〈敵方登陸本土與婦人的覺悟〉

喂喂等一下，你說本土決戰比較有利，這怎麼可能啊！實在讓人很想吐槽，若是如此，一開始就本土決戰好了。就算皇國靠「一億總特攻」取得勝利，那裡也只剩下無人的焦土而已。

> 貫徹大義，不怕火中、彈雨裡的獻身之德，這便是建國以來的日本婦道。（同前）

稱讚這種非人性「獻身」的宮城女士，在昭和二十二年

（一九四七）若無其事地成為戰後第一位女性參議院議員，真令人意外。

這位曾在銃後推動婦人戰爭協力的「日本婦道」意識形態體現者，到底有沒有反省其心性？據說她在昭和二十四年（一九四九）致力於制訂「防止虐待動物法案」，不過，看來她未曾好好檢討自己在戰爭時期呼籲總特攻、參與虐待人類的過往。

上：戰時最後一期《主婦之友》，昭和20年（1945）7月號。由於空襲而失去了印刷廠，因此借用靜岡縣報社的鉛字與印刷機來印刷。
下：東京音樂學校女學生的槍劍術訓練，這位與看似駐校軍官面對面的人，可能是老師吧。《讀賣寫真版》，昭和18年（1943）7月12日。

靈魂的歸處——「淨土」對「靖國」

在日中戰爭陷入膠著、戰死者增加的同時，祭祀於靖國神社的「英靈」也越來越多，讓宗教界產生了各種苦惱。其中之一便是祭祀於靖國神社之人「靈魂的歸處」。

淨土真宗大谷派的佛教學者山邊習學（一八八二－一九四四），在其著作《佛教的新體制》（第一書房，昭和十六年）裡提及這個問題，並特地安排〈靖國神社之一宗教性〉的章節，說明如下。

> 今日的新問題是，有關祭祀於靖國神社者靈魂的歸處。……特別是受淨土宗影響的人，長期接受一種教育——只要信仰就能前往極樂，沒有信仰就會前往惡道。但現在完全脫離己身利害、獻身國家，成為對國家有功之人，何其有幸受到天皇陛下御親拜，即使他們沒有信仰，也無須前往不好的地方，這個說法是佛教信仰上新的問題。

換言之，由於成立了靖國體系，所以在戰爭中殺人的人戰死後也不必前往「惡道」（地獄道、餓鬼道、畜生道）。據聞，當時此說在各地引起議論，這不就和佛教教義有所矛盾嗎？

有人說，即使是「英靈」，也會墜入修羅道，也有人說，為正義而戰者的靈魂將前往淨土成佛。若承認前者，等於視當下的戰爭為「惡」；若承認後者，等於承認沒有信仰之心也可以前往極樂，而將徹底顛覆其教理。這種情形應該讓他們相當困擾吧。

於是，山邊拿出連奧姆真理教也當作教義基礎的《般若理趣經》，極力主張「戰死」就是前往

在昭和17年(1942)2月25日舉行的「大東亞戰爭戰歿者慰靈祭」，似乎是以「神式」葬禮的形式進行，會場在東京日比谷公會堂。

右頁：山邊習學所撰寫的《佛教的新體制》，昭和16年(1941)，第一書房。山邊老師逝世於昭和19年(1944)。因此他無法親眼目睹自己的言論在戰敗後能否經得起歷史的考驗。

淨土之道。

他接著說：

為國家捨己獻身的人，像菩薩一樣做了利他之舉，所以可以相信，如來必會伸出拯救之手，一點都不用擔心。

如此一來，其結論便是不要在意「靈魂的歸處」了。於是，戰死者的靈魂依然去向不明。

「忠靈公葬」論的黑暗

戰歿者的公葬一定要以神道式，怎能以佛教式進行！曾有人很激動地如此大聲呼籲。這就是所謂的「忠靈公葬」論。該運動以昭和九年（一九三四）舉行的日本海海戰[2]名將東鄉平八郎的國葬為契機而開始升溫，並在「大東亞戰爭」下的昭和十七年（一九四二）至十九年（一九四四）達到沸騰。

當時，依據明治十五年（一八八二）一月二十四日內務省發佈的公告「廢止神官教導職的兼補，並且不涉及葬禮」，禁止神職（神官）參與葬禮（但府縣神社以下的神官暫時維持現狀）。「忠靈公葬」運動初期的主要推手，是以廢止此內務

省通告為目標的神道人士，但不久後也吸收了超國家主義右派與天皇信仰者等無可救藥的人，發展為一大荒謬運動。

根據昭和十八年(一九四三)內務省警保局保安課製作的文書〈英靈公葬問題〉(國立公文書館所藏)，其核心團體即「祭政一致翼贊協會、皇國同志會、勤皇誠結、葦牙寮、大東塾」等戰時極右團體。他們的活動相當高調，在昭和十七年(一九四二)至十八年(一九四三)初屢次召開會議，除了向眾議院、貴族院提出請願外，也將建白書遞交給各相關單位。此外，還發明了「公葬式」的新葬禮程序，與反對他們的大日本佛教會展開激烈的意識形態鬥爭，忙得不可開交。

根據他們的主張，戰歿者一旦被祭祀於靖國神社，就能成為護國之神而得永「生」。因此，葬禮必須以「靖國祭祀」、「國禮國式」進行！似乎是如此。客觀來看，這項主張等於是將戰歿者靈魂的獨佔權給予國家與靖國，而遺族們怎麼想則一點都不重要。戰後，關於自衛隊隊友會申請將某殉職自衛官合祀於護國神社一事，有一著名案例，殉職者遺族因認為違憲而提告，最後最高法院判其敗訴。這些判決的底流，散發著「英靈是國家的」這種產生自靖國體系傲慢邏輯的刺鼻臭味。

昭和18年(1943)9月12日，東京築地本願寺舉行的「空之軍神」加藤健夫少將的陸軍葬，當時是以「佛式」進行。這件事嚴重刺激了「忠靈公葬」論者，導致運動一度沸騰。啊！啊！
右頁：昭和17年(1942)4月8日，為搭乘特殊潛行艇攻擊夏威夷珍珠港的「九軍神」舉行合同海軍葬。這時採用了「神道式」，會場在日比谷公園。

前往極樂淨土的人是國賊！

「忠靈公葬」論者的思想，清楚展現於他們向對手佛教界所發出的批判上。「忠靈公葬」論的急先鋒大東塾影山正治有以下的說明。

一、為了聖職奉公而戰死是生命奉還。恭敬地死在大君身邊，死之忠靈仍伴隨於大君之側，永遠扶翼皇運。

若其靈魂託付阿彌陀佛送往西方十萬億土，送至釋迦佛彼岸極樂，便是根本否定忠死，也是致命地冒瀆忠靈。肉體生命獻給至尊，靈魂生命卻獻給天津日嗣之外，別說不忠節，甚至還是可怕的叛逆國體的大罪。絕對要否定這種相對忠節。如此一來，絕非「天皇陛下萬歲」，而是「天皇機關說」的極致。（〈陸軍葬再論〉，《忠靈神葬論》，大東塾出版部，昭和十九年七月）

「生命奉還」的說法真讓人打從心底感到驚愕。此文耐人尋味之處，在於影山老師真心相信死後靈魂和極樂淨土的存在，因此很在意戰死靈魂的歸處。換言之，他認為「英靈」在前往極樂淨土之後，就不能向大君「生命奉還」了。一旦成為「英靈」，就必須「死而忠靈仍伴隨於大君之側，永遠扶翼皇運」，這是「忠靈公葬」論者共通的意識形態，也就是「禁止前往極樂」，所以死後「英靈」還是很忙啊。如此說來，皇國臣民可不能一不小心就死掉了啊。

軍當局必須依照神式執行陸海軍葬，由此進一步依照神式執行所有戰死者的公葬。今天仍有許多戰死者的市町村葬，依佛式或神佛混雜方式進行。此事說明了，

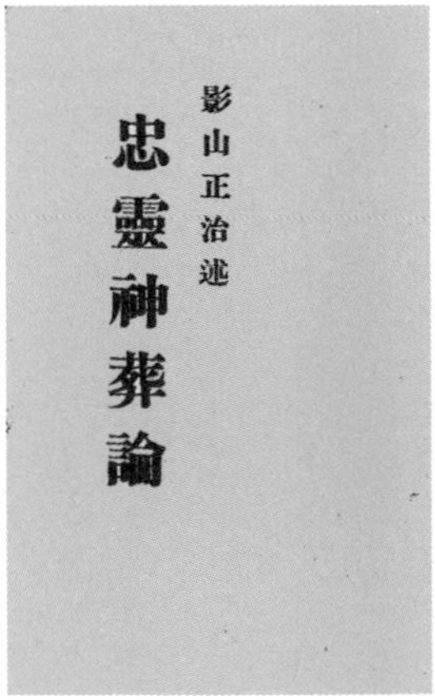

梅本忠夫攝影，〈士兵的葬儀〉（東京市豐島區，年代不詳）。這可能是「神式」的祭壇。
右頁：影山正治口述，《忠靈神葬論》，大東塾出版部，昭和19年（1944）。

根本上皇國體今仍不甚明徵，同時當局自身對這些國體明徵最重要的部分頗不熱中。

影山老師的結論是所有戰死者的葬禮都要用神式！仍舊依照佛式或神佛混雜式進行的市町村葬，從國體明徵的觀點來看實不可取！這令人想起明治維新後「廢佛毀釋」運動的慘狀，雖然只是葬禮的形式，但影山老師對神式葬的熱情真是太驚人了。

大媽的軍事訓練

在「大東亞戰爭」的過程中，組織銃後婦人並將其動員於戰爭的，正是大日本婦人會。昭和十七年(一九四二)，結合「愛國婦人會」、「國防婦人會」、「大日本聯合婦人會」三團體成立的大日本婦人會，是擁有內地、外地共一九三〇萬名會員(官方說法)，日本史上最大婦人團體，在大政翼贊會旗下，被收編於總力戰體制，進而形成統制「銃後」臣民的組織基礎。

大日本婦人會的大媽在「擊滅美英」的口號下，從歡送出征士兵到慰問傷殘士兵與軍人遺族、捐出金屬、節米運動等，從事種種數不完的銃後奉公運動，其中最誇張的是「軍事訓練」。雖然軍事訓練在組織前身的「國防婦人會」時代就已經開始了，但因為是在決戰下，她們的訓練顯得格外咄咄逼人。

竹槍婦人部隊的氣魄

日婦德島縣名西高志支部長板東Taka(タカ)女士以身作則，除了自家鐵茶釜之外，也捐出院子裡的鶴像等所有金屬，同時捐出個人財產五百圓以購買青年學校訓練用的木槍，於是收到軍方的感謝狀。另外，還組成竹槍婦人部隊等，全心、全身的投入，讓相關人士感激不已。——《日本婦人》昭和十七年七月號

出現這種熱烈愛國的老太太，真令人感到不舒服。我並不清楚「竹槍婦人部隊」的戰鬥力究竟如何，但我猜如果不參加的話，一定會被老太太責罵：「妳這個非國民！滾出日本！」

「怕什麼美英啊！」的槍劍道

日婦川崎市支部於四月十二日

「鍛鍊健兵之母吧」。作為健民運動的一環，訓練槍劍術的千葉縣夷隅郡中根村四堰部落的主婦們。雖說是槍劍術，但拿在手上的是竹槍吔。《寫真週報》第二六九號，昭和十八年（一九四三）四月二十八日。
右頁：《日本婦人》昭和十八年七月號。封面上的圖章是「大日本婦人會章」。

至十五日舉行了氣魄驚人的「殲滅美英」槍劍道訓練，市內每班各有三名志願會員出席。她們意氣風發地表示，今後將持續訓練，並接受級位審查。——《日本婦人》昭和十七年七月號

川崎支部的大媽們真熱情啊（棒讀）。一年後，《日本婦人》昭和十八年（一九四三）九月號則刊登了後文：

邁向實彈射擊的猛烈訓練

日婦川崎市支部日前實施槍劍術訓練，近期為了射擊動作實習，六月一日至八日每天進行兩小時的猛烈訓練。她們意氣風發地表示，八月要進行實彈射擊。

我想像著「從訓練回來的阿母身上聞到硝煙味」的畫面，不禁感到戰慄！

文字的聖戰

我常去的超市，每逢過年總會展示附近小學生的初書[3]。我並不討厭，所以經常不自覺地停下來觀賞。自民黨安倍首相第一次執政時[4]，有件事嚇了我一跳，那就是除了「正月」、「放風箏」等初書常見的文字之外，也出現了「美麗之國」[5]、「美麗日本」等字眼。是誰啊？給小孩們這種範本！記得不久前因為看過「構造改革」[6]而深感震驚。看來連在初書的領域，口號書法也正式復活了。

翻閱第五期國定教科書《初等科習字》，裡頭便是口號書法的仙境。

首先，《初等科習字一》的題目有「軍用犬少年兵」，對象是相當於現今小學三年級的學生。「軍用犬」與「少年兵」並列，令人佩服。教師用解說書則寫道：「透過軍事相關教材，讓學生學會『〡』的要領，並熟悉縱劃（—）與八等的寫法……順帶一提，軍用犬的正確名稱為軍犬。另外，少年兵被錄取為航空兵、戰車兵等。」夾雜著一些冷知識並如此清淡地說明，卻沒有說明為什麼將這兩項並列。

接下來的《初等科習字二》則有「參拜靖國神社」，大約以小學四年級學生為對象。如果在「參拜」、「靖國神社」之間穿插「以私人身分」的藉口，書法的美麗應

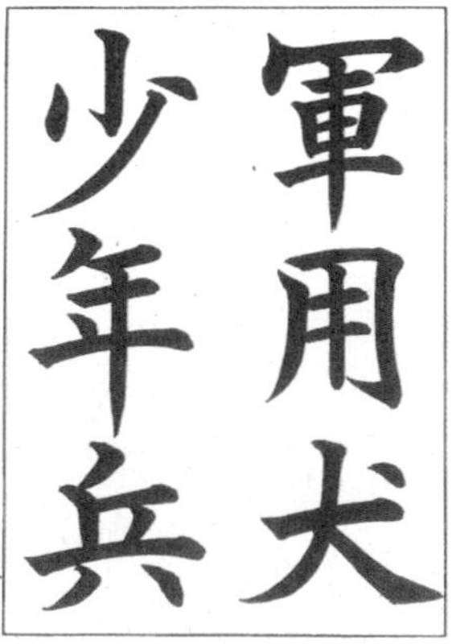

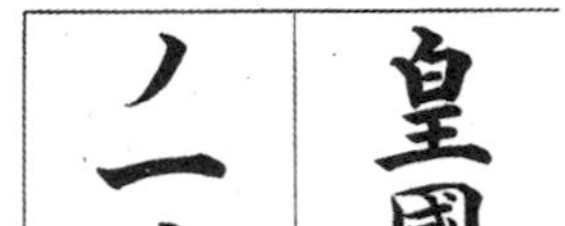

該就會被破壞了吧。[7]

下一本是《初等科習字四》，「皇國興廢在此一戰」，以相當於現今小學六年級的學生為對象，這是在日俄戰爭日本海海戰時，東鄉平八郎聯合艦隊司令長官為了鼓舞全軍士氣而和Z旗一起發佈的名句。根據教師手冊，其目標是「取材自日本海海戰的歷史性信號，讓學生熟悉中楷字。」如果要練習中楷字，也可以用別的文字，特地選擇「皇國興廢……」，應該是為了要「增添氣魄」吧。

在口號書法界，視覺上最強烈的莫過於《少女俱樂部》昭和十九年一月號的封面。少女的微笑和「擊滅美英」的落差散發著某種異樣氛圍。小弟手上的版本右上部分被撕破了，這裡原本寫著「決戰之年擊滅美英吧」的口號，果然是言靈之國，是不是以為只要少女用心且字字清晰地寫上「擊滅美英」，颳起神風的時刻就不遠了呢？真是可悲的日本式教育產物啊。

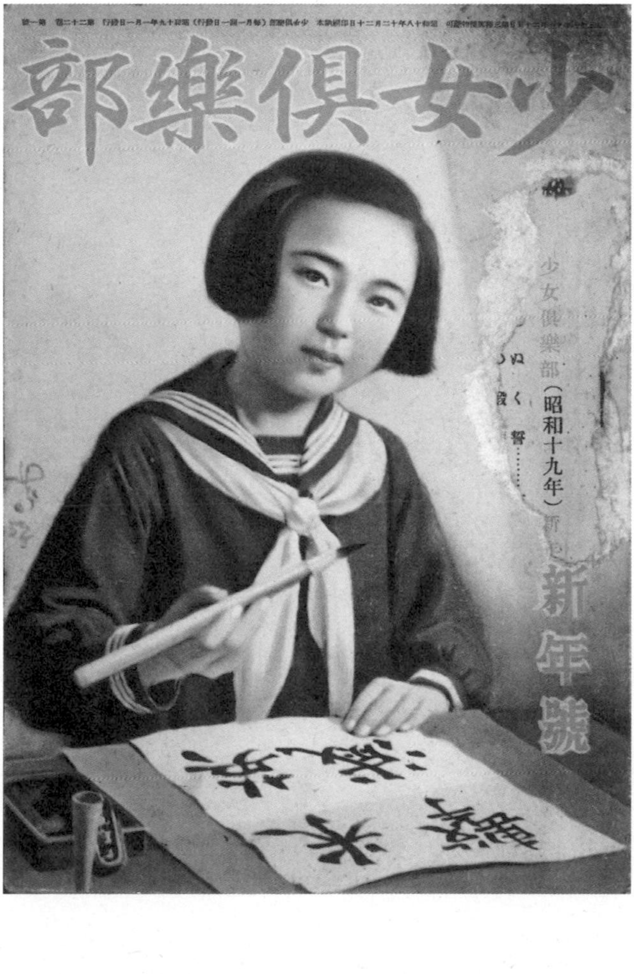

《少女俱樂部》昭和19年(1944)1月號的封面。
右頁：引自第五期國定教科書國民學校《初等科習字》，昭和16年(1941)。

幹掉美國大兵吧！

從昭和十七年(一九四二)至二十年(一九四五)，所謂「決戰下」的婦人雜誌，諸如：「必勝的耐乏生活」、「勝利的努力生活」、「戰鬥的育兒生活」等，荒謬到光看這些特輯的標題就讓人噴淚。其中尤以《主婦之友》十九年十二月號格外拔萃。此特輯標題為「這就是敵人！野獸民族美國」。令人好奇的文章內容稍後介紹，更誇張的是，總頁數五十二頁中有多達二十一頁印上以下這四種口號：

幹掉美國人
殲滅美國人
幹掉美國兵
殲滅美國兵

翻頁就會出現「幹掉……！」，再翻一頁就會出現「殲滅……！」……太恐怖了。整本雜誌充滿著異樣的憎惡與亢奮。《主婦之友》編輯部幾近「咒語」式的「幹掉」口號，持續到即將戰敗的昭和二十年(一九四五)六月號。期間更重複出現各種版本，譬如：

「讓美鬼一隻也不剩！」(《主婦之友》昭和二十年二月號)
「睡時也不忘必殺美鬼！」
「一人屠殺十美鬼！」
「擊滅惹火大君的美鬼！」
「一億肉彈衝吧！」(以上為《主婦之友》昭和二十年四月號)

根據戰時歷史研究者高崎隆治之言，這本《主婦之友》昭和十九年(一九四四)十二月號在古書店很難買到。高崎氏推測，這是因

為戰敗時主婦之友社為了逃避戰犯追究而回收燒毀。

印上直截了當的「殺死」這種口號來煽動對「美鬼」的憎惡，推測此編輯方針應是基於昭和十九年十月六日閣議所決定的「決戰輿論指導方策要綱」。該要綱提倡「刺激敵愾心」。換言之，《主婦之友》的「幹掉」口號很適切地配合官方並擔任先鋒。《主婦之友》編輯部好像認為，光只有「幹掉」並不夠，所以在該號尾聲以獎金三十日圓募集更激進的標語，尋求「期待消滅美鬼的一億人共通口號！」就這樣，「一人屠殺十美鬼！」之類的陰鬱標語，和〈無火火爐的製作方法〉等實用文章，群起亂舞於雜誌的版面上。

アメリカ人をぶち殺せ！

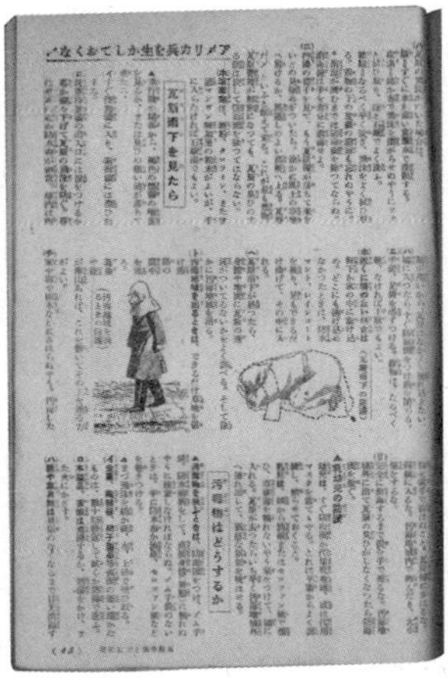
アメリカ兵を生かしておくな！

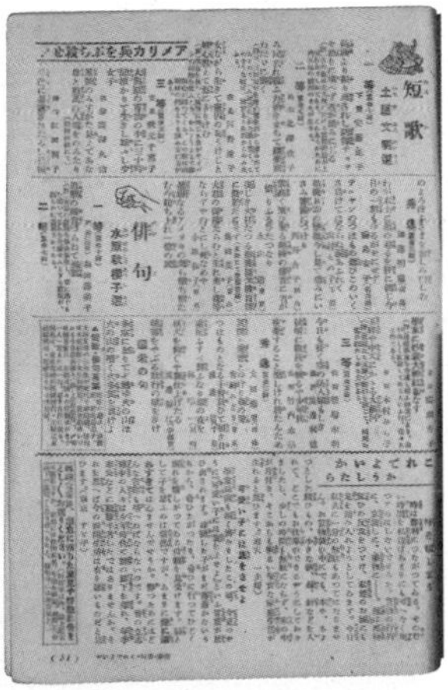
アメリカ兵をぶち殺せ！
短歌
俳句

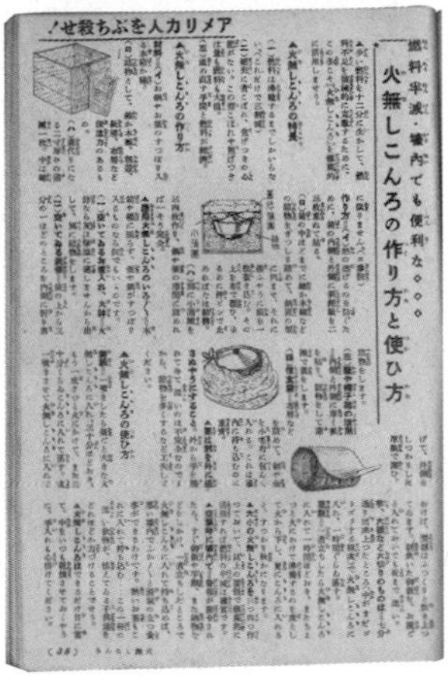
アメリカ人をぶち殺せ！
火無しこんろの作り方と使ひ方

《主婦之友》昭和19年(1944)12月號所有奇數頁左上方都印了「幹掉」口號，這根本是「咒語」吧。
右頁：《主婦之友》昭和19年12月號。

「野獸民族美國」

《主婦之友》昭和十九年十二月號的特輯為「野獸民族美國」。卷頭的匿名文章〈這就是敵人！〉不厭其煩、竭盡所能地強調美國人的野獸特性。

嗜吃血淋淋生肉的美國人，特別喜歡棒球、拳擊、賽車等，只要有死人或重傷者，女人就會興奮地尖叫，滿場欣喜且騷然不已。

……你是首度搭乘咸臨丸[8]前往美國的武士嗎？這種傳統人類學觀察，不禁令人作如是想。

他們很貪婪，為了吃到比別人更多的肉，穿上比別人更好的衣服，住在比別人好的房子，過著比別人淫亂的生活，……窮盡非人道的手段，繼續掐住日本的脖子……

談到美國人，總是先從「吃肉」講起，真有意思，而且還包含了淫亂的心願，想必是寫出了這位匿名記者內心隱藏的欲望吧。

更激烈的是下一篇匿名（又來了！）文章〈敵人瞎說的戰後日本處分案〉。

能工作的男人充為奴隸，送往新幾內亞、婆羅洲等從事開拓。女人就給黑人當妻子，兒童

皆去勢。如此消滅日本人的血吧……讓日本兒童們殘廢吧。挖出眼睛……砍掉一隻手一隻腳，製造各式各樣的殘廢吧。

完全沒寫是誰的發言，當時的人難道就這樣相信了嗎？……若讀者這麼想的話，可見其修行還不夠。其實這是我帝國軍隊在中國所作所為的改版，因此當時的人都很有真實感地接受了。況且，因為是婦人雜誌，戰敗的話，「女人被強姦，兒童被去勢並成為展示品」，這種讓神國日本貞淑婦人毛骨悚然的筆法，在版面上處處可見。

將民眾動員於戰爭，終極的精神武器是重複灌輸其「對敵人的恐懼」。想到因為這些做法，導致塞班島、沖繩等地許多女性拒絕向美軍投降而自盡的悲劇，就不禁對亂寫這種文章的匿名作者感到極度憤怒。

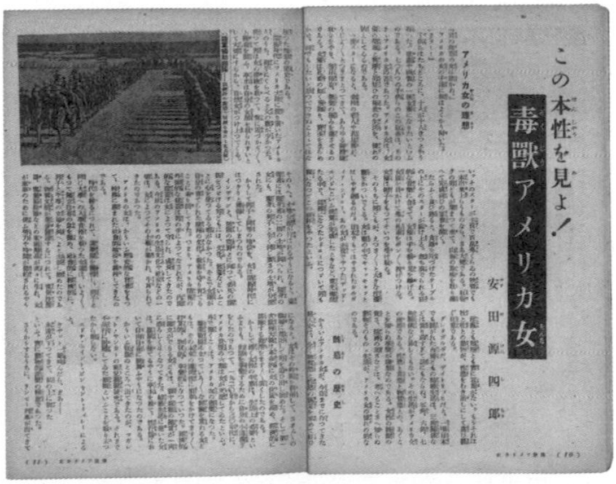
この本性を見よ！
毒獸アメリカ女
安田源四郎

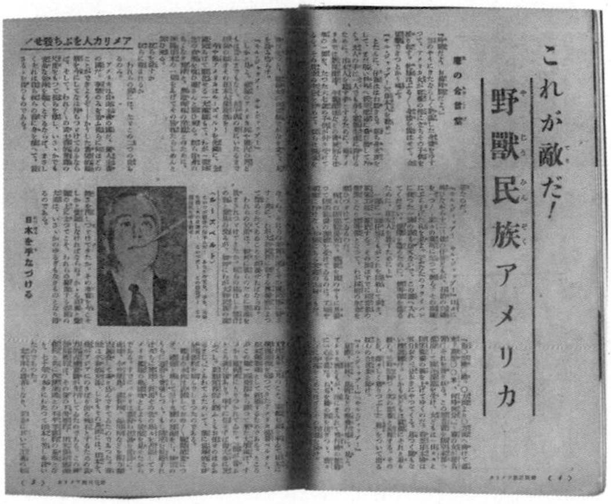
これが敵だ！
野獸民族アメリカ

引自《主婦之友》昭和19年12月號，〈毒獸美國女〉和〈野獸民族美國〉。文章標題的風格有點像畸形秀。

右頁：美國少女將日本兵的頭骨當作來自前線的紀念品擺在桌上……這樣的「照片」在當時廣泛流傳，引起大日本帝國臣民的憤怒。據說其出處是《LIFE》雜誌1944年5月22日號，但我未見實物。《朝日新聞》昭和19年(1944)8月11日刊登了同一張照片，但說明是「柏林電送」。是一張相當詭異的照片。

決戰下的實戰英語作文

戰爭時期，英語被視為「敵性語言」，一律從社會上驅逐……才不是這樣。至少高等學校以上的中、上級學校，考試科目仍包含「英語」，而且在昭和十九年（一九四四）年也刊行了國民學校高等科用準國定教科書《高等科英語》。無論現在或過去，同樣有許多考生苦於「英語」，當時的升學雜誌在考試用英語講座上花了不少篇幅。然而，這個英語考試的內容，竟是高水準且相當荒謬的英語。例如：（舊制）高等學校考試使用的《升學與學生》昭和十七年（一九四二）二月號的「日文英譯最後的實力測試」專欄，便刊登了以下英語作文試題：

〔基本問題〕

・山本提督是古來稀有的海軍武人。

・為遂行長期戰，有賴銃後的我們節約生活。

——嗯，挺難的……順帶一提，第二題的答案是：

In order to sustain a protracted warfare, we at the home front must practice economy.

據此，銃後是home front。這種小地方不必驚訝，還有更高階的：

〔臨戰問題〕

・日本的武人戰鬥到刀斷箭盡。即使到此地步，與其投降寧可自絕。這是因為其擁有世界無與倫比的大和魂。

——我不行了。「大和魂」到底要怎麼翻譯啊？答案是Spirit of

Yamato，真令人懷疑英美人看得懂嗎？

〔必勝問題〕

・日本執行的政策及懷抱的理想，是一掃人類的功利觀念，以新體制取代大東亞的舊組織，並使世界各國皆得其所。

《升學與學生》昭和17年(1942)2月號，研究社。右頁：翻譯櫻井忠溫《肉彈》的《NIKUDAN》[9]昭和19年7月號，大東亞出版。該書發行人是當時的旺文社社長赤尾好夫。

答案是：

The policy that Japan is pursuing and the ideal that she cherishes are to eradicate the utilitarian way of thinking of mankind, and to establish in the Greater Asia the new order in place of the old, so that each nation in the world may find its proper place.

因為是那個時代，當然不會有母語級校對，所以不知道這些珍妙的英語作文是否「行得通」。

英語就是日本語

與旺文社《螢雪時代》並列的年輕人升學雜誌《學生》昭和十八年（一九四三）十一月號刊登了一篇文章，題為〈英語學習上的心得〉。作者是東京文理科大學講師佐藤正治，他好像是英語教師。雖然日本與美英處於戰爭狀態，但還是要好好學習英語喔！——這是文章的主旨。不過總覺得怪怪的。仔細閱讀文章後會發現，這是篇帝國主義香氣相當濃厚的荒謬名文。

英語就是日本語。在我大日本帝國的勢力範圍內可以通用的英語，顯然是日本語的方言之一。因此，我們以後當然要把英語當作國語的一部分來學習。

「英語就是日本語」！？這什麼東西啊——！總之，大東亞共榮圈內通用的語言都是「日本語的方言之一」，既然如此，英語不就也是「日本語」了嗎？……真是個牽強附會的高論。啊，我皇國的懷抱怎麼如此廣大呀！

當然，不難想像當時的英語教育者，在鬼畜美英的國家口號下

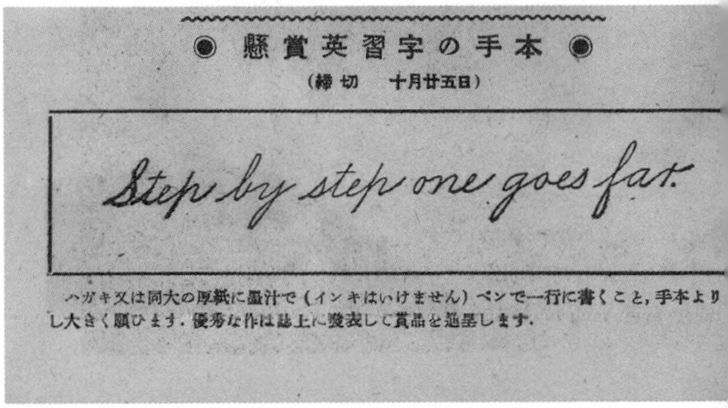

如此深感侷促不安。

縱然如此，社會上不斷有人因「敵性語言」之故而排擠英語，不得不說，從國家的立場來看，這種現象令人擔憂。

——面對英語排斥論者，只好以超越偏頗語言國粹主義、並符合「大東亞共榮圈」的帝國主義全球主義邏輯來對抗吧。

據我所見，不只英語，法、德、義、荷、華、蘇、西、葡、泰、緬、印等各國語言都是日本語的方言，我們日本人當然有學習這些語言的必要與義務，而且須銘記在心不可忘記。

哇嗚！世界各種語言幾乎都成了「日本語的方言」！真是了不起的「大東亞共榮圈」！

上：《初級英語》雜誌也有「懸賞英文書法」的企畫。說是「英文書法」，其實是用手寫體書寫，好像是相當受歡迎的企畫。

下：「大東亞戰爭」爆發後，仍在刊行的初學者英語雜誌。照片是《初級英語》昭和17年(1942)10月號，研究社。

謎樣的〈決戰盂蘭盆舞〉

昭和十八年（一九四三）八月十三日的《朝日新聞》，刊載了大東亞唱片（改名自寶麗多唱片）的新歌廣告。説到昭和十八年（一九四三）八月，該年四月山本五十六戰死，六月阿圖島守備隊玉碎，七月義大利墨索里尼總理遭巴多格里奧政權逮捕監禁……，時局開始瀰漫著不妙的氣氛。即使是這種時期，多少仍發行了一些唱片，其中包括以下這種怪歌。

題為〈決戰盂蘭盆舞〉……什麼東西啊？

到底是什麼樣的歌曲呢？我很想看看實際的唱片，於是四處尋覓，但始終沒找到。江崎小秋作詞，飯田景應作曲，三丁目文夫、染千代演唱，好不容易得知這些資訊，但至此便無進展。就在此時，我想到可以詢問JASRAC（日本音樂著作權協會），但JASRAC也沒記錄。於是只能作罷。

作詞的江崎小秋是「為了改革阻礙兒童情操教育的軍歌優先偏狹學校教育」，在昭和二年（一九二七）設立「日本佛教童謠協會」的詩人。他也是對抗昭和初期右傾化社會趨勢而開拓「佛教童謠」（！）、「讚佛歌」世界的偉大人物。他的作品還包括：

〈少女盂蘭盆舞〉（好萌啊！）
〈忘記數珠的筆頭草〉（？）
〈幼兒魂祭〉（？？）

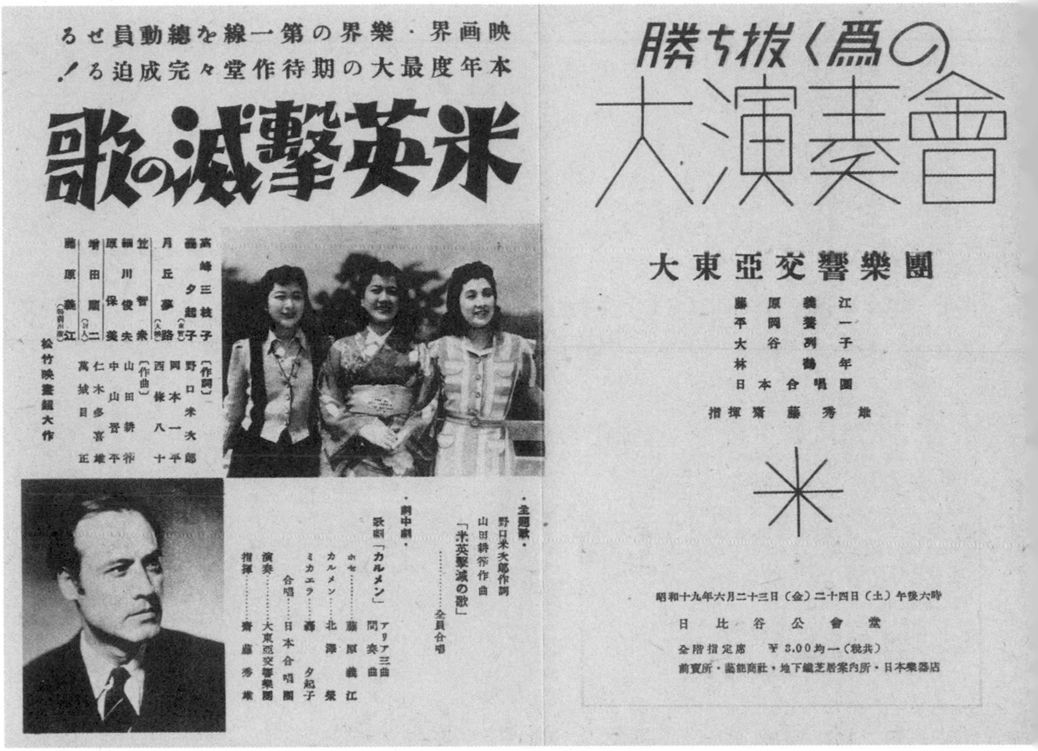

在大東亞交響樂團「為贏得勝利的大演奏會」（昭和19年6月23、24日）的節目表上，印有電影《擊滅美英之歌》（松竹）的廣告。

右頁：大東亞（舊寶麗多）唱片〈決戰盂蘭盆舞〉的廣告。《朝日新聞》，昭和18年（1943）8月13日。

〈彼岸會讚歌〉（喔！佛教讚美歌！）

讓人不禁緬懷起這位全力投入佛教歌謠創造的詩人之苦鬥。

縱然如此，「大東亞戰爭」的壓力或許壓垮了他的理想，一想到他不得不寫出絕代怪曲〈決戰盂蘭盆舞〉的心理狀態，我不禁掉下眼淚。根據渡邊顯信〈「佛教讚歌的現狀」一個觀點（上）〉（《真宗音文化研究》創刊號）：「一九四五年（昭和二十年）五月二十五日夜晚，江崎在不知第幾次的東京大空襲下葬身火窟。據說，遺體因被運走而無法尋獲。」這似乎是江崎氏的生涯終點。〈決戰盂蘭盆舞〉是否應流傳至後世，作者在當時是何種心情呢？如今已無人知曉。

後記

二〇〇〇年，當我聽到當時的首相森喜朗說：「日本是以天皇為中心的神之國。」帶給我很大的衝擊。我很驚訝，即使戰後過了將近六十年，仍然有人信奉修身教科書《好孩子（下）》（國民學校初等科二年級生用）的一句話——「日本好國強大之國世界唯一的神之國」。森氏是在昭和十九年（一九四四）四月進入國民學校就讀，所以確實讀過《好孩子》教科書。然而，不只這位森氏，觀察「編寫新歷史教科書之會」周遭及圍繞著首相、以公職身分參拜靖國神社的論調，發現相信或願意相信「日本是神之國」的人比我想像的還多，實在太驚人了。

這些論調的共通關鍵詞就是「找回日本人的驕傲吧」。

根據他們的說法，在GHQ的支配及東京審判導致日本傳統精神完全遭破壞之前，也就是「戰前」、「戰中」時代，日本人是「擁有驕傲」的。然而，自信滿滿地主張「日本從未發動侵略戰爭」、「日本曾是好國」的前航空幕僚長田母神俊雄氏出生於昭和二十三年（一九四八），因此不是真正經歷「戰前」、「戰中」的世代。但是，為何他卻可以斷言那個時代的日本人「擁有驕傲」？

對戰後出生的他們來說，日本的「戰前」、「戰中」時代似乎是日本人已失去的理想鄉。在此烏托邦，所有國民對天皇抱持敬畏之念，尊重「日之丸、君之代」，被徹底灌輸教育勅語的精髓：「一旦有緩急，即應義勇奉公以扶翼天壤無窮之皇運。」……

那麼，當時的人們抱持什麼樣的意識？過著什麼樣的生活？我產生了這樣的疑問，於是以「大東亞戰爭」中的婦人雜誌為中心，開始收集並觀察一九三〇年代到戰敗為止，在銃後用以提升戰意的政治宣傳。

實際翻閱當時出版的雜誌與手冊等，腦中便浮現當時媒體人與編輯的樣貌，不禁感到難受。或許是因為受到國家權力、情報局等嚴厲言論統制的束縛。然而，他們自己是否也積極地站在侵略戰爭意識形態的先鋒，扮演起大日本帝國傳聲筒的角色呢？例如：為什麼將「再生的女學校時代舊襯衫」命名為「決戰型襯衫」？為什麼製作了〈決戰盂蘭盆舞〉這種奇怪的唱片？

像這樣引導風向的「機制」，以及迎合時局的態度，其實不限於當時，不得不說至今仍由巨大媒體產業與廣告代理商不斷重複著。這讓我深深感受到，對於活在「景觀社會」的我們而言，總動員體制仍未結束。正因為如此，我認為必須持續仔細觀察這些戰時下的言論，並加以檢討與評價。

在雜誌上開始連載〈皇國荒謬書〉，是二〇〇四年的事。我將後來在各種雜誌上陸續撰寫的一篇篇文章彙整成本書。在此深深感謝《中歸連》季刊主編熊谷森一郎先生、山中恒先生，以及花了數年時間彙編此書的合同出版編輯部八尾浩幸先生。

文庫本後記

哲學者戶坂潤在《日本意識形態論》中陳述如下：

在我看來，被稱為日本主義．東洋主義乃至亞細亞主義等，這些難以捉摸的感情，正支配現今日本的生活。而望眼所及處處可見這種感情所鞏固的社會行動。（白揚社版，一一五頁，一九三五年）

一九三〇年代中葉，戶坂所面臨的「日本意識形態」洪水，即將重現於二〇一〇年代的我們面前。

回過頭來看，我認為「戰後五十年」的一九九五年是個開端。起於提倡「克服自虐史觀」的歷史修正主義運動，然後在歷任自民黨首相以公職身分參拜靖國神社的問題中達到沸騰，數不清的現代版「日本意識形態」群，在雜誌、書籍、網路等，成為「暢銷」的意識商品而日益流通、滲透。

二〇〇八年，前航空幕僚長田母神發表了〈日本曾是侵略國家嗎？〉這篇論文，並主張「大東亞戰爭爆發是第三國際的陰謀」，以他為首，利用自稱「舊宮家」、自稱「作家」、自稱「總裁」、自稱「流氓教師」……這些五花八門的串場小丑，帶起日本各地右翼業界的蓬勃發展。追溯此業界共通的人脈、金脈，腦海中便會浮現神道系、統一教會系、新興宗教系、舊民社黨系、任俠系、三流飯店集團系等奇怪紳士們徘徊其間的模樣，關於此事，未來有機會再詳述。

如今，從呼籲排斥在日朝鮮．韓國人與在日中國人的「市民」運動開始，到將體罰當作「教育」並加以正當化的運動、武士道復活運動、徒手清掃廁所運動，從學校教育驅除《赤腳阿元》的運動、高舉「日之丸」大行進運動等，產生了罄竹難書的荒謬系民族主義運動。

戸坂在《日本意識形態論》裡逐一批判的各種奇妙「日本主義」，如今公然復活了。很多人應該都看過網路上氾濫的「我只是喜愛日本的普通日本人而已」這種令人內心直打寒顫的自我介紹吧？戸坂所謂「難以捉摸的感情」，這些各式各樣眾多的無邏輯體系現代版「日本意識形態」，可以概括為自民黨安倍政權所提倡的陳腐口號——「找回日本」。

到底是什麼導致這些現代版「日本意識形態」的復活？我認為其中一個理由是，戰後沒有正面徹底批判戰前的「日本意識形態」群。當然也曾有過像戸坂潤這樣真摯、與「日本意識形態」群對決的思想家（例如古在由重、山中恒）。然而，雖有他們的知識行動，但戰前極為猖獗的各種日本主義，都以「軍國主義時代的政治宣傳」、「皇國史觀的瘋狂」、「侵略戰爭的意識形態」等這類很空虛的口頭禪簡單帶過。我認為一九九〇年代以降，在此空洞的意識形態上，新的「日本意識形態」入侵並扎根下來。

本書試圖鑽牛角尖地觀察「大東亞戰爭」前後的雜誌、廣告、手冊等，試圖向讀者（＝受眾）訴求或強加的（符合大日本帝國臣民的）「感情生活」及「諸意識形態」之樣貌。神在細微處，神國日本則在紙屑般的舊書裡。對這些荒謬言論嗤之以鼻，並介紹當時各種意識形態的同時，深切希望透過這樣的介紹，有助於建立一個繼承戸坂潤遺志的入口的入口[1]。

深深感謝致力於文庫版編輯的筑摩文庫編輯部小川宜裕先生。

早川忠典

二〇一三年十二月

譯註

推薦序

1. 這是因為安倍推動日本正常國家化，希望更改憲法解釋或者修改憲法賦予日本軍事自衛權的政策時，其支持者雖有部分係缺乏戰爭反省的日本極端右翼軍國主義者，但真正讓這些訴求獲得日本支持的國內外因素，其實是在東亞美國勢力衰退、中國霸權崛起下，以及臺海軍事危機與中日釣魚台紛爭下，美國國際戰略推動下與日本自衛考量下的發展。

2. 臺灣史學者周婉窈教授，在一篇紀念白色恐怖受難者陳文成博士的文章中，說道：「(臺灣)從獨裁到民主的這個『轉型』，是脆弱的，如果民主、自由和人權沒有成為新社會的核心價值的話；當暴力再度來臨——或戴著其他面具來臨，人們可能毫無知覺，更不要說起而捍衛轉型社會的價值了。」提醒我們僅有推動轉型正義與完整的歷史教育，方能捍衛臺灣的民主未來。參見周婉窈，〈曾待定義的我的三十一歲、尚待定義的臺灣〉，「財團法人陳文成博士紀念基金會」網站，http://www.cwcmf.org.tw/joomla/index.php?option=com_content&task=view&id=224。

譯者序

1. 引自該書書介。

2. 〈もう恥ずかしいことはスルーしたくない——早川タダノリ(不想再對可恥的事視而不見——早川忠典)〉，https://gqjapan.jp/life/business/20140225/tadanori-hayakawa

3. 《旬刊臺新》，一九四四年由臺灣新報社創刊，臺灣新報社是在總督府的命令下合併當時臺灣主要日刊報而成立。

4. 《新建設》，由皇民奉公會於一九四二年十月創刊。「皇民奉公會」是在臺灣總督府底下成立，相當於日本內地大政翼贊會的組織。

一、神聖的靖國殿堂

1.「POA」是奧姆真理教的暗語，即殺害的意思。

2.「那種圈子」，意指日本右翼圈。

3.「山椒大夫」是日本的古老故事，內容述說一對姐弟被賣給了山椒大夫，在那裡受盡剝削。後來森鷗外將其改編為小說。作者在此將東條英機比喻為山椒大夫，諷刺他明明是導致孩童們失去父親（宛如啜飲父親鮮血）的人，卻還利用孩童們來表現自身的親民形象。

二、日本好國

1.「不知戰爭的孩子們」是一九七〇年的暢銷歌曲。

2.這裡的「園遊會」，指的是天皇與皇后主辦的野外社交宴會。

3.日本學制是從四月開始新學年度，因此這裡指的是新生一入學，很快就會迎接天長節。

4.「受驗」即升學考試的意思。

三、讚頌吧！八紘一宇

1.大稜威：天皇的威德、威望。

2.一町步大約為九九一七平方公尺。

3.一擔為六十公斤。

4.「錘」是工廠紡織能力的單位。

5.編註：一九三五年，墨索里尼任命巴多格里奧為北非意軍總司令，他一到任就對衣索比亞軍隊發動全面攻勢，甚至動用化學武器。

6.編註：理查·佐爾格是一九三〇年代德俄混血的蘇聯間諜，受命建立蘇聯在日本的間諜網，以德國記者的身分為蘇聯收集二次世界大戰遠東戰場的情報，一九四一年因間諜網曝光而被日本警察逮捕入獄，一九四四年遭處決。

7.原文的中文部分以片假名標示中文發音。

8.原文如此，「打破了」應為「打敗了」之誤。

9.作者在此標示（ママ），應為「本当」之誤，這裡保留引用原件的錯字。

10.「育」應為「有」之誤，可能是引用時誤植，或引用原件的錯字。

四、終將贏得勝利的決戰生活

1. 原文為「障子に男根」，障子是日式紙門，男根則為陽具。這裡指的是前東京知事石原慎太郎，其代表作《太陽的季節》裡有一場景，故事中的人物因勃起而戳破紙門。

2. 原文「空腹のススメ」，乃戲仿福澤諭吉的名著《勸學》（学問のススメ）。

3. 曾經流行一時，隨時代變遷而退流行，後來很少人使用的詞彙。

4. 「鄰組」是二戰時期日本官方主導成立的銃後組織，五戶或十戶為一組，進行戰時下住民動員、物資供出、配給、防空行動等。

5. 「大本營發表」是大日本帝國陸海軍最高統帥機關所發表的戰況，但在戰末經常捏造訊息以掩飾日軍的敗勢，後來成了一種諷刺語。

五、一切都是為了勝利

1. 意即闡明日本特殊的國體觀念。日本的「國體」是指以「萬世一系」的天皇為中心，強調「君民同祖」的政治秩序。

2. 明治十七年（一八八四）十月三十一日至十一月九日，埼玉縣秩父地區的農民因為要求減稅和延緩償還債務，組織了困民黨，發動武裝起義。此事件蔓延至鄰近的群馬縣和長野縣，後來在政府動員警察與憲兵隊進行武力鎮壓之下潰敗。

3. 編註：注連繩是一種用稻草織成的繩子，在神道中用於潔淨的咒具。

4. 編註：二戰期間，日本軍方大量製造菲洛本這種含有興奮劑的菸草，提供給飛機駕駛員用以提神，增強空軍飛行員的作戰能力。

5. 日文的週日至週六依序是「日・月・火・水・木・金・土」。日本戰前曾有一首軍歌，其歌名為「月・月・火・水・木・金・金」，意思是沒有週日、週六，全星期無休。

6. 「松陰」之名取自吉田松陰（一八三〇－一八五九）。

7. JTB即日本交通公社。

8. 各種材料、教材下所列名稱，如金剛、榛名……皆為軍艦名稱。

9. KGB，即國家安全委員會，蘇聯的情報機構。

10. 「かちかち山」是日本的童話故事。而「かち」與日文的勝利(勝ち)同音。

11. 獨眼狸，原文是「かた目のたぬき」，「たぬき」即狸，但也有「把『た』去除」的意思。

12. 「五支針」的日文是「いつはり」，與「假」同音。

13. 「鏡餅」即日本過年時裝飾的年糕，年糕會隨著時日變硬，而「硬」與「堅固」同音。

14. 天花粉即痱子粉。

15. 原文為「彈丸切手」(切手即郵票)，是指日本戰爭時期發行的儲蓄郵票。

16. 「一億總蹶起」是日本在戰爭時期常用的口號。「蹶起」有「決意起身行動、奮起」的意思。

六、言靈的戰爭

1. 十三世紀中期蒙古帝國襲日，傳說當時日本陷入苦戰時，靠著神風(颱風)打敗敵軍。

2. 「日本海海戰」是一九〇四－一九〇五年日俄戰爭裡的關鍵戰役，東鄉平八郎(一八四八－一九三四)是該戰役重要功臣。

3. 日文「書き初め」，指新年書法，通常會寫下自己的目標。

4. 二〇〇六年九月至二〇〇七年九月。

5. 安倍晉三寫過一本書《邁向美麗之國》(二〇〇六)。

6. 前任首相小泉純一郎的政治口號。

7. 諷刺日本歷任首相經常以此藉口參拜靖國神社。

8. 咸臨丸是日本幕末江戶幕府的軍艦，日本使節團曾搭乘此船赴美簽訂通商條約。

9. NIKUDAN是「肉彈」的日文發音。

文庫本後記

1. 「入口的入口」原文為「入り口のそのまた入り口」。這是作者自謙說法，一方面表達對戶坂潤之敬意，一方面謙稱自己所做的僅是提供一個比入口還要外圍的入口。

國家圖書館出版品預行編目(CIP)資料

神國日本荒謬的決戰生活：一切都是為了勝利！文宣與雜誌如何為戰爭服務？
大東亞戰爭下日本的真實生活／早川忠典作；鳳氣至純平，許倍榕譯．-- 初版．--
新北市：遠足文化，2018.08
面；　公分．-- (歷史．跨域；3)
譯自：神国日本のトンデモ決戦生活
ISBN 978-957-8630-66-6(平裝)
1. 日本史 2. 第二次世界大戰
731.2788　　107012411

遠足文化　　讀者回函

歷史・跨域03
神國日本荒謬的決戰生活：
一切都是為了勝利！文宣與雜誌如何為戰爭服務？大東亞戰爭下日本的真實生活
神国日本のトンデモ決戦生活

作者・早川忠典｜譯者・鳳氣至純平、許倍榕｜責任編輯・龍傑娣｜校對・楊俶儻｜美術設計・紀鴻新｜出版・遠足文化事業股份有限公司・第二編輯部｜社長・郭重興｜總編輯・龍傑娣｜發行人兼出版總監・曾大福｜發行・遠足文化事業股份有限公司｜電話・02-22181417｜傳真・02-86672166｜客服專線・0800-221-029｜E-Mail・service@bookrep.com.tw｜官方網站・http://www.bookrep.com.tw｜法律顧問・華洋國際專利商標事務所・蘇文生律師｜印刷・凱林彩印股份有限公司｜初版・2018年8月｜初版6刷・2022年5月｜定價・450元｜ISBN・978-957-8630-66-6